개혁주의 영성체험
이론과 영성훈련

이경섭 지음

예루살렘

하나님이 선택한 가나안 땅, **예루살렘**은 이스라엘 백성들이 이미(already) 민족 공동체를 이뤘고, 하나님의 신, 성령께서 임재함으로 예루살렘에서 그리스도의 신부로서 지금(here) 교회공동체로 일하며, 하나님의 백성들이 귀향할 새 예루살렘인 하늘나라에서 나중(not yet) 천국공동체로 완성될 예표적, 삼중적 의미를 나타냅니다. 도서출판 **예루살렘**은 이 땅에서 하나님을 사랑하며(Loving) 하나님 말씀대로 순종하며 살기를 원하는 청소년, 성도, 목회자들을 문서로 섬기며(Serving) 이를 위하여 기도하며 정성을 다하여 (Working) 모든 사역과 책을 기획, 편집, 출판하고 있습니다.

개혁주의 영성체험 이론과 영성훈련

초판 1쇄 인쇄일 2005년 7월 15일 ■ 초판 1쇄 발행일 2005년 7월 25일

지은이 이경섭 ■ 편집 황혜경 ■ 펴낸이 윤희구
펴낸곳 도서출판 예루살렘 ■ 주소 서울 강남구 논현동 107-38 남광빌딩
전화 (02) 546-8332, 545-0040 ■ Fax (02)545-8493 ■ 등록번호 제16-75호(1980. 5. 24)
홈페이지 www.jerusalempub.com ■ E-mail info@jerusalempub.com

ISBN 89-7210-419-1   03230   책값 11,500 원
ⓒ 이경섭

*잘못된 책은 교환해 드립니다.

머리말

주지하다시피 영성은 이제 더 이상 교회에 갇힌 하나의 지류적 용어가 아니고, 명실공히 모든 학문 분야에서 최상위 개념으로 상정되고 있습니다. 철학은 말할 것도 없고 교육, 예술, 과학에 이르기까지 그것이 영성 개념으로까지 끌어올려지지 않는 한 어떤 결론에 이르지 못한 것으로 간주 될 정도입니다. 이렇게 영성이 학문에서 최상위의 개념으로 자리잡은 데는 그것이 지성계의 수장격인 종교개념은 물론 총합성(The Wholeness) 개념까지 모두 담지했기 때문입니다.

특히 총합성 개념은 전공을 뛰어넘는 포괄적인 지식 섭렵을 요청한다는 점에서 그 탁월성이 돋보이며, 지난 시절 장려됐던 학문의 분업화를 이미 낙후된 것으로 만들었습니다. 이젠 더 이상 어느 분야든 단편적인 전문 식견을 내 놓는 것만으로는 사람들의 시선을 끌지 못하게 되었습니다. 그리고 이 총합성이 종교문제에 귀착될 때는 종교다원주의로 발전되는 것은 당연해 보이기까지 합니다.

이런 점에서 본서의 제목을 『개혁주의 영성체험』으로 못박은 것은 소모적인 신학 유랑에서 건져주고, 종교다원주의 시비에서도 비켜날 수 있게 해 준다는 점에서 다행으로 생각합니다. 그러나 한정된 주제에 걸맞는 심도 있는 내용을 담아야 한다는 의무감은 저자에게 또 다른 부담으로 작용합니다. 다만 위로가 있다면, 제호(題號)가 시사해주듯이 이 책이 고도의 아카데미 성을 지향하기보다는 교회의 책이기를 천명하므로서, 독자들로부터 엄격한 추궁은 면할 수 있을 것이라는 점입니다.

내용을 풀어감에 있어, 저자는 일관되게 개혁주의 기조를 유지하고자 했습니다. 그러면서도 오해를 무릅쓰고 곳곳에 원색적인 루터적 이신칭의와 그리스도 중심 신학을 채용하기를 주저하지 않았습니다. 엄밀히 따지자면 개혁주의는 칼빈을 위시해서 스위스의 개혁자들과 청교도들로 한정돼야 할 것이나, 이 책에서는 그들 외에도 루터가 다반사로 인용되고 있습니다. 이는 복음 신앙을 흐리게 하는 작금의 종교다원주의, 경건주의 경향을 독자들에게 환기시키고 종교개혁적인 순수 복음을 강조하자는 생각에서였습니다.

또한 영성이라는 주제에 걸맞게 포괄성, 통합성도 살리고자 했습니다. 전통적인 개혁교회의 은혜의 방편인 말씀, 기도, 성례를 영성의 근간으로 삼으면서도 청교도들이 지대한 관심을 가졌던 믿음의 좌소로서의 '마음', 그리고 21세기 대안적 기도로서의 '쉬지 않는 기도' 같은 것에도 깊은 관심을 표명했습니다. 또한 종교다원주의자들의 단골 메뉴인 '초월'이나 '침묵' 같은 주제도 변증적으로 접근하여 그 유용 가능성도 타진했으며, 문학·음악·자연 같은 영성의 문화적 측면에도 독자들의 이해를 넓혀 주고자 했습니다.

매 주제를 접근함에 있어서는, 항상 종교다원주의를 염두에 두면서 귀에 따갑도록 개혁주의 영성의 정체성을 천명했습니다. 그리고 제목에 걸맞도록 실천적인 내용에 많은 분량을 할애했고, 이런 기조에서 영성의 역사적인 개관 같은 이론적인 것은 과감히 배제시켰습니다. 영성의 어의적(語義的) 접근에서도 원어적 규명 같은 상투적인 내용 대신, 실용성 있게 모국어적 접근을 모색했습니다. 각 주제의 분량들도 천편일률적으로 배분하지 않고, 독자들의 관심 추이를 살피면서 들쑥 날쑥하게 했습니다.

이 책은 기독교 월간지에 2년 가까이 연재했던 내용을 손질하여 내 놓은 것입니다. 따라서 충분치는 않지만 나름대로 시간과 정성이 들어갔다고는 볼 수 있습니다. 그러나 원고를 마무리하는 이 시간까지도 여전히 미진하여 만족치 못한 것도 사실입니다. 부족한 부분들은 앞으로 기회가 닿는 대로 다른 저술들과 연계시켜 내 놓고자 합니다.

이 책을 쓸 수 있도록 섭리해 주신 구주 하나님과 그 피로 우리를 속(贖)하시고 능하게 하신 독생자의 미쁘신 이름을 송축합니다. 저자의 소박한 기대가 있다면, 이 작은 책이 그리스도의 몸 된 교회에 일말의 기여를 하고 있다는 소식이 들리는 것입니다. 그것은 그 동안의 저의 수고를 상쇄하고도 남을 것이며, 무더위와 소음을 피해 여러 도서관을 전전했던 일들을 아름다운 추억으로 남게 할 것입니다.

이 책이 출간되는데는, 그리스도 안에서 언제나 변치 않는 사랑을 보여준 반석교회 성도들의 미쁨이 일등 공신이었음을 말하지 아니할 수 없으며, 먼저 그들에게 이 책을 바칩니다. 그리고 아들을 위해 어린아이 같은 간구를 올리시는 나의 어머니, 내 목회의 근실한 내조자인 아내와 나의 기쁨인 네 딸, 성혜·성주·성경·성심이에게 이 책을 바칩니다.

마지막으로, 독서의 저변 인구 부족과 열악한 출판 환경 속에서도 사명감으로 이 책을 출판해주신 예루살렘의 윤희구 대표께 마음으로부터의 감사와 위로를 표하며, 시종 이 책의 산고(産故)에 힘을 쏟은 출판사 직원들과, 영감있고 세련된 표지디자인을 해 준 변미희님께 감사를 전합니다.

2005년 심록(深綠)에
저자 이경섭

일러두기

1) 각주를 거의 소책자 한 권 분량에 해당하는 50여 쪽에 이를 만큼 비교적 상세하게 달았습니다. 본문과의 대조 없이 각주 자체만 읽어도 이해하기에 어려움이 없을 것입니다. 독자들을 위한 저자의 배려이오니 참고하시면 유익이 될 것입니다.
2) 재인용이면서도 원인용을 밝히지 않은 각주들이 상당수 있습니다. 이는 순전히 저자의 게으름 탓이기도 하거니와, 재인용한 저서들이 믿을만한 공신력을 가졌다고 보았기 때문입니다.
3) 각주에 나오는 「참조」는
   ① 본 인용 외에 부가적인 설명을 위해 추가한 내용입니다.
   ② 내용이 많아서 요약한 경우, 혹은 본문 내용과 완전 일치하지 않거나 인용한 책의 쪽 수가 불분명한 경우입니다.
4) 성경 인용은 대한성서공회의 개역 한글 성경과, 한영대조성경을 참조했습니다.

목 차

머리말 · 3

제1부 영성신학

제1장, '영성'(靈性)이라는 용어와 관련하여

1. 중세 신비주의와의 연관성 · 15
2. 종교다원주의와의 연관성 · 16
3. 영성의 성경적 어의(語義) · 18
4. 영성과 경건 · 19
5. 영성 논의의 배경 · 21

제2장, 개신교의 제(諸)영성 이론들

1. 영성을 윤리적 차원에서 접근함 · 25
2. 영성을 인격과 동일시 함 · 26
3. 영성을 형성의 개념으로 접근 · 27
4. 영성을 그리스도 모방과 동일시 함 · 28

제3장. 개혁주의 영성신학

1. 개혁주의 영성의 목적 · 30
2. 하나님 주권적이며 반수동주의적인 영성 · 35
3. 창조론, 구속론적 영성 · 37
4. 그리스도 중심의 영성 · 38
5. 이신칭의 영성 · 43
6. 오직 성경의 영성 · 45
7. 오직 믿음의 영성 · 49
8. 오직 은혜의 영성 · 57

제4장. 개혁주의 영성의 지향

1. 말씀의 영성 · 61
2. 사랑의 영성 · 63
3. 코람데오 영성 · 67
4. 신조와 도그마티즘의 영성 · 69
5. 긴장과 갈등의 영성 · 71
6. 균형과 조화의 영성 · 72
7. 통합적 영성 · 79
8. 틈새 영성 · 80

제2부

영성훈련

제1장, 기초 다지기

1. 예배 · 89
2. 하나님 경외 · 92
3. 신앙 · 94
4. 은혜 · 95
5. 기도 · 97
6. 경건한 가정 · 103

제2장, 전인을 위하여

1. 영성의 향도인 지성 · 108
2. 복종 · 117

제3장, 지속성을 위하여

1. 깨어 있음 · 129
2. 쉬지않는 기도 · 131

제4장, 거스림을 위하여

1. 저항(Protestant) · 146
2. 자기 부인 · 148

제5장, 현실을 넘어

1. 초월 · 153
2. 침묵(말과의 상관 관계로서의 침묵) · 169
3. 순간을 위하여 · 186

제6장, 마음을 위하여

1. 개혁주의 영성에 있어서의 마음의 위치와 역할 · 195
2. 마음 훈련 · 211

제7장, 일상을 위하여

1. 일상의 생활영성 · 219
2. 전 삶적인(Whole life) 영성 · 221
3. 봉사의 영성 · 222
4. 영성과 복음 증거 · 223

제8장, 기독교 체험들을 위한 변증

1. 복음의 재발견 · 225
2. 신앙의 회복 · 226
3. 은혜 · 229
4. 안식 · 230
5. 평안 · 232
6. 신비와 신비주의 · 235

제9장, 개혁주의 영성과 문화

1. 문학과 영성 · 249
2. 음악과 영성 · 254
3. 자연과 영성 · 259

후주 · 275
참고문헌목록 · 325

제1부
영성신학

제1장
'영성'(靈性) 이라는 용어와 관련하여

1. 중세 신비주의와의 연관성

『영성』(spiritualitas)이라는 용어의 기원은 역사적으로 중세까지 거슬러 올라가며, 이런 중세와의 연관성이 이 용어에 대한 거부감의 한 원인이 되고 있습니다. 칼빈을 위시해 종교개혁자들이 의도적으로 '영성' 이라는 말을 피하고 '경건', '헌신' 이라는 말로 대신한 것도 다 이러한 이유 때문입니다.

그러나 실제로 교회사에서 이 용어를 최초로 쓴 사람은 5세기초의 '위-제롬'(Pseudo-Jerome)으로, 바울적 용어인 '성령을 좇아 살라' 는 권면 내용 중에 포함되어 사용됐습니다. 그러다가 본격적인 중세 신비주의적인 용어로 쓰게 된 것은 9세기 들어 '칸디두스'(Candidus) 라는 수도사가 이원론적인 개념에서 육체나 물질과 대립되는 의미로 사용하고서부터입니다.[1] 따라서 '영성' 이라는 용어가 중세적인 용어이기는 하지만, 반드시 이원론적인 기원을 가진 것은 아닌 듯 합니다.

그리고 17세기부터 20세기에 걸쳐 존 오웬(John Owen), 스펄전(C. H. Spurgeon), 워필드(B. B. Warfield)의 저작들 속에서 이 용어의 사용이 확인되고 있으며, 영미의 청교도들과 개혁주의자들에게 있어서도 이 용어는 크게 거부감이 없었던 것으로 보입니다.[2] 개혁교회의 본산인 화란 교회 역시『영성』이라는 단어가 문제가 있음을 인정하면서도, 현재 개신교 안에서 워낙 광범위하게 받아들여지고 있다는 이유로 이 용어를 사용하고 있습니다. 물론 일부 화란 신학자 중에는 '영성' 이란 용어가 모호하고 로마 가톨릭적 배경을 가진 타당치 않은 용어라는 이유로, '개혁주의 구원 체험' (gereformeerde bevinding) 이란 단어를 대신 사용하기도 합니다. 그러나 흐라플란트(C. Graafland) 같은 신학자는 이 단어가 '영성' 보다는 훨씬 분명한 개념이기는 하지만 '영성' 의 포괄적 의미에는 미치지 못하는 것으로 보아, 개념의 모호함에도 불구하고 '영성' 이라는 단어를 계속 사용하고 있습니다.[3]

2. 종교다원주의와의 연관성

『영성』이라는 용어가 부정적인 이미지를 풍겨내는 이유 중 하나는 종교다원주의와의 관련성 때문일 것입니다. 20세기말에 이르러 이데올로기의 붕괴, 세계화 사조와 함께 다문화, 다종교의 공존 양식은 이미 교조주의나 민족주의 같은 모난 사상 체계들을 밀어내었고, 기독교 내에서도 기존의 패러다임에 어떤 변화가 있어야 한다는 주장들이 생겨났습니다.

특히 기존의 도그마티즘적이고 배타적인 기독교 패러다임으로는 더 이상 21세기의 종교다원주의시대에 살아 남을 수 없을 것이라는 위기의식에 젖은 일련의 에큐메니스트들이 '영성'을 그들의 종교보편화운동에 사용하면서, 마치 종교다원주의의 대명사처럼 인식되어버렸습니다. 이런 분위기에서 교회에 도입된 영성이라는 용어가 정통 개신교인들에게 거부감을 주는 것은 어쩌면 당연할지 모릅니다.

그러나 이런 혐의에도 불구하고 이 용어의 함축성, 포괄성의 장점은 쉽게 이 용어를 종교다원주의자들에게 넘겨줄 수 없게 합니다. 물론 이는 펠러마(W. H. Velema) 교수가 지적한 것처럼, "그 개념의 모호성으로 인해 각자 자기의 원하는 바를 이 단어 속에 집어넣을 수 있다."[4]는 편의성 때문이 아니라, 신학은 물론 문화까지를 담아낼 수 있는 포괄성의 장점 때문입니다.

한 때 한국 교회가 기독교에 '종교'라는 용어를 붙이는 문제가 이슈화된 적이 있었습니다. 이는 불교나 유교, 샤머니즘 같은 민간 종교들이 오랫동안 공존해 온 상황에서, 기독교를 종교라 부름으로, 기독교 역시 그런 류의 하나로 간주되어, 기독교의 정체성이 훼손될 것이라는 염려 때문이었습니다. 그러나 우려와는 달리 그것은 오히려 기독교를 변증하는데 긍정적인 기여를 해주었습니다.

『영성』이라는 용어가 사용상 어려움이 있지만, 신중하게 사용하기만 하면 오히려 내적으로는 신학논리 전개에 풍부한 언어적 상상력을 제공받을 수 있고, 대외적으로는 기독교를 변증해 내고, 종교다원주의로부터 기독교를 보호하는데 유용할 것으로 보입니다.

3. 영성의 성경적 어의(語義)

『영성』(Spiritualitas)이라는 용어가 성경에 있느냐 없느냐 하는 문제와 관련해선, 영성과 딱 맞아떨어지는 용어는 성경에 없습니다.[5] 다만 그 어원이 되는 '호흡' '하나님의 입김'의 뜻을 가진 라틴어 'Spiritus'는 라틴어 성경 여러 곳에 나오는데, 이 단어는 크리스천의 정체성을 적절히 정의해 주는 용어로 보입니다.

이 하나님의 'Spiritus'가 태초에 인간에게 불어넣어질 때, 육체뿐인 인간이 비로소 생령이 됐고[6], 타락한 후에는 죄인이 그리스도 안에서 하나님의 형상으로 재창조되는 동인(動因)이 됩니다.[7] 이렇게 'Spiritus'란 용어 안에는 기독교의 중심 교리인 창조론적, 구속론적 정의가 함의되어 있습니다.

이런 점에서 영성은 하나님의 'Spiritus'(입김)를 소유한, 하나님 자녀의 본질과 속성으로 정의될 수 있으며, 그 지향점 역시 하나님께서 본래 의도하신 인간 본연의 정체성(正體性)입니다. "영성이 없이는 그 누구도 그리스도인이 될 수 없다"[8]는 개혁주의 영성학자 하워드 라이스(Howard L. Rice)의 말은 영성의 본질을 간파한 타당한 주장입니다.

그런데 오늘 '영성'을 단지 하나님을 체험하는 것, 혹은 고도로 훈련받은 소수인들의 영적 기술, 아니면 부흥, 은사운동의 원동력으로서의 영적 파워쯤으로 이해하는 것은 문제가 있습니다. 이런 인식은 '기독교 영성'을 지엽적인 것으로 한정시키면서 소수 영적 엘리트들의 전유물로 만듭니다.

'영성'은 포괄적인 동시에, 지정의가 통합된 전인적(全人的)인 것이고, 예배, 기도, 말씀 같은 예전적(禮典的)인 것에서부터 삶 전반을 아우르는 전 삶적인 것입니다. 우리는 영성을 센세이셔널리즘이 가미된 특별한 어떤 것이 아닌, 기독교의 본질과 크리스천의 정체성을 정의하는 일반론적인 입장에서 차분하게 접근해야 하겠습니다.

4. 영성과 경건

혹자는 기독교에서 전통적으로 써온 '경건'(敬虔)이라는 좋은 용어가 있는데, 꼭 '영성'이라는 용어를 써야 하느냐고 반문하기도 합니다. 그러나 경건이 기독교 신앙의 본질을 가장 잘 표현한 성경적 용어임에 틀림이 없습니다만, 너무 무겁고 성별(聖別)된 용어라, 포괄적이고 다양하게 응용하는 면에서는 다소 제한이 있습니다.

'경건'이 성경 신학적인 용어라면, '영성'은 변증적이고, 예전(禮典)에서 문화까지 망라한 문화신학적인 용어라 할 수 있습니다. 화란 개혁교회의 흐라플란트(C. Graafland) 교수 역시 견해를 같이 합니다.

> "영성은 하나님을 만남에 있어서 마음의 내적 구원 체험뿐만 아니라 성향이나 행동에 있어서 전체적인 삶의 분위기를 포함한다. 예를 들어 사회 생활에서의 태도나 윤리적, 사회적 행동들까지 포함한 생활방식(way of life), 곧 전체 문화 생활과 관계된다."[9]

특별히 '경건'은 교회 공동체 안에서 단순하게 쓰는 데는 자연스럽지만 변증적인 용도로 쓰기에는 언어적 한계가 있습니다. 예컨대 신앙의 건전성을 판단하는 의미로서의 '불건전한 경건' '건전한 경건' 등의 표현이나, 종교의 속성을 규정하고 비교하는 '기독교적 경건' '마호멧적 경건' 같은 표현은 어색합니다.

그리고 기독교 내의 다양한 신앙 노선을 표현하는데도 '영성' 은 훨씬 자연스럽습니다. 예컨대 '바울의 영성', '루터의 영성', '칼빈영성과 루터영성의 차이' 등의 표현입니다. 이런 표현은 마치 기독교 내에서 교리나 교파의 차이를 암시하는 정도로 들립니다. 반면에 '경건' 은 기독교의 본질적인 핵심을 나타내는 무거운 용어이기에, 기독교 내의 미미한 차이들을 서술해 내는데는 적당치 않습니다. 예컨대 바울의 경건, 루터의 경건이란 말은 마치 바울의 하나님, 루터의 하나님이라는 말처럼 들려 바울의 하나님이 다르고 루터의 하나님이 다른 것 같은 암시를 줍니다.

유사한 개념들을 함께 묶어, 필요에 따라 두리뭉실하게 혼용하는 언어사용은 바람직하지 못합니다. 신학의 발전은 언어의 발전과 맞물려 있으며, 신학 용어의 빈곤은 다양한 용어 차용(借用)을 어렵게 하여 논리전개를 부자연스럽게 합니다. 이런 논리 전개의 부자연스러움은 필연적으로 신학의 발전을 막는 장애 요소로 작용하게 됩니다. 따라서 신학 발전을 위해서는 언어의 작은 뉘앙스의 차이라도 무시해서는 안되며, 더구나 뉘앙스의 차이를 품사의 차이만큼이나 크게 느끼는 현대인들의 의식 구조하에서는 더욱 그러합니다. 여기서 '영성' 을 구차하게 '경건' 과 대비시키며 장황하게 말하는 것도, 언어의 세분화가 신학 발전에 기여하리라는 기대감과 무관치 않습니다.

주지하다시피 신학, 철학을 비롯해 전체 인문학 분야에서 유럽이 우위를 점하고 있음은, 정교하고 세분화된 언어 체계 때문으로 보는 것은 학자들의 공통된 견해입니다. 따라서 우리는 신학의 발전을 위해서라도 새로운 용어 차용을 지나치게 두려워해서는 안되겠습니다.

5. 영성 논의의 배경

은혜의 방편들에 대한 사람들의 다양한 요구

근자의 활발한 '영성' 논의의 한 배경은, 풍요로운 신앙생활을 위한 다양한 은혜의 방편들에 대한 요구 때문으로 보입니다. 특별히 교육학, 사회학, 심리학 등과 신학의 연계적 발달과 그에 따른 포괄적인 인간이해, 그리고 21세기 지식정보화 사회라는 특수한 환경(심성의 사막화)은 더욱 그런 필요를 심화시켰고, 막연하나마 영성이 그런 갈망을 채워줄 것이라는 기대를 사람들에게 불러 일으켰습니다.

물론 인간의 본질은 바뀐 것이 없고, 은혜의 방편이 말씀, 기도, 성례임은[10] 개혁주의 교회의 불변의 고백이나, 성경이 그 중요성을 역설하고 인간 경향성이 요구하는 다양한 필요들에 대해 눈을 뜨게 되었다고나 할까요. 우리는 그동안 믿음은 강조하면서도 믿음의 좌소요, 생명의 근원인 마음엔[11] 무관심 했고, 특별 계시인 성경은 중시하면서 일반 계시로서의 자연[12]을 영적 자원으로 활용하는 일엔 소홀했습니다. 소리 언어로서의 말과 언어적 경건은 중시하면서도, 전능자에 대한 경외심의 발로요,[13] 무언의 경건의 표현[14]인 침묵에는 무관심했습니다. 노동을 생산, 축복, 소명으로까지 격상시키면서도, 경건의 방편으로까지는 그 의미를 확장시키지 못했습니다. 또한 기도의 당위성은 강조하면서도 기도의 다양한 응용, 실천 방법에 대해선 많이 가르치지 못했습니다.

이제껏 우리는 경건 지침에 기도, 말씀 같은 본질적인 은혜의 방편들만을 포함시켰고, 위에 언급된 것들을 어디에 소속시킬 것인지에는 어정쩡했습니다. 이는 일반적으로 써 오던, '경건'이라는 용어가 이런 가벼운 것들까지 담아내기엔 너무 무겁고 성별된 용어였기 때문입니다. 다행이 영성이라는 용어가 이것을 맡아주었습니다. '영성'은 본질적, 비본질적인 것, 중심적인 것 주변적인 것, 무거운 것 가벼운 것들, 모두를 갈등 없이 아우를 수 있는 포괄적인 용어로 자리매김 될 수 있었습니다.

경건 생활의 다양한 패턴을 담아내는 영성

시대를 불문하고 '경건의 본질'은 불변이지만, 시대 상황에 따라 '경건의 패턴'은 달라질 수 있습니다. '왜 믿어야 하고', '무엇을 믿어야 하는가'와 같은 본질적 물음과 답변은 시대를 초월하여 항상 유효하고 일치합니다만, 그것을 실현하는 경건 패턴은 시대에 따라 달라질 수 있다는 말입니다. 예컨대 육체활동을 중심으로 하던 농경시대의 경건 패턴과, 두뇌 활동을 중심으로 하는 21세기의 경건 패턴이 다를 수 있고, 풍요와 여유로움을 구가하는 서구인들의 경건 패턴과 가난한 제3세계인들의 경건 패턴이 다를 수 있으며, 건강한 자와 환자의 경건 패턴이 다를 수 있다는 말입니다.

구체적으로 이것을 기도에 적용시켜 본다면, 정신집중을 크게 요하지 않는 단순 노동자들에게는 '쉬지 않는 기도'가, 정신집중을 요구하는 과학자나 정밀기계를 다루는 사람들에겐 틈틈이 하는 '집중기도'가 선호할만 합니다. 그리고 활동이 많은 분주한 사람에게는 짧은 시간에 효율적으로 할 수 있는 통성기도가 적합합니다. 피곤한 그들에겐 유유자적이 기도할 시간적 여유도 없을 뿐더러, 이를 시도하는 것은 잠을 청하는 것과 같기 때문입니다.

그들에겐 짧은 시간에 할 수 있는 한 많은 기도를 하고, 남는 시간에 밀린 일을 하는 것이 주된 관심사며, 이런 이유로 통성기도는 그들의 선호할 만한 기도 형태가 됩니다. 그 동안 한국 교회가 통성기도 일변도로 나갔던 것은 경제적인 상황과도 무관치 않아 보입니다.

근자에 들어 경제적인 풍요, 시간적 여유는 사람들의 기도 형태에도 변화를 주어 묵상, 침묵 기도 등에 대해서도 관심을 갖게 했습니다. 기도의 목적 또한 응답 일변도에서 내면의 영적 풍요를 추구하는 것에 관심이 쏠리고 있습니다.

'경건'이 다만 기도해야 할 당위성 같은 원론적인 것을 말하는 것에 그쳤다면, '영성'은 시대와 사람에 따른 다양한 기도 패턴과, 그리고 그것들을 일상에서 실천하고 응용하는 문제까지 포괄적으로 아우르기에 적당해 보입니다. 물론 '영성'의 이런 의미 규정에 대한 합의 도출의 적법성에 의문을 제기할 수도 있겠지만, 어느 사회고 신조어(新造語)는 사전적(辭典的)인 의미 규정 후에 통용되는 것이 아니라, 통용된 후에 후속적으로 규정되는 것이 통례임을 비추어 볼 때, 영성 역시 그러한 과정에 있는 것으로 보여집니다.

종교다원주의의 대안으로서 개혁주의 영성

20세기에 들어 구미(歐美) 기독교 제국(諸國)의 성적 타락, 마약, 폭력 등 부정적인 이미지가 기독교는 더 이상 세상의 빛과 소금이 못될 뿐더러 사람들을 행복하게도 못하는 실패한 종교라는 인식을 낳았습니다. 얼마전 한 조사에서 나타났듯이, 지구상에서 행복지수가 가장 높게 나타난 나라가 기독교를 표방하는 부유한 구미 제국(諸國)이 아니라, 아프리카의 최빈국 가운데 하나였다는 사실은 기독교인들을 부끄럽게 하기에 충분했습니다. 게다가 기독교의 메마른 주지주의 혹은 광신주의의 양극단은 기독교에 대한 매력을 더욱 약화시켰습니다.

그 결과 사람들은 보다 내면적이고, 신비적인 동양 종교에 눈을 돌리기 시작했습니다. 서양인들 중에 동양종교에 심취하는 이들이 많아졌고, 근자에는 벽안(碧眼)의 미국인이 국내 사찰의 주지가 되는 일까지 생겨났습니다. 기독교에서 채우지 못한 내면적인 것들을 동양 종교들에서 채우려는 시도들이 나타나고, 그 일환으로 힌두교의 요가, 명상이나 불교의 참선(參禪) 등을 기독교에 도입하는 종교혼합주의 현상까지 생겨나기 시작했습니다.

특별히 로마 천주교의 종교혼합주의는 도를 넘은 지 이미 오랩니다. 일부 신부들은 공공연히 지적 만족은 성경에서 얻고, 내면의 체험은 참선에서 얻는다고 말하며, 참선을 통해 말할 수 없는 평안을 얻었다고 떠벌이기까지 합니다. 오죽했으면 근자엔 바티칸에서 신부들의 지나친 불교 심취에 우려를 표명하기까지 했습니다.

오늘 개신교 일부에서도 정치적 교류를 넘어 신, 구교의 영성적 통합을 꾀하려는 시도들이 눈에 띕니다. 이름을 대면 알만한 교회들 중, 예수회(Jesuit)의 익나시오(Ignatius)영성수련, 트레디아스(Tredias) 훈련들을 [15] 공개적으로 목회에 도입하는 일들이 생겨나고 있습니다. 이러한 염려스러운 상황들은 근본 목회자의 신학 정체성 문제에서 비롯되기도 하지만, 하나님의 은혜와 구원에 대한 복음적 확신의 결여, 완전 충족적인 하나님 말씀에 대한 확신 부족, 개신교의 전통 속에 숨겨진 경건 소스들에 대한 무지에 그 원인이 있다고 봅니다.

따라서 복음의 재발견, 영성의 전인성, 은혜의 방편들에 대해 포괄적인 이해는 성도들에게 풍요한 경건 소스를 제공해 주는 동시에, 신비주의와 종교혼합주의의 유입을 차단하는데 기여할 수 있으리라고 봅니다.

제2장

개신교의 제(諸)영성 이론들

본격적인 기독교 영성을 말하기 전에, 먼저 개신교 진영에서 회자되는 몇 가지 영성 이론에 대한 견해를 서술하고자 합니다.

1. 영성을 윤리적 차원에서 접근함

중세 수도원 운동이나 17·8세기 경건주의 운동이 그랬듯이, 오늘의 영성 운동 역시 교회의 세속화, 타락에 대한 자성이 한 원인이며, 이러한 자성이 영성을 윤리적 차원으로 모는 경향을 낳았습니다. 그러나 영성은 지엽적인 윤리의 문제가 아니라 전 삶의 문제입니다.

영성을 윤리적 차원에서 접근하려는 또 하나의 원인은 철학적인 영향입니다. '철학함'이 곧 '영성 훈련'이었던 고대 시대, 그리고 후에 철학이 윤리학으로 축소되고, 중세에 이르러 철학이 신학의 방법론이 되면서, 이러한 철학적 영성 개념이 기독교에 투영되어 기독교의 신비주의화, 윤리화 경향이 생겨났습니다. 이러한 철학적 영성 개념은 여전히 기독교 영성에 영향을 미쳐, 일부에서는 기독교 하면 곧 신비종교 혹은 윤리종교와 동일시합니다.

2. 영성을 인격과 동일시 함

이 견해는 특히 '그리스도 모방'과 맞물릴 때, 상당히 설득력 있어 보입니다. 곧 영성을 인격과 연관지어, 영성의 목표를 완전한 인격자가 되는 것으로(그리스도화) 보는 것입니다. 그러나 우리가 이러한 '영성의 인격화'(영성의 인격주의)에 대해 거부감을 갖는 것은 비단 4세기 삼위일체 논쟁에서 라틴신학자들에 의해 개념화된, '배역' 혹은 '역할'로 지칭되는 인격(persona)의 '가면'(假面) 개념에 대한 거부감[1] 때문만은 아닙니다.

후에 '인격'이 성격, 도덕성, 상호관계성 등이 조화롭게 잘 통합된 개인의 의미로 발전하기는 했지만, 인격은 항상 자연적이고(natural) 독립적이고 자아 주체적인 의미를 풍겨내므로, 하나님 기원적이고 그리스도 의존적인 기독교 '영성' 개념을 대체하기에는 무리가 있습니다. 또 이와는 정반대로, '영성'을 순수하게 신적인 영역으로 '인격'을 순전히 인간적인 것으로 한정하는 이원론적 구도로 놓아, 인격을 영성 밖의 어떤 것으로 규정하므로 영성의 포괄적 개념을 부정하는 것 역시 부적절합니다.

3. 영성을 형성의 개념으로 접근

이 견해는 두 가지 뿌리를 갖고 있는 듯 합니다. 하나는 악을 단지 선의 결여현상으로 보는 신플라톤적인 어거스틴(A. Augustine)사상에서 기원합니다.

> "악은 하나님과 관계없이 있는 적극적인 원리가 아니다. 이것은 그것 자체의 권리를 가지고 존재하는 실물들이 아니다. 오히려 그것은 선의 부재 또는 결핍이다." [2]

이는 어두움을 어떤 실체가 아닌 빛의 결여 현상으로 보므로, 빛이 채워지면 어두움은 물러갈 것이라는 낙관적인 전제하에 영성을 '형성' 차원으로 접근하는 것입니다. 따라서 영성의 일차적 관심을 '버림과 포기'보다는 '형성과 채움'에 둡니다.

이 견해는 악을 비존재와 동일시하고, 악을 존재하는 것의 부정이나 한계로 보므로 죄의 실체와 적극성을 훼손시킬 수 있으며, 죄에 대한 성도의 적극적 대항을 약화시킬 수 있습니다. 죄에 대한 민감성과 회개 촉구는 기독교 영성의 핵심 중 하나인데, 죄에 대한 이런 소극적 인식은 필연적으로 회개의 필요를 약화시킵니다. 성경은 악을 소극적인 선의 부재만이 아닌 하나님께 대한 의도적인 도발로 보며, 나아가 그러한 악에 대해 적극적으로 대항할 것을 주문합니다.[3] 성경적 영성은 '형성' 못지 않게 '파괴'에도 동일하게 관심을 가집니다.

둘째는 인간에 대한 긍정 일변도의 편향된 시각 때문입니다. 이는 중세의 지나치게 부정적인 인간관에 대항한 16세기 인문주의적 인간관에 의해, 하나님 형상을 닮은 창조적이며 긍정적인 인간 개념을 바탕으로,

영성의 지향점을 부정적인 '버림과 부인(否認)' 대신 긍정적인 '형성과 채움'의 관점으로 보는 것입니다. 16세기 인문주의가 인간 이해에 숨통을 열어준 것은 분명하지만, 이러한 긍정적 인간관 일변도도 역시 위험합니다.

균형 잡힌 개혁주의 신학은 인간의 긍정적, 부정적 측면을 다 수용하며, 버림과 채움 둘 모두에 관심을 갖습니다. 개혁주의 변증학자 코넬리우스 반 틸(Cornelius Van Til)은 진정한 기독교는 건설하기 전에 먼저 파괴하는 일에 관심을 가진다고 했습니다.[4] 오늘 교회가 파괴보다는 건설을 부정보다는 긍정을 말하는데 익숙함은 16세기 인문주의와 현대심리학의 결탁의 산물입니다.

4. 영성을 그리스도 모방과 동일시 함

예수 그리스도를 닮는 것은 크리스천의 궁극적인 목표가 분명합니다. 크리스천은 이 일을 평생의 과업으로 알고 진력해야 할 것입니다. 그러나 놓치지 말아야 할 점이 있습니다. 그리스도의 완전한 삶을 모방하려다가 간과하고, 놓칠 수 있는 가능성에 관한 것입니다. 비유컨데 빛 때문에 생기는 그림자의 부작용 같다고나 할까요? 구체적으로 말하면 일방적인 그리스도 모방에 대한 강조가 죄관을 약화시킬 수 있다는 것입니다. 일견, 예수님을 모방하는 것과 죄의식의 약화는 서로 무관해 보입니다만, 죄와 연루된 것이 없는 예수님의 삶만 추적하다 보면, 죄인으로서 함께 공감할 수 있는 죄의 일체감을 갖지 못한다는 것입니다.

청교도 목사 아더 핑크(A.W. Pink)가 그리스도인들이 자신을 예수와 동일시하려는 것의 위험을 경고한 것도 이런 점과 무관치 않을 것입니다.

"대부분의 주의 백성들의 큰 실수 중 하나는 오직 그리스도 안에서만 발견되는 것을 그들 자신에게서 발견하려고 하는 기대이다".[5]

예수님을 닮는 것을 '이상'(理想)으로 삼는 것은 좋지만, 우리 같은 죄인들이 동일시 할 모델로 삼기는 우리와 너무 거리가 있습니다.[6]

따라서 우리는 칼빈이 말한대로 그리스도의 특별한 개개의 행동들보다는 그의 일반적인 영적 경향을 본받고[7], 혹은 우리와 같은 성정을 가진 (약 5:17) 선지자와 사도들을 신앙의 모델로 삼아 그들의 장점은 본받고, 그들의 실수와 허물은 경고로 삼는 것이 보다 안전할 것입니다.

제 3 장

개혁주의 영성신학

1. 개혁주의 영성의 목적

하나님 영광

기독교 영성의 목적은 하나님을 영화롭게 하는 데 있습니다. 이는 인간의 창조론적 구속론적 목적 모두에 부합합니다. 오늘 많은 경우 영성수련이 자기 만족을 위한 크리스천 유한족(有閑族)들의 고도의 정신적 유희(遊戱), 아니면 특별한 영적 파워나 기능을 갖추는 것으로 취급되는 것은 매우 안타까운 일입니다.

'하나님 영광'에 사로잡힌 개혁주의 신학은 웨스트민스터(Westminster) 소요리문답 첫머리에서 밝힌 대로, 신앙의 목표를 하나님 영광에 두며, 이러한 '하나님 영광' 중심의 신학은 때때로 구원문제를 등한시한다는 비난을 불러일으켰지만, 역사적으로 개혁교회는 항상 인간 중심이기를 거부해 왔습니다. 오늘날 인간의 행·불행에 지나치게 집착하는 기복적이고 인본적인 기독교와는 거리가 있습니다.

하나님 영광의 현현으로서의 십자가

그러면 하나님의 영광은 어떻게 현시(顯示)되고 수납되는가? 모세의 시내산 체험과 이사야의 성전 환상에서 묘사된 것처럼[1], 오직 거룩하시고 영광스러운 위엄과, 주재자로서의 위풍을 통해서인가?[2] 만일 하나님의 영광이 다만 이런 엄위하심으로만 일관한다면, 그야말로 그는 인간의 접근이 불허된, 초월적이고 두려운 유대교적 하나님에 불과합니다.

물론 하나님은 태초부터 자존하시며 스스로 무한히 영광스러우셨습니다.[3] 그 영광은 너무 위엄차서 어떤 피조물의 범접함도 용인치 않았습니다. 그리고 그 거룩하심의 영광은 율법의 엄위함과 심판의 준엄함을 통해 다시 한 번 수납되었습니다.

그러나 하나님의 영광은 독생자의 율법적 대속을 통해 수납된 것보다 더 완전하게 수납될 수는 없었습니다. 이것은 아담이 율법을 지킴으로 수납됐음직한 영광에 비할 바 아니고, 아담의 범죄로 율법에 가해진 타격을 능히 상쇄하고도 남는 영광이었습니다. 아기 예수의 탄생을 고지한 천사들의 합창에서 보듯이[4], 독생자의 탄생은 구속 사역의 첫 출발로서 하나님께 영광되었고, 십자가 대속은 구속 사역의 완성으로서 그 영광의 극치를 이루었습니다.[5] 이러한 십자가의 영광은 루터 신학에 있어 결정적 관심사였습니다.[6]

하나님 영광의 수납은 여기서 그치지 않고, 그리스도 안에 나타난 하나님의 은총을 죄인들이 받아들이는 일을 통해 계속됩니다.[7] 죄인이 진지함 속에서 자신의 죄를 경감 없이 철저히 인식하도록 요구받는 이유 역시, 이를 통해 죄로부터 구원하시는 그리스도의 은혜를 구하고 하나님의 자비하심의 영광을 기리기 때문입니다.[8] 이런 의미에서 십자가는 '비하' 의 형태로 현시된, 하나님 영광의 다른 한 축입니다.

흔히 '하나님 영광' 신학에 몰입된 칼빈주의자들은 '인간 구원'에 관심을 기울이는 것은, 하나님 영광과는 무관한, 단지 인간을 높이는 행위쯤으로 간주합니다. 그러나 하나님은 당신의 숭고한 인간 구원의 행위를 통해 무엇보다 영광을 받으셨다는 사실을 이해하게 될 때, 이 비판은 적절하지 않다는 것을 알게 됩니다. 우리는 개혁자들이 몰두한 '하나님 영광'은 반드시 '인간을 위하는 것'과는 무관해야 한다는 전제를 달 필요는 없습니다.

루터에게 있어 「십자가 신학」이 외적 논리로는 「영광의 신학」과 반대되는 것으로 표현됐지만[9], 사실 그것은 하나님 영광의 한 형태였습니다. 이는 그의 '나를 위하시는(Pro me) 그리스도'에서 분명해집니다.

> "나를 위하시는 그리스도'에 대한 루터의 강조는 비판자들이 그의 신학을 주관주의적이고, 인간 중심적이라고 결정짓는 결과를 가져왔다. 그러나 사실 이 같은 비난은 좀 이상한 면이 있는데 그것은 루터의 표어가 '하나님을 하나님 되게 하라'는 신 중심적인 방식이었고 그의 종교개혁의 돌파구의 반복 어구는 구원에서 하나님의 주권의 엄숙한 강조였기 때문이다. 복음은 그리스도 안에서 주권적인 하나님이 실질적으로 우리를 반대하시는 것이 아니라 우리를 위하신다는 것이다. 루터의 핵심은 이 복음이 추상적으로 알려질 수 없고 오직 깊은 경험 속에 있는 신앙에 의해서만 파악될 수 있다는 것이다."[10]

하나님을 영화롭게 하는 복종

복종적 인간은 완전한 인간 이상이며, 그 모본은 그리스도입니다. 그리스도의 삶은 아버지께서 하라고 하신 일을 이루는[11] 복종으로 특정 지어졌습니다. 그의 복종은 하나님을 만족시킬 수 있었던 유일한 복종이었으며, 우리 행위가 유추적으로 따라야 할 이상이기도 합니다. 개혁주의 변증학자 코넬리우스 반 틸은 그의 교육학 논문에서 기독교 교육의 목표로서의 완전한 인간의 모습을 하나님께 대한 유추적 행위(Analogical action)를 하는 자, 곧 '믿음의 복종자'로 정의했습니다.

"태초에 인간은 복종을 통해 피조적 자유자가 되었을 것으로 보인다. 그는 자신을 위하여 하나님의 뜻을 이루려는 소원과 능력을 가졌을 것이며, 하나님의 뜻을 환영하므로 최종적이며 완전하게 달성된 존재의 자유에 도달하게 되었을 것이다."[12]

그는 여기서 복종이 인간으로 하여금 하나님이 의도하신 자(피조적 자유자)로 만든다고 말합니다.

그리고 기독교 영성의 다이나믹 역시 이것과 연관됩니다. 오늘 기독교 영성이라는 이름으로 시행되는 명상적인 정적(靜的) 영성과는 사뭇 다릅니다. 물론 여기서 말하는 영성의 다이나믹은 소위 은사적 다이나믹이나 액티비즘(Activism)과는 다른, 복종적 동력(動力)을 의미합니다. 그리고 이 복종의 성격은 오직 그리스도만이 바칠 수 있었던 구속적 복종과는 구분되는, 믿음의 열매로서의 복음적 복종이며 하나님 자녀다움을 위한 언약적 복종입니다. 종종 '오직 믿음'의 종교개혁 원리가 반율법주의로 매도되기도 하나, 개혁자들은 율법의 복종을 오히려 구원받은 자들의 표지와 특권으로 삼았습니다.

다시 말하면 '오직 믿음'은 율법의 불필요함을 주장하는 것이 아니라, 죄인들의 행위로는 결코 도달할 수 없는, 너무도 엄위한 율법의 요구에 유일하게 부응해 줄 수 있는(롬 3:31), 믿음을 붙드는 것입니다. 믿음만이 유일하게 그리스도의 완전한 의(義)를 전가 받고, 그렇게 전가 받은

의(義) 만이 완전한 율법의 요구에 부응할 수 있는 것입니다. 따라서 '오직 믿음'은 율법적 복종을 폐기하는 경박한 종교로의 진입로가 아니라, 율법을 존중하는 하나님 경외의 표현입니다.

2) 하나님을 즐거워 함

웨스트민스터(Westminster) 소요리 문답 제1문이 '하나님을 영화롭게 하는 것과, 그를 즐거워하는' 두 내용을 함께 거론한 이유를 청교도 토마스 빈센트(Thomas Vincent)는, "후자 없이 전자만을 구하거나 전자 없이 후자만을 구할 수 없으며, 이 땅위의 집에서 하나님을 가장 기쁘시게 해 드린 자들은 그를 가장 영화롭게 하고 즐거워하는 자들이기 때문이다."[13] 고 했습니다. 하나님을 영화롭게 하려는 사람은 그것의 강박적인 의무감 때문에 그의 모든 즐거움이 봉쇄 당하지 않습니다.

하나님을 영화롭게 하려는 갈망은 칼빈이 말한 대로, 칭의의 무거운 짐을 벗고 율법과 그 숨막히는 요구들로부터 자유로울 수 있음[14]에서 오는 은총의 결과이기에 즐거운 일이 됩니다. 우리를 정죄하는 율법에서 자유롭게 하신 복음의 능력이 하나님의 영광을 위해 즐겁게 자원하는 마음을 일으키는 것입니다. 이 기쁨은 하박국 선지자의 고백대로, 물질이나 소유의 유무와는 상관없는 기쁨입니다.[15] 이렇게 하나님을 즐거워할 때, 인간의 피조물 됨은 더욱 공고해 지고 온갖 탐심의 우상에서도 건짐을 받게 됩니다.

2. 하나님 주권적이며 반수동주의적인 영성

개혁주의 영성은 모든 인위성을 배격하고 오직 하나님 중심적이고, 은혜 중심적입니다. 인위적인 운동을 통해서 그리스도인들을 영성을 갖춘 사람으로 만들 수 있다고 생각하는 것은 지극히 잘못된 발상입니다. 인간의 공로나 수덕주의적인 강조는 인위적인 영성개발로 치우쳐 영성을 오도합니다.[16]

종교개혁주의자들의 영성은 모범적인 행위나 몸짓의 내면화 과정을 통해 형성된 습관(habitus)이 아니라 하나님의 약속의 말씀에 대한 신뢰에서 주어지는 영성이었습니다. 진정한 영성의 출발은 성령을 통해서 믿음으로 말미암아 그리스도께서 우리 안에 계시게 하는 것입니다.[17] 그리고 이렇게 우리 안에 계신 그리스도께서 우리의 지정의에 전인적인 영향을 끼쳐, 하나님을 경외하는 마음을 갖고, 하나님께서 원하시는 삶을 살게 합니다.

이는 신비주의적이고 극단적으로 흘러갈 위험성이 있는 주관주의 영성과 상대되는 개념으로서, 나 밖의(out of me) 그리스도를 믿는 객관주의 영성입니다. 개혁자들의 영성은 이전의 인본주의적인 영성에서 탈피하여, 전적으로 하나님의 주권에 의존한 영성의 재발견이었습니다.

그러면서 동시에 기독교는 하나님 주권주의는 신봉하지만 수동주의는 배격합니다. 하나님 주권주의와 신비주의적인 수동성(受動性)은 전혀 다릅니다. 인위적인 방법을 동원하는 것이 '작위적'(deliberate) 인본주의라면, 수동주의는 '부작위'(nonperformance)적 인본주의입니다. 오늘날 수동주의가 관건이 됨은, 현대인들의 과도한 활동주의(The Activism)와 그에 따르는 내적 공허가 그것을 부추기고 있기 때문입니다.

미국, 구라파의 도심에 등장한 참선방(參禪房)이나 요가원 같은 것은 이런 일련의 징후들입니다.

우리는 과도한 활동주의는 반대하지만 수동주의를 그 대안으로 삼지는 않습니다. 물러남(Retreat), 침묵 같은 정적(靜的)인 영성 커리큘럼의 도입이 곧 수동주의에로의 길을 터는 것이 되어서는 안 됩니다. 신비에 도달하기 위해선 일체에의 관심을 끊고 망아적인 상태에서 내적 의미에 자신을 온전히 맡겨야 한다는 신비주의의 통전성은 '잠잠히 하나님만 바라는' [18] 기독교의 신뢰적 영성 개념과 같을 수 없습니다.

기독교 영성은 인위적인 방법을 동원하는 것을 반대하지만, 하나님이 주신 은혜의 방편들을 사용하는 일을 소홀히 하지도 않습니다. 기독교 영성은 모든 것에 대한 일체의 관심을 끊은 채, 무상 무념의 몰아(沒我)적 수동 상태에 자신을 내어 맡기고, 어느 순간 전광석화처럼 깨달음을 얻는 소위 돈오(頓悟), 조명 같은 불교, 로마교적 영성수련 방법을 부정합니다.

기독교는 하나님이 인간에게 주신 모든 것을 하나님과 교통하는데 선용하며, 신앙 성장을 위해 믿음, 지성, 분별, 하나님을 향한 애정, 말씀에 대한 지적 탐구 등 전인을 동원합니다. 16세기 인문주의의 영향을 받은 종교개혁주의는 특히 지성을 신앙의 중요한 방편으로 칩니다.

신비주의자들에 흔히 왜곡되는, 그리스도와의 연합 교리나 하나님 임재같은 주제들은 강신술사(降神術士)들이 망아적(忘我的) 수동 상태에서 체험한다는 신인합일같은 것과는 다릅니다. 이것들은 수동적 원리가 아닌 또렷한 자의식, 그리고 사랑과 신뢰가 담긴 믿음을 통해 하나님을 마음에 모시는 주체적인 행위입니다. [19]

그리고 성화 원리 역시 감각적인 모든 일체의 관심과 집착에서 떠나는 스토아적인(stoic) 정화(淨化)와는 다릅니다. 기독교에 자기 부인, 초탈같은 덕목이 있지만, 이것은 인격자이신 하나님과의 관계 속에서 이루어지는 것이며, 반(反)인격주의와 수동주의로 상징되는 무심(無心), 무감(無感)의 절연(絶緣)적 속성과는 다릅니다.

1900년대 초 영국의 웨일즈(Walse) 대각성에 큰 영향을 미친 제시 펜 루이스(Jessie Penn-Lewis)는 수동주의의 비 성경성을 다음과 같이 지적했습니다.

> "마귀가 성도들을 유린하는 방법 중 가장 중요한 것은 사람들로 하여금 수동적이 되게 하는 것인데, 힌두교의 요가, 만트라, 명상, 좌선, 단전 호흡, 오순절주의의 입신, 방언, 기괴한 웃음 현상 등은 다 사람을 수동적이 되게 하는 것으로 그 뿌리가 같다. 거짓 부흥사들은 수동적이 되어야만 성령이 역사한다고 외치지만 성경은 결코 그렇게 말하지 않는다."[20]

3. 창조론, 구속론적 영성

'영성'(spiritualitas)의 어간(語幹)인 'Spiritus'(하나님의 입김)는 창조와 중생의 동인(動因)이었습니다. 창조시엔 흙으로 지음을 입은 육체만의 인간이 하나님의 형상으로 결정되는 생기였고[21], 타락 후엔 그리스도의 구속(救贖)을 통해 이루어지는 중생의 원천이었습니다.[22] 따라서 영성은 창조론적 구속론적 정의를 함의합니다. 장신대 이수영 교수의 영성 정의에서도 창조론적, 기독론적 정의를 함의합니다.

"영성은 인간을 지으실 때부터 하나님께서 인간을 하나님나라의 동반자, 상대자라는 관계 속에서 의도하신 그 자체…예수 그리스도 안에서 보증된 본래적인 인간성이다."[23]

영성은 하나님이 인간에게 시여하시는 하나님의 일이며, 하나님의 주권과 은혜에 속하는 일입니다. 서방의 교부(敎父) 터툴리안(Tertullian, 160~220)이 영성을 '성령의 은사'로 간주했음은 동일한 관점입니다. 이것은 영성을 인간의 생래적인 본성으로 보는 종교다원주의 영성이나, 단지 창조론적 관점으로 끝나는 유대교적 영성과도 구별됩니다.

4. 그리스도 중심의 영성

그리스도 중심의 영성

개혁주의 영성은 삼위 하나님이 포진된 삼위 일체적 영성이지만, 항상 그리스도가 그 중심에 자리합니다. 물론 그리스도까지 성부의 작정에 근거되고, 창조 없이는 죄도 구속도 없는 창조 중심의 전제 신학(A Presupposition Theology)이 개혁주의 신학의 바탕이지만, 계시의 중심에는 항상 그리스도가 위치합니다. 하나님의 가장 분명하고 본질적인 자기 계시요, 중보자로서의 그리스도는 우리 신앙의 중심입니다.

물론 이는 자기 신학의 정당성을 변호하고자 전가(傳家)의 보도(寶刀)처럼 들고 나오는 소위 '구속론적 영성' 같은 신학적 명분 삼기로서가 아니라, 개인의 신앙 고백과 체험의 차원이어야 함은 두말할 필요가 없습니다. 믿음과 구원, 회개와 용서, 기도와 응답의 인과적 원리로서, 또한 예배와 봉사의 중보로서 그리스도는 항상 중심에 자리해야 합니다. 이

점에 대해선, 여러 측면에서 서로 불일치했던 종교개혁자 루터(M. Luther)와 에라스무스(Erasmus)도 견해를 같이합니다.

"그리스도 중심적이 되는 것이 경건의 본질이다."[24]

"그리스도 안에서를 제외하고는 하나님에 관하여 아무것도 생각하지 않는 것을 배우도록 하라."[25]

오늘의 강단에는 설교는 물론 기도에서조차 예수님이 잘 언급되지 않는 것 같습니다. 기도시 근엄하게 호칭되는 '여호와 하나님'은 알라(Allah)를 향한 이슬람교도의 기도를 연상시킵니다. 예수 이름은 다만 하나의 구색 갖추기요, 기도 말미의 마무리용일 뿐입니다. 예수 이름으로 기도하는 의미가 다만 기도의 신학적 선언으로 그치며, 기도를 마친다는 신호 정도로 간주됩니다.

예수 이름으로 기도한다는 것은 그 이상의 의미입니다. 기도의 시작에서 마침까지 오직 중보자 그리스도를 의지하여 기도한다는 뜻입니다. 무자격한 죄인이 하나님의 독생자의 공로를 의지하여, 무한히 황공한 마음으로 기도하는 것입니다. 이런 기도에 어찌 마디마디 예수 그리스도에 대한 찬양과 공경의 염(念)이 넘쳐나지 않을 수 있으며, 다만 기도 말미에 한 마디 언급하는 것으로 족할 수 있겠습니까?

우리는 그리스도 중심신학이라고 하면, 무조건 루터(M. Luther)나 칼 바르트(Karl Barth)의 그리스도 일원론만을 떠올릴 것이 아니고, 존 오웬(John Owen)이나 조나단 에드워즈(Jonathan Edwards)의 것과 같은 온건한 그리스도 중심신학이라면 수용해야 할 것입니다. 사실 기독교가 정당하게 그리스도 중심이 될 때에만 진정한 기독교일 수 있습니다. 존 오웬은 이런 관점에서 그리스도를 발견하지 못하는 모든 성경연구는 다 헛

되다고 말합니다.

"그리스도의 인격과 그리스도께서 오심, 그리스도의 직무와 나라, 그 모든 것 가운데 있는 그리스도의 영광, 그리스도 안에서 교회를 향하신 하나님의 지혜와 은혜와 사랑이 모두 구약 전체를 통해 관통하는 생명선입니다. 그것이 구약의 대부분을 차지하고 있습니다. 그리스도께서 그의 제자들에게 모세와 모든 선지자의 글로 그것들을 바로 해석해 주셨습니다…성경에서 그것들을 발견해 내지 못하거나 분간해 내지 못하는 것은 우리 마음에 수건이 덮여 눈이 멀었기 때문입니다. 구약 속에 선포되고 표증된 그리스도의 영광을 발견해 내고 살펴보려는 의도를 가지지 않는 한 구약을 말씀을 묵상하거나 읽거나 연구한다 할지라도 아무 유익이 없습니다. 그런 시각을 갖지 않으면 오늘날까지도 그 책이 많은 사람들에게 있어서 봉합된 책으로 존재할 수밖에 없게 됩니다."[26]

참으로 그리스도는 감춰진 만나입니다.[27] 조상 대대로 성경을 전승 받아 왔지만, 여전히 그리스도가 비밀로 남아 있는 유대인들에게 그러했듯이, 만천하에 공개된 그리스도이지만 중생되지 못한 자들에겐 감춰진 비밀입니다. 그러나 신자는 모든 성경에서 감춰진 만나를 찾아 먹습니다. 유월절과 출애굽 사건에서, 모세의 십계명에서, 그리고 이사야의 예언과 아가서의 사랑 노래에서, 그리고 산상수훈과 바울의 서신들 속에서 만나를 찾아 먹습니다. 그리하여 "이 성경이 내게 대해 기록한 것"이란 말씀의 의미를 절절히 체득합니다. 크리스천에게 있어 그리스도는 지혜와 능력이며[28], 성령 충만의 비결이며[29], 성화의 원천입니다.[30] 또한 유일 절대 지식이며[31], 일생 추구할 목표이기도 합니다.[32]

유대 종교건축자들에게
버림받았던 당신은
오늘도 여전히
버려진 돌이니이다.

2000년 전 당신의 땅
이스라엘에서 그랬던 것처럼
당신의 거룩한 성지, 강단(講壇)에서
오늘 그러하나이다.

당신을 귀히 여기지
않았던 그 때처럼
당신을 하나님의 독생자의
존귀함대로 보는 자 없나이다.

기껏 당신은 강단(講壇)의
양념이요 구색 맞추기요
저들의 만담(漫談), 걸죽한 입담의
들러리 일 뿐이니이다.

그러나 당신이 뜨인돌 되는 날
어린양의 영광이 온 땅에
충만해지는 날
비로소 당신의 위엄이 드러나리이다.

그리스도 의존적 영성

개혁주의 영성은 수덕(修德)의 완전을 이루는 것에 목적이 있지 않고, 그리스도를 의존하는데 그 목적이 있습니다. 신자들에게서 이 목적이 성취될 때, 하나님의 경륜의 목적으로서의 그의 영광은 성취됩니다. 하나님은 성도가 그리스도를 덜 의존할 정도로 완전하기보다는, 그리스도를 의지하지 않을 수 없을 만큼 약하고 불완전하기를 원하십니다. 그 분은 너무 거룩하고 완전하여 은혜를 필요로 하지 않는 사람보다는, 그의 은혜 없이는 살 수 없을 만큼 허물이 많고 부족한 사람이기를 요구합니다. 그래서 기독교 영성은 '은혜가 넘치는' 죄인의 영성이라고 일컬어지는 것입니다.[33]

기독교의 성숙 개념은 진화론자들처럼 스스로 완전히 서는 자립이 아니라 스스로의 힘으로는 아무 것도 할 수 없는, 그리스도 의존을 그 속성으로 합니다.[34] 성경의 표현대로라면, "그리스도를 떠나서는 아무 것도 할 수 없는"[35] 그런 신앙개념입니다. 웨스트민스터(Westminster) 신앙고백서도 하나님의 '죄의 허용'에 대해 말하면서, 동일한 원리를 설파합니다.

> "가장 지혜로우시고 의로우시고 은혜로우신 하나님께서는 때때로 자기 친자녀들이 각종 유혹에 빠지며 그들 자신들의 부패한 마음대로 행하게 내버려두신다. 이는…그들의 부패하고 간사한 마음이 얼마나 강력한 잠재력을 가지고 있는가를 깨달아 겸손케 하기 위함이요. 또한 그들을 깨우쳐 그들이 보전되기 위하여 하나님 자신에게 더욱 친밀하고 신실하게 의존토록 하기 위함이다."[36]

종종 그리스도인들은 죄와 갈등 속에서 자신을 건져 줄 위대한 교사를 찾아 여기 저길 기웃거리며, 죄없이 사는 영적 대가(大家)를 꿈꾸니다. 그리고 그들은 '우리가 당신의 문제를 해결해 줄 것이고, 당신을 변화시켜 줄 것입니다' 라고 장담하는, 자칭 해결사들을 만납니다. 그러나 이들 중 대개는 몽상가들을 대상으로 한몫 보려는 자들로, 필경 이단이나 거짓 스승, 아니면 종교다원주의에 세뇌된 돌팔이 종교가들입니다.

물론 가능한 죄를 떠나 사는 삶을 하나님이 기뻐하시지만, 그러나 하나님이 더 원하시는 것은 그만을 의지하여 사는 삶입니다. 우리를 향한 그의 최선의 계획은 우리 스스로 완전을 도모할 수 있도록 해 주는 것이 아니라[37], 오히려 우리 자신의 무능과 부패를 직면케 하여 스스로에게 절망토록 하는 것입니다.[38] 우리의 감추인 허물을 완연히 드러내어 생각 이상으로 우리 자신이 부패하다는 것을 깨우쳐서, 스스로의 가능성에 대한 기대를 깨뜨려 필사적으로 그리스도만 의지케 하는 것입니다.

우리를 향하신 주님의 뜻은, 허물 많은 베드로를 통해 나타났듯이 우리 자신의 연약함 속에서 그리스도를 의지하는 것입니다. 역설적일지 모르나 진정한 기독교 영성은 성공이 아니라 실패를 지향합니다. 그리고 그러한 실패 때문에 십자가에 달리신 하나님의 아들 예수 그리스도만을 의지하고, 그의 긍휼에 매달리는 자가 되는 것입니다. 이것이 기독교 영성의 목표입니다.

5. 이신칭의 영성

영성을 다만 내면의 문제로 귀결시키는 신비주의나, 혹은 영성을 수덕적인 것으로 보는 경건주의 등과 구별지우는 결정적 교리가, '낯선 의'[39]의 전가로 특징지어진 이신칭의의 교리입니다. 이 교리는 '죄' 와 '의' 를 지나치게 내면 상태의 문제로 국한시켜, '의로운 상태' 를 곧 칭의로 보는

주관적이고 점진적인 로마교적 영성 개념에서도 건져줍니다.[40]

웨스트민스터 소교리문답이 죄를 '하나님의 율법을 순종함에 부족한 것이나 혹 어기는 것'[41]으로, 칭의를 '하나님이 거저 주시는 은혜의 행위로써… 자기 앞에서 우리를 옳게 여겨 받아 주시는 것'[42] 으로 규정한데서 보듯이, 개혁주의는 죄와 칭의를 무엇보다 '법적' 의미로 파악합니다.

이러한 하나님의 선언적 칭의 개념과, 나 밖으로부터의(Out of me) '전가 받은 의(義)' 개념은 종교개혁적 은총 개념의 특성이 되고 있으며, 이는 아마도 당시 신비주의적 개념들인 "환희"나 "황홀" 등에 대한 루터의 반발로부터 나온 것으로 보입니다.[43]

그리스도의 낯선 의의 전가는 죄의 점진적인 치료에 토대를 둔 것이 아니라, 오히려 십자가 위에서의 그리스도의 완전한 승리에 토대를 두고 있으며 칭의의 단회성을 강조합니다.[44] 그리고 이는 은혜를 점진적으로 분배한다는 어거스틴의 모델과 결별한 것이며, 하나님이 우리를 점진적으로 의롭게 만들기 때문이 아니라, 우리는 그리스도의 속죄하는 희생의 토대 위에서 의롭다고 선언되기 때문에 의롭게 되는 것입니다.[45]

이러한 루터적 칭의 개념은, 피할 수 없는 숙명적인 요구로서의, '의로운 상태에 이르기 위한 로마교적 수고'[46]에서 벗어나게 해 줍니다. 뿐만 아니라 자신의 연약함과 불완전함을 있는 그대로 긍정하게 해 주며, 어떤 경우에도 구원의 여망을 버리지 않게 합니다.

6. 오직 성경의 영성

성경에 절대 의존

칼빈이 기독교강요에서 "하나님의 거룩하신 말씀 외에는 어떠한 곳에서도 하나님을 찾지 않을 것, 하나님의 말씀에 부합되는 것 외에는 하나님에 대해서 어떠한 것도 생각지 않을 것, 혹은 하나님의 말씀으로부터 나오지 않은 것은 어떠한 것도 말하지 않는 정신이다" 고 한 말은 '오직 성경' 의 개혁주의 영성원리를 극명하게 드러냅니다.

그런데 유행하는 영성운동들은 주로 실천적인 것에 중점을 두는 것 같습니다. 그것이 어떤 근거를 갖고 있는가는 불문에 붙인 채, 필요에 부응하는 나름의 영성 성과만을 중시합니다. 예컨대 영성훈련을 받고 나서 얼마만큼 기도를 더 열심히 하게 되었다든지, 감정을 잘 다스리게 되었다든지 하는 것입니다. 종교다원주의의 위험이 여기에 있습니다. 그것이 우려내는 무시 못할 매력은 더 이상 그 실체를 부정하기 어렵게 만들고,[47] 약간만 비켜서면 얼마든지 성경에서 그 정당성도 이끌어 낼 수 있으므로 자연히 진리에 대한 영적 분별력이 약화됩니다. 그리고 계속 이에 맞들여지면 그리스도 절대 신앙은 약화되고, 결국은 복음적인 신앙에서 멀어지게 됩니다.

성경의 바탕에서 나오지 않은 것은 어떤 대단한 성과가 있어도 기독교 영성이라 할 수 없습니다. 특별히 개혁주의 신학은 어떤 방법을 동원하던 성과만 내면 된다는 실용주의를 반대하며, 목적만이 아니라 방법과 도구가 모두 성경의 지지를 받을 때만 '기독교적' 이라는 명칭을 허락합니다. 목적만 좋으면 됐지, 방법과 도구야 아무러면 어떠하냐는 느슨한 태도는 개혁주의 정신에 일치하지 않습니다. 반 틸(Cornelius Van Til) 교수는 『종교심리학(Psychology of Religion)』이라는 그의 저서에서 한 기독교인 애주가(愛酒家)가 신앙의 동기가 아닌, 스코틀랜드인의 자존심에 호소 당해 금주(禁酒)하게 된 사실을 예로 들며, 방법이야 어떻든 목적만 이루면 된다는 실용주의 정신을 비판했습니다.[48]

그는 여기서 한 발 더 나아가 '방법' 뿐 아니라 '도구' 까지도 원리에 일치하기를 요구합니다. 그는 『개혁주의 교육학(Foundations of Christian Education)』이라는 기독교 교육 에세이에서, 도구는 중성적일 수 없으며… 내용과 도구는 피부와 살의 관계와 같아서 둘은 따로 떼어놓고 생각할 수 없다고 했습니다. 그는 '목적과 방법', '내용과 도구' 모두가 일치되게 성경적일 때만이 비로소 기독교적일 수 있다는 개혁주의의 통전성을 주장했습니다.[49]

'오직 성경' 의 정신은 무엇보다 하나님 지식에 우선 적용돼야 합니다. 이는 하나님 지식이 모든 다른 성경을 푸는 열쇠가 되며, 기독교 영성을 결정짓는 관건이 되기 때문입니다.[50] 성경적인 올바른 하나님 지식만이 그리스도를 바로 이해하게 하고[51], 하나님 영광의 실체와 구원의 원리 등을 제대로 이해하게 해 줍니다. 이런 점에서 개혁주의 영성은 인간에 초점을 맞춘 여타의 '인간학적인 영성' 과는 구별되는 '신학적인 영성' 입니다.

칼빈(John Calvin)은 1536년에 쓴 『기독교강요』 제일 첫머리에 '하나님에 대한 지식' 을 기술했으며, 이듬해인 1537년에 이를 바탕으로 쓴 『제네바 신앙교육서』 제1문 역시 '인간의 주된 삶의 목적을 하나님을 아는 것' 으로 규정하고 있습니다.[52] 이는 『웨스트민스터 신앙고백서』 1문의 하나님 영광과 사뭇 달라 보이지만, '하나님 지식' 이 '하나님 영광' 이라는 인생 목표에 도달하기 위한 전제라는 점에서 둘의 정의는 서로

멀지 않습니다. 따라서 개혁주의 영성훈련의 지향점은 무엇보다 성경적인 하나님을 배우는 일에 둡니다.[53]

말씀의 충족성

말씀이 인간에게 필요한 모든 은혜를 공급해 줄 수 있다는 의미에서 개혁주의 영성은 말씀 충족적 영성입니다. 개혁주의자는 "하나님의 감동으로 된 성경은 교훈과 책망과 바르게 함과 의로 교육하기에 유익하며, 하나님의 사람으로 온전케 하며 모든 선한 일을 행하기에 온전케 할 수 있다"[54]고 믿습니다.

성령주의자들(Spiritualists)은 성화(聖化)의 주체로서 성령을 말하면서도, 성화를 주로 성령의 초자연적인 은사, 능력과 연관 지우기를 좋아합니다. 그러나 개혁주의는 성화가 말씀을 통한 성령의 역사임을 강조합니다.

> "하나님의 영은 하나님의 말씀을 읽는 것과, 특히 설교를 효력 있는 방도로 삼아 죄인을 반성시켜 회개하게 하시며, 또 믿음으로 말미암아 거룩함과 위로를 더 하사 구원에 이르게 하십니다."[55], "영을 소생시키시는 첫 역사에서 성령은 다른 수단을 도입하지 않고 영혼에 직접적, 순간적으로 역사하시나 조명, 확신, 회개, 성화를 성취하는 수단으로는 말씀을 사용하신다."[56]

'말씀의 충족성' 교리의 진리성은 개혁자들의 역사적인 경험에서도 동일하게 확보됩니다. 루터와 칼빈이 로마 천주교의 미신적인 종교를 개혁하는 방편은 설교였습니다. 또한 존 번연(John Bunyan)이나 사무엘 러더포드(Samuel Rutherford)같은 영국 청교도들이 국교회를 대상으로 벌린 종교개혁운동의 수단 역시 설교였습니다.

『The Grace of Law』 저자 E.F. Kevin은 "청교도들은 하나님의 교회를 내부로부터 정화시키기 위해, '영적 설교자회'(brotherhood of spiritual preachers)를 결성했으며, 그들의 정력을 강단의 필요에 바쳤으며, 청교도주의는 '청교도 강단'(the Puritan pulpit)을 떠나서 이해 될 수 없다"[57]고 했습니다.

개혁주의 교회가 경건 훈련에, 오직 말씀과 기도 외에 철학적이고 심리학적인 행동 강화 프로그램 같은 것들을 도입하지 않는 것은, 말씀이 모든 것을 능히 이루고 성취할 수 있다는, 말씀의 충족성에 대한 확신 때문이었습니다. 개혁주의가 전통적으로 말씀, 기도, 성례를 중심으로 하고 있음도 같은 이유에서입니다.

설사 어떤 특정한 목적에 따라 집행되는 신앙교육 프로젝트일지라도, 인위적으로 고안된 프로그램에 의존하기보다는, 단순히 예배와 말씀을 통해 내려지는 은혜로서 자연스럽게 이루어지도록 합니다. 개혁주의는 예배와 말씀을 통해 영적인 만족, 치유, 상담, 교육 등 모든 영적 필요를 충족시키려는 의지를 갖습니다. 말씀의 충족성에 대한 개혁자 루터의 확신은 종교개혁 당시 그의 언명에서도 잘 나타납니다. 그는 하나님의 말씀이 온전히 전파만 된다면 그 결과는 저절로 온다고 확신했습니다.

> "나는 면죄부와 모든 교황주의자들을 반대하였으나 결코 무력은 사용하지 않았다. 나는 그저 하나님의 말씀을 가르치고, 설교하고, 썼을 뿐이고 그 외에는 아무 것도 하지 않았다. 그리고 내가 잠을 자거나 친구들인 립과 암스도르프와 함께 비텐베르크 맥주를 마시는 동안 말씀은 교황을 철저히 무력화 시켰다. 그 어떤 군주나 황제도 그 정도의 해를 입힐 수 없었을 정도로 말이다. 나는 아무 것도 한 것이 없다. 말씀이 다 했다."[58]

말씀의 충족성에 대한 이런 확신은 오늘 개혁주의 교회의 전통이 되고 있습니다.

7. 오직 믿음의 영성

종교개혁적 신앙 원리

'오직 믿음'은 성경과 종교개혁 신앙의 핵심 원리입니다. 그리고 이 '오직 믿음'은 구원이 인간의 행위나 공로에 의해서가 아니라, 은혜로 값없이 주어지며, 인간의 공로나 노력이 전혀 구원에 무용한 정도가 아니라 오히려 적대적이라고까지 봅니다.[59] 따라서 '믿음으로' (by faith)의 반대는 '행위로' (by doing) 이며, '오직 믿음'에 가장 근접한 용어는, '오직 은혜'일 것입니다.

그런데 오늘 '믿음'이 강조되기는 하나, 많은 경우 믿음이 또 하나의 행위나 공로가 되다시피 합니다. '하나님의 은혜로서의 믿음'보다는 '나의 믿음'이 강조됩니다. 내 믿음으로 구원받고, 내 믿음으로 복받는 다는 자기의 믿음 자랑이 난무하고, 하나님의 은혜나 예수 그리스도의 공로가 찬양되지 않습니다.

물론 은혜를 지나치게 강조한 나머지, '형식적인 의'로서의 믿음까지 부정되는 일이 있어서는 안되겠지만[60], 믿음이 그 본래의 지위를 넘어, 믿음 자체에 대단한 능력이나 가치가 있는 것으로 여겨지거나, 믿음이 또 다른 차원의 공로로 격상되는 일이 있어서는 안되겠습니다.[61]

16세기 '오직 성경'의 종교개혁 기치 아래서, 지나치게 성경을 강조한 나머지 예배와 설교를 무시하고, 오직 개인적 성경 읽기에 몰두한 일부 개신교도들이, 칼빈에 의해 '성경을 손에 든 모든 교황들'이라고 비난받았던 것처럼[62], 신념에 가까운 것을 믿음이라고 우기면서 '오직 믿음', '믿음 뿐'이라는 슬로건을 내거는 믿음지상주의자들은 '믿음공로주의자'라는 비난을 면키 어렵습니다. 강단은 더 이상 심리주의과 결탁된 인간의 신념을 설교하는 대신, 루터가 했던 것처럼 그야말로 값없이 주시는 하나님의 은혜로서의 믿음을 설교해야 합니다.

어떤 사람들은 지나친 은혜의 강조는 믿음 오남용(惡濫用)자와 도덕폐기론자들의 정당성에 빌미를 줄 수 있다는 염려로, '오직 믿음'을 설교하는데 적극적이지 못한 듯 합니다. 오늘처럼 타락하고 배교적인 시대에 그런 주장은 설득력이 있어 보입니다.

그러나 우리는 이런 주문을 수용할 수 없습니다. 어떤 선한 일에도 오남용 하는 자들은 있게 마련이며, 그것 때문에 진리를 선포하는 일을 주저할 수 없습니다. '구데기 무서워 장 못 담그느냐'는 한국 속담 그대로입니다. 진리란 무릇 그것을 오남용 하는 자들을 전제한 것이 아니라 진리의 참된 수용자들을 위한 것입니다. 곡식을 심으면 반드시 가라지는 생기기 마련이며, 농부가 가라지 무서워 파종하기를 주저하지 않는 것처럼 은혜의 선포는 중단될 수 없습니다.

만약 진리의 오남용자들을 두려워하여 과감하게 진리를 선포하지 못한다면, 정말 진리를 받아야 할 참된 수용자들이 기회를 잃게 될 것이니 이는 더 큰 불행이 아닐 수 없습니다. 믿음의 도를 오남용 하는 가라지들이 있다면, 그냥 내 버려 두십시오. 우리는 다만 멀지 않은 미래에 탐스럽게 열매맺을 영혼의 알곡들을 바라보며 믿음의 도를 전할 뿐입니다. 마틴 루터(M. Luther)도 '오직 믿음'의 열렬한 강조로, 때론 무율법주의자라는 비난을 받으면서도, 진리 때문에 오는 그런 비난은 당연하다고 여겼습니다.

'오직 믿음'의 영성은, 누구도 자신의 연약함 때문에 그리스도께 나오는 것을 거부당하지 않는다는 기대와 함께, 히틀러 같은 악인까지를 포함하여[63] 모든 인류에게 구원의 여망을 열어 주고, 복음 전파자들에게는 전도의 열정을 일으킵니다. 이에 반해 기독교입문을 곧 고행의 가시밭길에 들어서는 것으로 간주하는 금욕주의, 그리고 기독교인이 되는 것을 곧 범인(凡人)으로 살기를 거부하는 것으로 여기는 영웅주의 기독교는 누구나 가질 수 있을만한 것이 못됩니다. 저들의 기독교는 소수의 초인적 영웅들을 위한 종교이므로 복음은 아무에게나 권면할 수 없는 것이 되고 맙니다.

개혁주의가 공로적 믿음이 아닌 '은혜로서의 믿음'을 강조함은 "칭의는 오직 그리스도 때문이며, 믿음 자체나 믿는 행위 또는 그들 안에서 이루어진 어떤 것이나, 그들에 의해 되어진 어떤 것 때문이 아니다"[64] 는 신학적 근거 때문입니다. 믿음으로 말미암는 칭의 역시, 윤리적인 행위의 완전으로서의 의(義) 개념이 아닌, '시인'(acceptance)의 개념으로 이해하는 종교개혁 신학에 빚지고 있습니다.

"칼빈에게 있어 칭의는 시인이며, 그것으로 하나님은 우리를 의로운 사람이라고 그의 좋으신 대로 받아들이십니다. 그리고 그것은 죄를 간과하심과 그리스도의 외로움에 참여시킴에 있습니다. 이 의로움은 그리스도의 주심에 의해 얻은 것이며, 이는 우리는 신앙이 우리에게 하나의 기질이라든지 가치를 주입시켰기 때문이 아니라 하나님이 받아 주심으로 우리가 의로워졌기 때문입니다."[65]

그리고 믿음은 가장 하나님을 영화롭게 하는 방편이기도 합니다. 오늘 많은 사람들이 하나님께 무엇으로 영광을 돌릴 것인가 생각할 때, 혼히 헌금, 선행, 봉사를 떠올립니다.[66] 그러나 그리스도를 믿는 믿음만큼 하나님을 기쁘시게 하는 일은 없습니다. 이는 믿음만큼 하나님의 은혜를 기리고, 독생자를 높이는 일이 없기 때문입니다.[67] 하나님은 인간의 신앙가운데서 그의 신성의 영광에 이르며,[68] 신앙 이것으로 우리는 하나님을 하나님되게 합니다.[69] 이런 이유로 하나님은 신앙 외에 아무 것도 우리에게 원하지 않습니다.[70]

신념 그리고 암묵적인 사회규약과 구분되는 믿음

성경적 믿음은 인간 사회를 결속시켜주는 서로간의 신뢰 혹은 어떤 사실에 대한 신념과는 구별됩니다. 흔히 인본주의 심리학자들은 믿음을 생득적인 것으로서의 인간의 '지정의'적 결단과 연관지으려고 합니다. 그러나 신앙은 언제나 자연적인 체험의 반대와 씨름을 벌인다[71]는 루터 (M. Luther)의 말처럼, 믿음은 자연적인 것과 반대되는 어떤 것입니다.

인간 사이의 신뢰로 특정지어지는, 일종의 암묵적인 '사회 규약'인 믿음은 세상 사람들에게 지극히 자연스럽습니다. 불신의 사회라고들 하나, 서로간에 얼마나 잘 믿습니까. 때로는 자신의 생명까지도 담보하며 서로에게 신뢰를 바칩니다. 그리고 사실 그러한 신뢰들을 통해 사회는 형성되고, 보존되어 나갑니다.

그러나 하나님의 초자연적인 선물로서의 신령한 '믿음'은 자연적인 믿음과는 달리 항상 세상과 육신의 반대를 받습니다. 인간적인 관계에서는 그렇게 서로 신뢰는 주는 사람들조차도 신앙 문제와 하나님께 초점이 맞추어질 때는 항상 회의적이 되고, 신뢰를 거두어들입니다. 이런 점에서 그리스도인의 믿음은 자연인의 어떤 의지적 결단도, 사람의 마음으로 생각해 낼 수 있는 그 무엇도 아님이 명백해집니다.[72] 이 믿음은 "신앙의 창조적인 자기 결심 즉 어떠한 대립도 가지지 않는 '신앙심'의 정신적인 상태와도 아무 관계없는, 하나님의 말씀과의 대립 가운데서만 있는 그런 것입니다."[73]

기독교의 중추로서의 믿음이 인간 사회의 보편적 현상이 아닌, 신적 기원을 가졌음은 인간 구원을 위한 하나님의 경륜에서도 드러냅니다. 즉 믿음은 하나님께서 율법 구원의 경륜에 실패하자 비로소 중간에 도입하신, 역사의 발전 과정에서 생겨난 제도가 아니라[74], 이미 만세 전에 제정하신 하나님의 경륜이었습니다. 인간 구원은 영원 전에 성부와 성자의 언약에 속한 것이었고, 그 언약 속에 이미 '믿음으로 말미암는 구원'이 작정되어 있었으며, 430년 후의 율법이 이를 무효화할 수 없었습니다. 이러한 사실은 아브라함이 믿음으로 의롭게 되는 일을 통해 실물 교훈되고 있습니다.[75] 이런 점에서 믿음은 세상에서 가장 오랜 신적 기원을 가진 하나님의 경륜입니다.

체험으로서의 믿음

기독교인들 중에서, 단지 '믿음' 만으로는 신앙생활의 만족을 얻을 수 없으며, 뭔가 다른 어떤 체험들이 신앙에 보충되어야 한다고 생각하는 사람들이 더러 있습니다. 비록 믿음이 지정의의 전인적 요소를 갖추고 있기는 하나, 그것만으로는 심오하고 풍부한 신앙 경험에 이르기는 역부족이라고 생각합니다. 이들은 대개, '믿음' 이란 단지 기독교 입문시에나 필요하다고 여기며, 보다 깊은 영적 체험을 위해선 신비적인 은사나 하나님 체험이 필요하다고 생각하는 것입니다. 오늘날 신비적 영성에 대한 관심은 이러한 인식에서 비롯된 것 같아 보입니다.

그러나 종교개혁자들은 믿음을 종교 체험을 위한 근원적이고 본질적인 수단으로 보았습니다. 그들은 각 사람에게 하나님이 계시되고, 그와의 사귐에 들어가게 하는 것을 믿음이라고 보았습니다. 그리고 하나님은 어떤 신비주의의 실행이나 명상을 통해서 알려지는 것이 아니라, 오직 신앙을 통해서만 우리에게 나타내신다고 믿었습니다. 이러한 신앙적 체험은, 하나님으로부터 왔다는 객관적인 증거도 담보해 줄 수 없고 여타의 종교적 경험들과 딱히 구분하기도 어려운 의식(意識)의 망망대해를 표류하다가 어쩌다 운 좋으면 건져지는, 신비주의적이고 철학적인 체험들과는 다른 일관되고 확고한 체험입니다.

이는 하나님은 관조의 대상이 아닌 의존(신앙)의 대상이라는 사실에 기인합니다. 인간은 하나님 의존적인 존재이며, 오직 하나님을 신앙하므로서만 하나님과 관계짓도록 운명지어진 존재입니다. 명상, 관조 등은 응당 피조물로서 취할 의존행위라기보다는 하나님을 향해 독립자로 서는 철학적인 행위이며(아무리 신앙적 행위라고 강변한다해도), 이러한 접근태도는 다만 하나님을 철학적인 주제로 전락시킬 뿐입니다.

하나님은 오직 신앙에 의해서만 알려집니다. 하나님은 그를 믿는 자에게 자신을 열어 보이시며 가까이 다가오십니다. 한 트럭의 신학서적을 섭렵한, 믿음 없는 신학자보다는 그를 단순히 의지하는 무학(無學)의 시골 노파가 하나님을 더 잘 알 수 있음도 같은 이치입니다. 하나님은 믿는 자의 하나님이고, 믿음으로만 알려지는 하나님이십니다.

이는 개신교가 어거스틴의 인식론 전통을 따른 결과이기도 합니다.

누가 하나님을 알고 그와 친근하고 싶다면, 다른 헛된 시도일랑 버리고, 그 분을 믿음으로 영접하고 그 분께 자신을 의탁해야 합니다. 그러한 신앙 속에서 하나님은 그에게 다가오시고 자신을 열어 보이십니다. 개혁주의 신학이 기도의 중요한 목적을 '하나님께 필요를 구하는 것'[76]으로 정의한 이유 역시, 기도를 하나님을 향한 의존과 신뢰의 행위로 본 때문입니다. 이러한 간구는 기도를 철학 행위로 전락시키는데서 건져줍니다. 오늘날 기도가 기복적으로 흐른다는 이유로 간구가 천박한 기도로 멸시당하는 반면에, 간구가 배제된 묵상이나 관상기도 같은 것이 소위 품위 있는 고급기도로 선호됨은 안타까운 일입니다.

체험으로서의 객관주의 신앙

대개 사람들은 '신앙의 체험' 하면, 흔히 주관주의를 떠올리는데, 이는 체험이란 곧 자기 안에 주체적으로 이루어는 것이라는 단순 논리에 의거함으로서 입니다. 그리고 그러한 주관주의는 자연스럽게 그것의 전형으로서의 신비주의로 이끕니다. 반면에 엄격한 객관주의를 표방하는 개혁주의 진영에 대해서는, 체험과는 아예 상관없는 교파라고 쉽게 단정해 버립니다.

그러나 우리는 주관주의는 체험, 객관주의는 반 체험이라는 이런 극단적인 도식화를 경계합니다. 종교개혁신학의 객관주의는 반(反) 체험적 신학이론이 아니라, 오히려 체험으로서의 객관주의라고 해야 옳을 것입니다. 그리고 이 체험으로서의 객관주의가 제대로 이해될 때, 신비주의나 종교다원주의 역시 극복될 줄로 압니다. 이 객관주의는 '나 밖의' (out of me) 타자인, 그분과의 관계 속에서 체험되며, 이 관계성은 그 분을 끊임없이 객체로 확인하는 것을 통해서 점점 확보됩니다.

주관주의의 전형인 '신비주의'는 사실 신(神)을 엄격히 객체로 두는 것을 허용하지 않고, 끊임없이 자기 주체 속에 신을 매몰시키려고 하기 때문에 반 객관적, 반 인격적입니다. 그리고 그러한 매몰은 스스로를 하나님에게서 소외시키고, 또한 자신에게서 하나님을 소외시켜버립니다. 유명한 「나와 너」(Ich und Du)의 저자, 마틴 부버(Martin Buber)가 신비주의를 신과 자신 사이에 일어나는 일이 아닌, 다만 심령 안에서 발생하는 자기 도취라고 한 지적은[77] 신비주의의 반 인격주의에 대한 적나라한 경멸입니다. 신비주의가 '신인합일', '임재' 같은 용어들을 남발하면서 하나님과의 친밀함을 자랑하지만, 실제로는 사람을 하나님에게서 떼어놓는 반(反) 하나님 의식(儀式)에 지나지 않습니다.

또한 건전한 체험으로서의 객관주의는 '믿습니다. 믿습니다'라는, 최면 걸기나 의식화 도모 같은 것일 수도 없습니다. '믿음만을 붙든다'는 것 역시 믿음이 내 속에 이뤄내는 내적이고 주관적인 어떤 체험을 붙든다는 것이 아닙니다.[78] 흔히 사람들은, '하나님으로부터 온 선물로서의 믿음'(엡 2:8), '성령의 역사로서의 믿음'(고전 12:3,9)이라 했으니, 그러한 믿음은 반드시 내면에 어떤 신비한 현상을 낳을 것이라는 상상력으로 믿음을 신비주의로 포장시키려 합니다.

객관주의로서의 '오직 믿음'은 그야말로 내 편에서의 체험, 공로 같은 것을 일체 불신하고 오직 믿음에만 의존합니다. '이 눈에 아무 증거 아니 보이고 이 귀에 아무 소리 아니 들려도' 오직 믿음으로 나아갑니다. 이러한 태도는 믿음이 일궈내는 건전한 영적 체험까지도 의지할 버팀목으로 삼지 아니합니다. 또한 내면의 어떤 것에 귀 기울이거나 신뢰를 주는 일 없이, 항상 믿음의 대상에만 시선을 고정시킵니다.

이렇게 '관계' 위에 건설되는 객관주의는 언제나 그 체험이 대상(하나님)에 대한 확신의 형태를 취하기 마련입니다. 그러나 이는 사실 가장 강력하고 견고한 것으로, 가변적이고 우발적인 주관주의의 체험에 견줄 바가 못되며, "말할 수 없는 영광스러운 즐거움으로 기뻐할 수 있게"[79] 합니다.

그러나 여전히 경험주의와 심리주의에 세뇌 당하고 있는 현대인들은, 객관주의보다 주관주의가 더 확실할 것이라는 막연한 선입견에 사로잡혀, 객관주의에 대해 그리 신뢰를 보내려 하지 않는 것 같습니다. 주지하다시피, 주관주의는 항상 가변적인 자신과의 상호작용에서 결과며 비 일관성, 우연성이 그 속성입니다. 따라서 주관적 체험은 금방 확신에 찼다 싶다가도, 어느새 내외의 크고 작은 영향들에 의해 쉽게 무너집니다.

이에 비해 객관주의는 신앙의 중심을 변치 않는 대상인 하나님과 약속의 말씀에 두기 때문에, 비교적 자신과 주위의 영향을 적게 받고, 덜 가변적입니다. 신앙의 부침(浮沈)을 반복하고, 고난의 어두운 터널을 통과하는 중에도, 하나님의 자비에 대한 변치 않는 신뢰로 확신을 유지시킵니다. 이런 점에서 체험으로서의 객관주의는 가장 강력한 신앙 체험의 형태입니다.

8. 오직 은혜의 영성

오직 은혜란, 구원은 인간의 행위나 공로에 의해서가 아니라 오직 하나님의 은혜로 된다는 교리입니다. 이 은혜의 교리는 모든 교리 중 그 중심에 자리합니다. 이는 이 교리에 대한 수납 여부에 의해 서고 넘어짐, 구원과 멸망이 가늠되기 때문입니다. 따라서 은혜의 교리는 기독교 변증에 있어, 으뜸 되고 본질적인 내용입니다. 그러나 일부 복음 증거자들 중에는 혹 듣는 자들이 은혜의 남용에 빠질까봐 은혜를 선포하는 일을 과감하게 못하거나, 그 강도를 누그러뜨리려는 유혹을 받습니다.

그러나 이러한 염려는 성경적이지도 않을 뿐더러, 우리 권한 밖의 문제입니다. 우리는 다만 성경이 강조하는 만큼의 은혜를 선포할 의무만 지고 있습니다. 바울에 의하면 그것은 너무나 커서 곧 듣는 자들이 남용할 정도입니다. 그리고 그는 실제로 만약에 있을지도 모를 그런 남용자들에 대한 경계심을 늦추지 않았습니다(롬 6:1). 이는 바울이 은혜를 지나치게 과장하여 선포한 때문도, 전하는 방법상의 문제 때문도 아니었습니다. 만일 우리도 듣는 청중들이 남용할 위험이 있을 만큼 하나님의 큰 은혜를 증거하지 못했다면, 그것은 진정한 의미에서 하나님의 은혜를 전한 것이 아닙니다.[80]

이 은혜의 교리는 인간이 자신의 구원을 위해 최소한의 뭐라도 해야 한다고 가르치는 세상의 종교들과 구별짓는 요소이기도 합니다. 하나님은 그리스도 안에서 은혜로 죄인을 구원하시기로 작정하셨으며, 죄인들은 다만 하나님이 제공하시는 그 호의를 받아들임으로써 자기 것으로 삼게 하셨습니다. '일을 아니할지라도 경건치 아니한 자를 의롭다 하시는'[81] 은혜로운 하나님은 그럴만한 가치나 이유가 없는 자들에게 즐겨 자비를 베푸시며, 또한 자비를 기대하며 나아오는 자들을 결코 물리치는 법이 없습니다.[82]

우리는 하나님의 사랑에 대해 많이 말하면서도, 사실 하나님의 사랑을 위대하게 만드는 '은혜'의 속성을 붙드는데 실패합니다. 이 '조건 없음'의 은혜는 하나님 사랑을 하나님 사랑되게 하는 핵심적인 요소입니다. 이렇게 은혜로 옷입혀진 하나님의 사랑은 하늘처럼 높고 바다처럼 깊어, 천사도 그리스도인들도 다 이해하지 못합니다.

오늘날 세상에서 통용되는 인간 처세규범으로, '제 하기 나름' 이라는 유행어가 있습니다. 말 그대로 누군가의 호의를 입는 것이나, 성공적인 인간관계는 제 하기에 달려 있다는 뜻입니다. 그러나 이 말만큼 은혜와 배치되는 개념은 없습니다. 하나님의 은혜란 전혀 그것을 받을 만한 자격이 안 되는 사람에게 조건 없이 베풀어지는 것입니다.[83]

그런데 사람들은 이런 처세규범을 하나님 앞에까지 가져와서 은혜에 적용시키려고 합니다. 하나님의 호의를 입기 위해 무언가를 해야 한다는 강박 관념에 사로잡힌 그들은, 주님의 자비를 자신들의 율법적 행위에 근거하여 이끌어 내려고 시도합니다. '하늘은 스스로 돕는 자를 돕는다' 는 것이 저들의 슬로건이 되고 있습니다. 그리고 "나를 사랑하는 자들이 나의 사랑을 입으며"[84] 라는 성경 말씀은, 하나님 사랑을 입으려면 먼저 율법적인 전제 조건에 부응해야 한다는 의미로 곧잘 곡해됩니다.

하나님은 누구에게 은혜를 베푸실 때, 전혀 그 사람의 장점이나 선을 고려하지 않습니다. 하나님은 오직 당신의 기쁘신 뜻에 따라, '그리스도 안에서' 은혜 베푸시기를 기뻐하십니다. 그리고 죄인들은 다만 그의 자비를 받아들임으로써 그를 영화롭게 합니다. 하나님이 사랑을 베푸실 때 죄인이 할 일은 오직 '아멘' 으로 받는 것뿐이며, 그것이 곧 겸손이요, 하나님 경외입니다. 이러한 경외심이 하나님께 영광을 돌립니다.[85] 신앙을 내 편에서의 접근과 몸부림으로, 하나님은 단지 나의 애씀에 대한 반응자로 보고, 은혜를 받기 위해선 뭔가 해야 한다고 가르치는 것은 '오직 은혜' 의 종교개혁 정신을 무너뜨립니다.[86]

성경 어느 곳에도 은혜를 받기 위해 무엇을 하라고 요구한 곳은 없습니다. 하나님은 목마른 자들에게 "돈 없이 값 없이 와서 포도주와 젖을 사라"[87]고 초청하십니다. 인간에겐 은혜를 입기 위해 지불할 수 있는 아무 것도 없습니다. 뿐만 아니라 인간이 보속(補贖)할 수 있는 것은 이미 은혜가 아니며, 이러한 불완전한 은혜로는 죄인을 구원할 수도 없습니다.

    진정한 기독교 영성은 인간이 하나님을 위해 해야 할 일을 따지기에 앞서, 죄인을 위해 베푸신 하나님의 은혜를 먼저 헤아립니다.[88]

    누구든 거저 주시는 하나님의 은혜를 받아들이기만 하면 자신의 것이 됩니다. 그러나 자신은 너무 악하여 구원을 받을 수 없다는 오만한 겸손자나, 은혜를 거부하는 불신앙자에게는 그 자비가 중단됩니다. 인간은 하나님의 자비를 받을 의무만 있을 뿐, 거부할 권리가 그에겐 없기 때문입니다.[89]

제4장

개혁주의 영성의 지향

1. 말씀의 영성

흔히 사용하는 '말씀 중심의 영성'이란 말 대신, '말씀의 영성'이라 했음은 말씀에 대한 강조를 극대화하기 위해서입니다. '성경은 하나님을 영화롭게 하고 그를 영원토록 즐거워하는 것을 가르쳐 주는 유일한 법도이다'[1]라고 고백하는 개혁주의 신앙은, 성경에서 다만 신앙의 원리만을 채용하는 것이 아니라, 성경을 모든 삶의 유일한 표준으로, 완전 충족적인 은혜의 방편으로 삼습니다.

패커(J. I. Packer)가 "설교는 들을 수 있는 주님의 만찬이자 볼 수 있는 주님의 만찬이다. 개혁주의 개신교인들은 말씀 선포에서 하나님의 임재를 경험한다."[2]고 한 말에서 보듯이, 로마천주교가 성찬식에서 그리스도의 성육신을 본다면, 개혁주의는 설교에서 주님의 임재를 경험합니다. 그러므로 개혁주의자에게 있어 성경은, 단지 신학적 정의로서의 영감 받은 문자 정도가 아니라 경외심으로 대할 거룩한 하나님의 자기 계시입니다. 개혁주의의 잠언이 되다시피한, "우리가 성경을 펼치면 삼위 하나님께서 우리에게 오신다."[3]는 말은 개혁주의자들의 성경 존중 사상에 대한 극적인 표현입니다.

칼빈은 신자가 성경을 펼칠 때마다 하나님이 하늘에서 내려 주시는 것처럼 경외심으로 받아야 한다고 했으며, 성경을 마음대로 해석하는 불경을 자주 책망했습니다. 이러한 개혁자들의 성경에 대한 경외심은 성경을 미신적으로 이용하는 것은 물론, 자의적 상상력을 가미한 주관적인 성경 읽기나 어떠한 성경의 수단화도 불경시 했습니다.

개혁자들의 말씀중심신학은 말씀을 그리스도의 인격과 동일시하는데서 더욱 극명해집니다. 그들에겐 그리스도를 믿는 것과 말씀을 믿는 것이 동일하며, 그리스도 체험과 말씀 체험이 다르지 않습니다. 흔히 관상이나 명상을 통한 하나님 체험을 영성 훈련의 모토로 삼는 종교다원주의자들의 그것과는 다릅니다. 그들의 영성 체험이란 것은 나름의 느낌과 직관에 의한 추상적인 것 일 뿐, 성령의 분명한 확증이 없습니다.

그러나 개혁주의자들은 말씀 안에서 그리스도의 인격을 경험했습니다. 그들에겐 그리스도의 인격이 신앙의 대상이 아니라 말씀 자체가 신앙의 대상이었습니다. 그리고 그들은 추상적인 그리스도의 인격 안에서 말씀을 붙들지 않고 말씀 안에서 그리스도의 인격을 붙들었습니다.

"우리는 그를 알지 못한다. 그것은 그가 이제 하늘에서 아버지 곁에 있기 때문이다. 그는 인격으로 우리에게 내려오지 않고 복음에서만 내려오며… 역사적 예수 자신이(그리스도의 육) 신앙의 토대가 아니라 사도의 증언에 의해 선포된 그리스도가 신앙의 토대이다… 하나님께서는 그리스도의 인성보다 구전의 말씀이 더 존대 받기를 원하신다."[4]

오늘 많은 영성 수련들에서 성경이 절대적 지위를 점하지 못하고, 단지 다양한 프로그램 중 하나로, 혹은 자신들의 프로그램에 권위를 입히는 들러리쯤으로 간주되는 것은 큰 불경이 아닐 수 없습니다. 이와는 달리 개혁주의 전통에 충실한 교회 집회일수록 인위적으로 조성된 프로그램 없이 단순히 예배와 설교 중심으로 진행되는 것이 특징인데, 이는 성경이 절대우위에 서서 모든 것을 주도하도록 하기 위함입니다.

2. 사랑의 영성

성경의 요절 중 요절이요, 기독교의 핵심인 「요한복음 3장 16절」을 한마디로 정의한다면 '독생자를 주신 하나님의 사랑' 입니다. 진정한 복음의 의미를 붙든 자라면 누구든 외치지 않고는 배기지 못할 내용은 바로 이 하나님의 사랑일 것이며 이것은 곧 전도의 용천(湧泉)이기도 합니다. 그런데 종종 증거되는 복음들을 보면 온전한 하나님의 사랑이 담기지 않고 율법주의의 누룩이 섞여있는 것을 보게 됩니다. 물론 이러한 복음의 기형화는 근본적으로 그릇된 신학에서 연유하기도 하지만, 종종 성경을 균형 있게 선포하려는 선의에서 비롯된다는 점에서 안타깝습니다.

흔히 하나님의 공의와 사랑을 치우침 없이 선포한다는 의미가, 마치 사랑과 공의를 절반씩 강조해야 하는 것으로 받아들여지고 있는 것 같습니다. 그 결과 어느 한쪽도 충분히 강조되지 못한 채, 둘 모두 기형적인 사변에 매몰되는 것을 자주 보게 됩니다. 부부가 결코 불완전한 반쪽 둘의 합이 아니라, 완전한 한 남자와 한 여자의 연합인 것처럼 하나님의 진리는 결코 절반의 진리들의 조합으로 세워진 것이 아닙니다.

또한 하나님의 진리는 하나를 충분히 강조함으로써 다른 하나가 억압

되지 않습니다. 하나님의 삼위를 강조한다고 한 분 하나님의 개념이 훼손되지 않듯이, 또한 한 분 하나님을 강조한다고 삼위 하나님 개념이 훼손되질 않습니다. 우리는 어설픈 균형 논리에 발목이 잡혀, 하나님의 복음이 훼손당하게 해서는 안되겠습니다. 청교도 보나르(Horatius Bonar)의 다음의 말은 같은 권고를 담고 있습니다.

"율법은 사랑의 손에서 손상되지 않았으며 사랑은 율법에 의해 속박당하지도 억압당하지도 않았습니다. 두 가지가 모두 완전한 영역을... 저는 사랑이 율법이 아니라는 것을 그리고 율법이 사랑이 아니라는 것을 알고 있습니다. 그러나 하나님의 구원 방법이 제시된 법과 아버지로서의 사랑의 결합 속에서 율법은 사랑의 원천이자 그 사랑을 운반하는 통로가 되었습니다."[5]

하나님의 사랑에 대한 우리의 이해의 저급함 역시 재고할 여지가 있습니다. 흔히 우리가 떠올리는 하나님의 사랑은 대개 훌륭한 인간들의 사랑 수준을 약간 상회하는 정도이며, 성경이 말하는 영원하고 불변한 아가페적 사랑 개념에는 미치지 못합니다. 우리는 사도 요한이 하나님을 설명하면서, 단지 '사랑의 하나님' 혹은 '하나님은 사랑이 많은 분'이라 하지 않고, '하나님은 사랑'이라고 정의한 점에 유의할 필요가 있습니다. 말 그대로 하나님은 사랑 그 자체라는 의미입니다. 하나님에게 있어 사랑은 더 이상 수식어가 아니고, 하나님의 정체성을 규정하는 정의(定意)적 용어라는 말입니다.

누구든 하나님의 사랑을 이해함에 있어 이러한 사도적 수준까지 도달하지 못했다면, 그는 아직도 사랑에 대한 온전한 이해에 도달하지 못했고, 나아가 하나님 자신에 대한 이해에도 이르지 못한 것입니다. 이는 그의 완전한 사랑을 빼고서는 하나님 이해는 불가하기 때문입니다.

그러면 우리는 완전한 하나님의 사랑을 어떻게 알고 확신합니까? 사람들은 나름의 영적 체험, 은사, 혹은 현세적인 축복 등을 하나님 사랑의 확증으로 삼으려 합니다. 그러나 성경 어디에도 이런 것들이 하나님 사랑의 확증이라고 담보해 주는 곳은 없습니다. 하나님이 우리를 사랑한다는 확증은 오직 성경 속에 나타나 있습니다. A. B. Warner(1859-1915)가 그의 유명한 『예수 사랑하심은』이라는 찬송시에서 '날 사랑하심 날 사랑하심 성경에 써 있네' [6]라고 썼던 것처럼, 성경을 떠나서는 그것을 들을 수가 없습니다.

감각적이고 육신적인 자연인 본성은 생래적으로 하나님 사랑에 대해 회의적입니다. 자기 내면의 느낌이나 현상 세계 등 어디에 귀 기울여보더라도, 하나님이 나를 사랑한다는 믿음은 생겨나질 않습니다. 오직 성경에 귀기울일 때 그러한 믿음이 생깁니다. 성경 외에, 그 어디서도 하나님의 사랑에 대해 확고하게 언명해 주는 곳은 없습니다. '믿음은 들음에서, 들음은 하나님의 말씀에서 난다' 는 진리는 여기서도 통용됩니다. 따라서 하나님의 사랑에 대한 믿음은 삶의 외적 증거나 어떤 느낌에서가 아니라, 성경을 들음에 의존해야 합니다. 루터의 말대로 하나님이 나를 사랑한다는 느낌이 없어도, 복음을 듣고 믿을 때 느낌은 따라 오게 되는 것입니다.[7]

그러면 하나님 사랑의 확실한 증거를 성경은 무엇이라고 말합니까? 물론 하나님의 사랑은 무지개처럼 다양한 빛깔을 갖고 있습니다. 생명과 호흡과 만물을 주시고(행 17:25), 죄인들에게 햇빛과 비를 내려 주시는 것도(마 6:45) 그의 사랑의 중요한 부분임에 틀림이 없습니다. 그러나 독생자를 주신 사랑에 비하면 그것들은 사랑의 축에도 들지 못합니다. 요한 사도는 "사랑은 여기 있으니" 라는 한정적 어법으로, "우리 죄를 위하여 화목제로 그 아들을 세상에 보내신"[8] 것을 하나님의 사랑이라고 못박아 버렸습니다. 그의 어투에는 하나님이 독생자를 주신 사랑 외는 하나님의 사랑은 없다는 단정적인 어조가 담겨 있습니다. 하나님의 사랑이 우주에 충만하지만 진정한 사랑은 오직 화목자 안에서만 나타났습니다. 호라티우스 보나르(Horatius Bonar)가 "십자가는 그 사랑의 진귀한 기념비이고, 요한복음 3:16의 말씀은 변할 수 없는 것으로 서 있다."[9]고 한 말은 같은 맥락입니다.

우리는 흔히 신앙을 단순히 개인의 의식 세계나 내면의 경험 안에 가두려는 잘못을 범하는데, 이는 하나님의 사랑에 대한 이해에서도 예외가 아닌 듯 합니다. 하나님의 사랑은 단지 나 개인의 체험 안에 가두어지는 사사롭고 주관적인 것이 아니라, 2000년 전 골고다 언덕에 높이 달리신 하나님 아들의 죽음이라는, 역사적인 사실에 근거합니다. 아들을 내어 준 것은 인류를 향한 하나님의 공적이고 보편적인 사랑의 행위입니다. 우리 모두는 그 십자가에서 하나님의 사랑을 발견하고, 맛보아야 합니다.

흔히 하나님의 사랑을 독점한 자로 자처하는 이들 중에, 자신만의 것이라는 이런 저런 하나님 사랑의 체험들을 은연 중에 흘리면서, 타인의 시선과 부러움을 사려는 자들이 있습니다. 그런데 놀라운 것은 그 많은 목록 중에 독생자를 주신 사랑은 언급조차 되지 않거나, 혹 언급되더라도 그저 구색 갖추기로 끝나는 것을 봅니다. 하나님 사랑에 대한 불변하고, 흔들릴 수 없는 유일 확증인 독생자를 제쳐놓고 하나님 사랑을 논하는 자체가 어불성설입니다. 다음은 기독교를 이같이 지나치게 개인화, 주관화하려는 자들에 대한 경계의 말입니다.

"우리는 주관적 규범을 절대화하지 않도록 그것을 역사적이며 초역사적인 규범이신 예수 그리스도와 연관시키도록 주의해야 한다. 우리는 신비적 규범을 성경의 거룩한 역사라는 문맥 안에서 해석하려고 해야만 한다. 참으로 그리스도인들은 내주 하시는 그리스도를 내면적으로 바라볼 뿐 만 아니라 역사적인 그리스도의 십자가와 부활을 돌아보기도 하는 것이다. 그는 또한 영광으로 오실 승리의 그리스도를 바라보기도 하며, 하나님의 우편에서 우리를 위해 간구 하시는 하늘의 그리스도를 올려다보기도 하는 것이다."[10]

3. 코람데오 영성

신전의식

코람데오(Coram Deo)는 하나님을 의식하고 사는 신전(神前) 의식이며, 이는 경건의 본질입니다. 다윗[11]과 요셉[12]을 비롯해 성경의 모든 경건한 인물들과 위대한 교회사적 인물들이 다 코람데오의 사람들이었습니다. 인격적이고 경험적이며 관계적인 것으로 정의되는 루터의 실존 신학의 요체 역시 이 Coram Deo입니다.[13] 경건한 신앙의 사람은 눈앞에 하나님 모시기를 즐거워하며, 그 분의 시선과 통제아래 있는 것을 부담이 아닌 특권으로 여깁니다. 저들은 기쁜 일이 있을 때에는 하나님과 함께 즐거워하며, 시련의 때에는 "하나님 앞에서 신음할 줄 아는 사람들입니다."[14]

반면에 배교자들은 근본 마음에 하나님 두기를 싫어하며[15] 하나님이 안중에도 없습니다. 저들은 바리새주의자(Pharisees)들처럼 사람들과 보이는 것들만이 저들의 의식과 정신을 지배합니다. 이런 외식자들은 자기 앞에 하나님을 모시지도 않을 뿐더러 또한 모실 수도 없습니다. 이들은 하나님을 자기 앞에 두는 것을 마치 감시자를 두고, 자유 잃은 노예생활에 들어가는 것으로 생각합니다.

신비주의에서 건져주는 코람데오

하나님과의 합일에 치중한 중세 신비주의는 하나님과 너무 밀착해 버려 하나님 앞에 나아가 엎드릴 공간 마저 없애 버렸고, 창조주와 피조물의 구분을 모호하게 했습니다. 그리하여 하나님의 계시와 자기의 생각을, 그리고 하나님의 일과 사람의 일을 동일시 해 버렸습니다. 그 결과 계시관에 손상을 입혔고, 자기들의 비윤리적인 행위까지도 하나님에게서 나온 무오류적인 것이라는 황당한 주장까지 합니다. 오늘 신비주의자들이 계시관과 윤리성에 문제를 가진 것은 바로 이런 점 때문입니다.

이러한 주관적 신비주의에서 건져주는 것이 바로 '하나님 앞에서'의 코람데오(Coram Deo)신앙입니다. 코람데오는 하나님과의 친밀감을 유지하면서도 하나님과 인간의 간격을 유지시켜, 소위 신비주의 같이 합일로 인한 자기 소멸 없이 개체적 독립을 뚜렷이 유지시킵니다. 이러한 신인(神人)의 간격을 유지시켜 주는 코람데오 영성은, 신비주의의 신인합일로 오도된 '연합'을 '믿음에 의한 영적 연합'으로 정정해준, 칼빈의 해석에 빚지고 있습니다.

> 그들에게 당신은
> 너무 가까와
> 가깝지 않습니다.
>
> 그들에게 당신은
> 항상 계셔
> 계시지 않습니다.

당신에 대한
그들의 친밀함이
당신과 그들 사이에

믿음의 거리 마저
공경의 거리 마저
없이 한 때문입니다.

4. 신조(信條)와 도그마티즘(dogmatism)의 영성

개혁주의 영성은 성경과 함께 신조와 교리를 중시합니다. 사도신경을 필두로, 삼위일체의 「니케아 신조」(325), 예정론을 중심한 「제네바(Geneva) 신조」(1552), 웨스트민스트 신조에 필적할 화란의 「벨직(Belgic)신조」(1561), 알미니안 논쟁과 관련한 「도르트(Dort) 신조」(1604), 그리고 가장 완벽하면서도 오늘까지 우리의 신앙으로 고백하는 「웨스트민스터(Westminster) 신조」(1648) 로 대변되는 개혁주의 신학은 [16]한마디로 신조적 영성이라 해도 지나침이 없습니다.

개혁주의의 이런 역사적 신앙고백들은 신학의 혼란기마다 교회를 지켜내는 성곽 역할을 해 왔고, 오늘까지도 그러합니다. 그리고 이런 점으로 인해 개혁주의 신학은 전체 기독교 신학의 체계를 세우고 발전시키는 데 선두적인 역할을 했으며, 개혁주의 신학이 교리적 발달과 함께 세워져 왔다는 평가를 받고 있습니다.

혹자는 개혁주의 신학의 강한 도그마티즘을 부정적으로 보나, 교황과 전통을 성경과 동일시하는 로마 천주교와는 달리, 개혁교회의 신조는 다만 성경을 이해하도록 돕는 보조수단에 불과합니다. 교회사가(敎會史家) 필립 샤프(Philip Schaff)의 말은 이같은 신조의 지위를 잘 정의해 줍니다.

> "신조는 믿음 보다 앞서는 것이 아니라 믿음을 전제로 한다… 우리의 교회는 신조들 위에 서 있는 것이 아니라 그리스도 위에 서 있다… 그러나 신조는 사람에 의해 고백된 그리스도 위에 서 있다 베드로를 향해, '너는 그리스도를 고백한 자라 내가 이 고백을 요동 없는 반석 삼아 그 위에다 내 교회를 세우리라'."[17]

많은 교리 중 특히 'Five Sola'로 지칭되는 "오직 성경, 오직 은혜, 오직 믿음, 오직 그리스도, 오직 하나님 영광"은 개혁주의 신학의 요체이며, 개혁주의 성경 해석의 열쇠이기도 합니다. 개혁주의는 구약과 신약을 하나로 관통하는 언약사상을 중시하고, 율법주의와 도덕폐기론 모두를 배격합니다. 특히 청교도적 개혁주의는 십계명 준수, 그 중에서도 안식일 준수를 강조합니다. 청교도적 개혁주의는 칼빈주의와 대륙의 신조(信條)들이 단지 부활의 축제적 의미를 강조한 주일 개념과는 달리 구약의 안식일적 개념이 가미되어 있습니다.[18]

그런데 오늘 영성운동 하면 흔히 탈교리, 탈신학을 떠올립니다. 이는 마치 영성은 모든 얽매임에서 자유로울 때 가능하며, 영성이란 모든 기존의 틀을 깨고, 판을 다시 짜는 것으로 이해하기 때문입니다. 이런 연유로 영성훈련은 의례 탈신학적인 모임이 되며, 영성훈련에서 계명이나 교리를 말하는 것은 영성훈련을 포기하는 것과 같이 생각합니다. 이 역시 종교다원주의의 영향 때문입니다.

5. 긴장과 갈등의 영성

개혁주의 영성은 근본 갈등, 긴장을 그 속성으로 합니다. 타락 전에 영육의 인간 존재는 통일되고 조화로웠으나, 타락 후 두 속성 사이에 존재의 균열이 시작되었고, 거기다 크리스천에겐 하늘에 속한 자와 땅에 속한 자의 갈등까지 보태어집니다.[19]

그러나 개혁주의 신학은 이런 갈등을 부정적으로 보기보다는 오히려 신학의 한 원리로 삼습니다. 개혁주의는 둘 사이의 갈등을 해결하기 위해, 갈등의 한 축으로서의 육체를 일탈하려는 신비주의나 분리주의를 거부합니다. 개혁주의 신학은 갈등을 '회피와 폐기'의 문제가 아닌 '극복'의 문제로 접근하며, 이런 까닭에 개혁주의 영성은 전투적입니다.

따라서 개혁주의는 인생의 목적으로서의 '하나님을 영화롭게 하고 그를 즐거워하는 일'의 방해꾼들을(죄, 육신, 세상) 극단적인 회피나 폐기의 방법이 아닌, 극복의 방법으로 처리합니다. 예컨대 육신이 영을 거스릴 때 금욕, 고행, 은둔하는 방법으로 해결하는 것이 아니라, 일상적인 삶 속에서 성령의 도움과 경건의 방편들을 사용해 이를 극복하는 것입니다.

그리고 이 과정에서 필연적으로 생겨나는 갈등과 투쟁은 영적 에너지 원(源)이 됩니다. 서로 상반된 것들의 치열한 마찰이 에너지를 생산해 내는 것입니다. 에너지 역학법칙에 비유되는 '영성(靈性) 역학법칙'이라고나 할까요? 이 에너지는 세상과 자신을 극복하고 믿음을 깊게 하는 힘이 됩니다. 이런 갈등적 영성은 칼빈 신학의 특성이 되고 있습니다.[20] 반면에 마찰의 가능성이 전혀 배제된 타계주의, 세속주의에는 역동적 에너지가 분출되지 않습니다. 다만 죽음 같은 고요 아니면 요란한 세상만 있을 뿐입니다. 상반된 둘 사이의 갈등과 부딪힘이 없기에, 마치 맞물림 없이 돌아가는 외 톱니처럼 마찰도 없고, 에너지도 날 수 없습니다.

6. 균형과 조화의 영성

개혁주의 신학의 특성은 두 극단 사이의 균형(均衡)과 긴장(緊張)입니다. 개혁주의는 한쪽으로의 치우침을 경계합니다. 하나님의 주권과 인간의 책임, 하나님의 은혜와 공의, 하나님 나라와 세상, 참여와 퇴각 등을 균형 있게 강조하며 그 어느 한 쪽에 극단적으로 치우치는 것을 경계합니다. 중세 신비주의나 현대의 세속주의는 이 두 극단 사이의 균형을 유지하지 못한 결과입니다. 그리고 이러한 두 극단의 신학적 모티브는 그리스도의 초월성(transcendence)과 내재성(immanance)입니다. 한편으로는 전능하신 초월자(超越者)로서, 다른 한편으로는 성육신(成肉身) 하신 충성된 인자(人子)로서의 모습입니다.

개신교의 경건 전통은 이런 두 극단 사이의 균형을 토대로 삼습니다. 신자들은 '하늘에 속한 초월적 신민(神民)'으로서, 동시에 '세상에 속한 시민(市民)'으로서의 이중적 자아정체성 사이에서 긴장합니다. 또한 모든 것을 버리고 주를 따르는[21] '버림' 과, 하나님이 지으신 모든 것은 선하매 감사함으로 받는[22] '취함' 의 긴장 관계에서 갈등합니다.

이는 독신을 결혼 보다, 무소유를 소유 보다 낫게 여기는 로마 천주교의 분리적(分離的) 경건에 대한 대응이기도 합니다. 종교개혁 신앙은 가정, 성(性), 돈, 식물 등 모든 창조물을 다 선하게 보며, 이 모든 것을 하나님이 인간에게 주신 축복으로 알고 감사히 누리면서 동시에 그것들을 초월합니다.

외형적인 포기에 관심을 두는 수도원적 영성 개념과는 달리, 종교개혁적인 경건은 세상 속에서 그것들을 소유하고 누리면서 동시에 초월하는, 이중적인 경건 형태를 취하는 것입니다. 이런 이유로 개혁주의 경건

체계는 훨씬 더 세심함과 주의를 요합니다. 이는 무릇 보지 않고, 없는 것을 초월하기가 쉽지만, 손에 잡고 있으면서 초월하기란 어려운 것이 인지상정이기 때문입니다.

그런데 대부분 이런 초월·내재의 긴장을 충분히 간파하지 못한 듯 합니다. 로마 천주교의 분리적 경건에 대항하여 내어 놓은 루터의 성(聖)·속(俗)의 구분 폐지에 힘입어, '하나님이 지으신 모든 것이 다 선하고 거룩하다'는 격려에만 지나치게 고무되어 있는 것 같습니다. 그리하여 모든 것을 버리는 초월의 개념은 제쳐두고, 감사함으로 받는 일에만 매진한 결과, 절제없는 누림 속에서 방종과 세속화로 치닫게 되었습니다. 그리고 오늘날처럼 신앙의 길이란 좁고 협착한 것이 아니라, 참으로 넓고 쉬운 축복의 길이라는 결론을 내리는데 까지 이르게 되었습니다.

앞서 살폈듯이 개혁주의 영성은 갈등과 투쟁을 원리로 하지만 동시에 균형과 조화를 그 속성으로 합니다. 개혁주의는 균형과 조화를 통해 아름답고 성숙한 영성을 이루어 하나님의 창조 목표에 도달한다고 믿습니다. 따라서 '좌우로 치우치지 아니함'은[23] 모세시대나 지금이나 극단으로 치닫길 좋아하는 모든 죄인들에게 항상 필요한 교훈입니다.

질서의 영이신 하나님은 적당함과 질서로 상징되는 균형과 조화로움 속에서 역사 하십니다. 영성의 문제를 단지 결핍의 문제로 만 보고, 그에 따른 해결책만을 모색하는 시각엔 교정이 필요합니다. 그동안 신비주의에 가까운 사람들은 지나치게 염세적이고 타계적인 영성으로 치우쳤고, 반대로 현세주의적인 사람들은 하나님의 내재성에 치우쳐 초월적인 영성에 소홀했습니다.

그러나 오늘의 개신교 영성은 대체로 전자보다 후자의 문제인 것 같습니다. 그 동안 한국 기독교는 짧은 역사지만 숱한 역사의 질곡을 헤쳐

오면서 타개해야 할 절박한 현실 문제들로 인해 신앙의 촛점이 지나치게 역사성과 내재성에 맞추어진 감이 없지 않습니다. 그 결과 교회는 자연히 도전, 취함, 누림 같은 참여적 측면에 초점을 맞추었고, 버림, 퇴수(退守) 같은 초월적 측면에는 소홀했던 것 같습니다. 이러한 인식 속에서 균형과 조화가 필요한 몇몇 측면들을 계속해서 논해보고자 합니다.

역동성과 내재성

신앙의 능력을 말할 때 대체적으로 역동적, 기능적 측면은 지나치게 강조하고 자기 부인(否認), 순종, 희생 등 내재적(內在的)인 측면에 대해서는 소홀한 것 같습니다. 이러한 분위기는 자연히 '성령의 은사'는 강조하고 '성령의 열매'는 소홀히 하는 경향으로 이어졌습니다. 이는 중세 수도원의 지나치게 은둔적이고 정적인 영성에 대한 반발로 종교개혁자들과 청교도들이 개미처럼 열심히 일하는 활동적 영성을 높이 쳐준 영향 때문이기도 하고, 가시적 결과가 따르지 않는 내재적인 영성에 대해서는 가치를 인정치 않는 실용주의 가치관 때문이기도 합니다.

그러나 사실 경건은 하나님과의 관계 속에서 일어나는 내재적인 것이며, 가시적으로 나타나는 기능성, 역동성은 그러한 내재성의 결과물들입니다. 예수님이 그렇게 정죄한 외식(外飾)은 그것이 내재성이 결여된 단지 가시물(可視物)이었기 때문입니다. 청교도 토마스 왓슨(Thomas Watson)은 그의 저서에서 경건과 내재적 속성의 관계를 다음과 같이 정의했습니다.

"경건은 내적인 것이다. 경건은 주로 마음속에 있다. '할례는 마음에 할지니'(롬 2:29). 이슬은 잎사귀에 달려 있고 수액은 뿌리에 숨겨져 있다. 도덕론자의 종교는 온통 잎사귀에만 있는 것으로서 외면적인 것들이다. 그러나 경건은 영혼에 뿌리 내린 거룩한 수액이다. '내 속에 지혜를 알게 하시리이다' (시 51:6). 고대 갈대아어로 '내 속'이라는 것은 '마음속 비밀한 곳'으로 해석된다."[24]

우리는 중세적인 지나친 내재주의 영성과 현재의 기능주의 영성의 양극단 사이에서 균형을 이루어야 합니다.

전인성(全人性)

영혼, 마음, 육체는 서로 유기적 관계 속에서 상호 영향을 미칩니다. 이 중 어느 한쪽이 건전하지 못하면 전체적으로 건전한 영성 구현은 어려워집니다. 그런데 흔히 개신교는 영혼과 육체는 강조하나 영혼의 좌소요 믿음의 바탕인 마음은 소홀히 하는 경향이 있습니다. 전인성이 결여된 영성으로는 건전한 영성을 구현할 수 없습니다. 청교도들은 영적인 측면의 물론 마음에도 깊은 관심을 기울렸습니다.

전인적인 영성을 위해선 무엇보다 마음에 대한 포괄적인 이해가 필요합니다. 흔히 마음을 다만 지성의 상대 개념으로 보아, 마음과 지성을 대립적으로 양분시키는 경향이 있습니다. 가슴의 신앙이라 하면 지성이 결여된 분별없는 감정적 신앙으로, 지적 신앙이라 하면 차갑고 온기 없는 신앙과 동일시해버립니다.

그러나 이 둘은 서로 일관되게 대립적이기보다는 상호 보완하고 포용하면서 영성을 완성시킵니다. 마음은 단지 지성과 대립적인 의미로만 한정 지을 만큼 그 의미가 협소하지 않습니다. '마음'은 지성의 반대 의미로 쓰이기도 하고, 때때로 지성까지도 포괄해 버릴 만큼 광범위하게 쓰

기도 합니다. 예컨대 외식, 거짓의 반대 의미로서의 은밀함과 진실함의 의미로, 때론 냉정하고 차가운 것의 반대 의미로서의 애정과 따뜻함의 의미로, 때론 무지와 어리석음의 반대 개념으로서의 지성과 이해의 의미로 쓰여집니다. '마음' 이라는 뜻의 헬라어 'καρδία' 는 이러한 의미들을 다 아우른 복합적인 단어입니다. 이렇게 마음까지 아우른 건전한 영성은 자연스럽게 분별력, 진실, 의지, 따뜻한 애정, 감성을 다 포괄합니다.

그동안 개혁교회는 신앙에 접근할 때, 지나치게 지성적 부분에 매달렸고, 정적이면서 온기 있는 마음의 접근엔 소홀했음이 사실입니다. 칼빈은 이미 500년 전에 지성의 한계를 인정했고, 자연을 대함에 있어 '지성보다는 정서를 사용하라' 는 구체적이고 사려 깊은 권면을 했습니다.[25] 그러나 우리는 아직도 칼빈을 주지주의의 원조처럼 여기고, 신학은 물론 다른 제 분야에까지 오직 지성 일변도로 접근했고, 이러한 지성일변도의 접근은 믿음, 생명, 사랑 같은 개념들을 박제화 시켜버렸습니다.

공동체 영성과 개인적 영성의 균형

역사적으로 개혁주의 전통은 개인의 종교적인 실천보다는 공동체 영성을 더 중시했습니다. 이는 성령의 교통으로서의 유기체적 교회론 때문이기도 하며, 다른 한편으로는 개인적 경건을 지나치게 강조할 경우 생길 수 있는 위험들을 두려워했기 때문입니다.[26] 그 결과 우리는 영적 양식을 공적 예배에 지나치게 의존하는 불균형을 초래했습니다. 칼빈은 공동체적 경건과 개인 경건을 서로 상호보완적인 것으로 보고 둘 모두를 중시했으며, 공중 예배, 기도회는 물론 개인의 은밀 기도를 함께 강조했습니다.[27]

공동체 경건과 개인의 경건은 모두 성경적 근거가 있습니다. "모세는 40일씩 두 번이나 시내산에서 하나님과 단 둘만의 시간을 보냈고… 예수님께서도 종종 시간을 내어 기도에 만 전념하셨습니다".[28] 듀엘(Wesley L. Duewel)은 1986년에 펴낸 『Touch The World Through Prayer』란 자신의 저서에서 한국 교인들의 열심 있는 개인기도 생활에 대해 많은 찬사를 보내고 있는데[29], 현재 한국 교회의 상황은 이때와는 많이 달라 보입니다.

오늘 한국 교회의 문제 중 하나는 모여서 하는 집단 신앙(공동체 신앙이라는 말을 쓰지 않은 점에 유의하길 바랍니다)은 왕성하나, 가정이나 직장에서의 은밀한 경건 생활은 취약하다는 점입니다. 이것은 외국인들이 공통적으로 지적하는 문제점이기도 합니다.

이는 아마도 한국 교회가 모이는 일의 중요성은 지나치게 강조한 반면, 개인의 경건 지침을 제공하는 일에는 소홀한 데 그 원인이 있을 것입니다. 한 예로, 교회 주보만 보더라도 내용들이 주로 예배 순서, 집회 안내, 통계, 광고들로 채워져 있고 가정예배 안내나 개개인의 경건 지침 같은 것은 찾아보기가 어렵습니다. 옛 청교도들은 은밀한 개인 경건의 지침들을 갖고 있었습니다. "웨스트민스트 예배지침에도 은밀한 예배 또는 개인 예배의 네 영역들을 말하고 있으며[30], 메튜 헨리(Mathew Henry)는 그의 『기도의 방법』이란 저서에서 공적기도, 가정기도, 비밀 또는 개인기도를 말했습니다".[31]

개인 경건은 공동체 경건의 바탕이 된다는 점에서도 역시 중요합니다. 바람직한 교회공동체 건설은 개인적 경건 위에 세워집니다. 진정한 성도의 하나됨은 먼저 개개인의 그리스도와의 연합을 전제하기 때문입니다. 교회 공동체의 신실한 일원이 되기 위해선 각자가 먼저 하나님 앞에 홀로 있는 일이 필요합니다. 이는 구태어 '고독을 아는 사람만이 진정한 공동체의 일원이 될 수 있다'는 사막 은수자들의 금언을 빌리지 않더라도 공감할 수 있습니다.

객관주의와 성령의 효력 있는 적용

17, 8세기 경건주의 운동이나 오늘의 종교다원적 영성운동은 주지주의 신앙에 대한 반동(反動)이 그 한 원인이므로, 영성운동 하면 곧 신앙의 주관화와 결부되면서 항상 신비주의의 위험에 노출되고 있습니다.

믿음을 인식(認識)의 대전제로 삼는 기독교 인식론의 바탕 위에서 정의된, "영성은 수덕적인 훈련이나 내면화 작업을 통해 얻어지는 것이 아니라, 하나님의 약속의 말씀에 대한 신뢰에서 생겨난다"는 종교개혁주의 영성관은 신앙의 주관화, 체험화란 명분 속에 도사린 함정과 위험을 알고 있습니다.

뿐만 아니라 성령이 개입하지 않는 한, 주관화를 위한 어떤 인위적이고 신비주의적인 몸짓에도 불구하고, 말씀 앞에 영원히 타자(他者)로 남을 수밖에 없음도 압니다. 동시에 성경 영감(靈感)의 저자이신 성령이 개입하실 때, 누구도 더 이상 그 분 앞에 타자로 남을 수 없다는 것도 확신합니다. 이런 의미에서 개혁주의 영성관은 하나님 주권적입니다.

흔히 개혁주의가 죽은 정통, 삭막한 문자주의로 비판받는 것은 전통적인 종교개혁주의의 객관주의 신앙 원리 때문이 아니라, 말씀 앞에 그 사람을 타자로 남게 하느냐 남게 하지 아니하느냐 하는 성령의 개입 여부 때문입니다. "성경이 성령의 손에 의해 가슴에 새겨지지 않는 한 성경은 죽은 문자에 불과하다"고 한 칼빈의 말은 같은 맥락입니다.

그러므로 우리의 관심은 주관화를 위해 객관주의를 포기하거나 신비주의로 돌아서는 것이 아니라, 말씀을 효력 있게 하시는 성령의 역사에 대한 믿음과 기대입니다. 이러한 기대는 "하나님의 말씀이 구원에 이르는 효력이 되도록… 부지런함과 마음의 준비와 기도로써 임하며…믿음과 사랑으로써 그 말씀을 받아 들여 우리 마음에 간직하며, 우리의 생활로 실천해야 하는"[32] 수고를 마다하지 않게 합니다.

21세기에는 신비주의자가 아니면 기독교인이 될 수 없다는 어느 신학자의 말에 전적으로 동의할 수는 없지만, 마음의 황폐화가 가속화 될 21세기 지식정보화사회라는 시대적 특성이 주지주의(主知主義)를 더욱 못 견뎌 할 것이라는 가정(假定)은 가능합니다. 이런 21세기적 전망 속에서, 말씀과 성령의 이중적 역사에 기대는 개혁주의 신학은 그 대안이 될 수 있으리라고 봅니다.

7. 통합적 영성

서두에 밝힌대로 『영성』은 종래의 '경건' 개념이 그 의미를 다 실을 수 없을 만큼 포괄적이고 통합적입니다. 따라서 영성을 한 특정한 경건 운동으로 대치시킬 수 없습니다. 영성을 단지 중세 개념의 신비주의나 수덕주의를 담아내려 하거나 은사나 이적, 오순절적 다이나믹으로 대치시키려고 해서도 안됩니다. 혹은 심리학과 연계한 감성 훈련 아니면 온건한 교파들에서 하는 기도와 말씀의 강화, 혹은 파라 쳐치(Para-Church)의 큐티 강화 정도일 순 없습니다.

개혁주의 영성 이론에 동원되는 학문은 신학, 교회사, 기독교교육학 등 교회 중심적 학문만이 아니라 문화신학[33] 까지를 망라한 명실공히 학문의 통합성을 지향합니다. 특별 계시인 성경을 바탕으로 일반 계시로서의 자연과 문화까지 포괄하며 지정의가 통합됩니다. 따라서 삶의 전 영역으로서의 노동, 생산, 휴식, 자연, 문학, 음악, 정치까지 다 담아 냅니다. 삶의 전 영역에서 그리스도가 왕 되게 하자는 개혁주의 모토 그대로 어느 한 영역에서도 하나님의 주권을 배제시키지 않습니다.

이러한 영성의 통합성은 삶 전반을 성경적으로 해석할 수 있는 신학적 기반을 요구하며, 필연적으로 삶 전반에 대한 신학적 성찰과 공부를 요청 받습니다. '기독교학문연구회' 나 '라브리 공동체' 의 공부 프로그램은 이런 관점에서 접근된 것입니다. 따라서 영성의 통합성에 반하도록 영성 훈련을 단지 심리학과 연계된 정서 다루기로 격하시켜도 안될 것이며, 또한 영성을 지나치게 영적 투쟁에 연루시켜 축사(逐邪)나 능력 행함과 동일시하여 보편적 인간 현상으로서의 지성, 심리 문제 등이 간과되어서도 안되겠습니다. 영적이라 하여 그것이 반드시 인간의 보편적 현상과 상치되는 것만은 아닙니다.[34]

그 한 사례로 발달심리학은 심리 현상과 영적 현상을 지나치게 이원화시키는 일없이 통합된 영성을 구현하는데 일정 부분 기여했습니다.

8. 틈새 영성

서두에 언급했듯이 개신교 영성 속성 중 하나가 갈등과 긴장이라 했습니다. 이는 영혼과 육체, 교회와 세상, 현세와 내세 사이에 끼어 어느 한쪽도 포기할 수 없는 갈등적 유기 체계 속에 놓인 성도에게 필연적으로 따르는 현상입니다.

개신교 영성은 영과 육, 신앙과 삶, 세상과 하나님 나라를 날카롭게 이분법적으로 나누지 않습니다. 삶에서 분리된 채 기도만을 위한 기도를 하거나, 영혼과 신앙을 위해 현실의 삶에서 퇴각해버리지 않습니다. 삶 속에서 기도를 논하고 가정과 일터에서 경건을 논합니다. 이는 하나님의 우주적 통치와 그의 주권에 대한 믿음 때문이기도 하겠지만, 삶 속에 두 세계가 유기적으로 얽혀 있다고 보기 때문입니다.

이런 유기체 이론은 은혜신학에 영향을 미쳐, 특별 은총과 일반 은총을 지나치게 대립 구도로 놓지 않습니다. 루터(Luther), 칼빈(Calvin)의 전통을 따르는 개혁교회는 둘의 영역 구분을 분명히 하고 그 갈등 관계를 인정하면서도, 전능하신 하나님의 주권적 통치 아래서 궁극적으로 서로 대립 없이 협력 관계로 귀결됨을 믿습니다.[35]

이는 예정신학과 관련하여 보다 구체화되는데, 아브라함 카이퍼(Abraham Kuyper)가 오직 하나님의 선택에만 결부시킨 '예정' 보다는 일반 은총까지 포함한 포괄적인 '작정'이라는 용어를 더 좋아 한데서도 나타납니다. 하나님이 택자 구원에는 특별 은총과 더불어 일반 은총도 함께 동원된다는 것입니다.[36] 예컨대 아프리카의 어떤 사람을 구원하려는 하나님의 작정 속에는 복음, 전도자의 소명(召命) 같은 특별 은총의 영역과 함께 복음을 전할 언어, 항공기 같은 일반 은총의 영역까지 포함된다는 것입니다.

이 경우 특별 은총과 일반 은총의 영역 구분이 모호해지기까지 합니다. 일반 은총 속에 특별 은총이 숨겨져 있고, 특별 은총 속에 일반 은총이 담겨 있습니다. 영의 일과 육의 일, 세상의 일과 교회의 일이 서로 얽혀진 유기체적 형태를 갖는 것입니다. 물론 이런 구분의 모호성이 세속화에 빌미를 주어서는 안 됩니다. 이러한 유기체적 삶의 형태 속에서는 더 이상 하나님 일과 세상 일, 소중한 일 하찮은 일의 구분 없이 삶의 모든 부분들이 의미 있게 수용됩니다. 모든 삶에서 하나님의 섭리를 찾으며, 주어진 일상의 의무가 예배나 기도만큼 충실히 이행됩니다.

그리고 이러한 삶의 유기체성 —삶의 유관성과 연속성— 이 손상을 입느냐, 안 입느냐 하는 것은 영성 패턴을 결정짓는 중요 관건이 됩니다. 만일 영성이 주어진 일상의 전폐나 희생을 요구한다면 그것은 유기체성 원리에 정면 배치되며, 그 영성 패턴은 다분히 이원론적이고 수도원적인 형태를 띨 것입니다. 반면에 유기체성을 훼손하지 않는 개혁주의적 영성 패턴은, 일상 속에서 짬을 내어 하는 '틈새 영성'의 성격을 띨 수밖에 없습니다.

예수님은 이러한 점에 있어서도 실천적 모범이 되십니다. 그는 사역 초기의 금식기도 같은 특별한 경우 외는 일상의 틈을 이용해 경건 생활을 영위하셨습니다. 일과(日課) 전, 새벽 미명에 일어나 기도하셨고, 전도하고 가르치는 다양한 사역들을 행하는 중에 틈틈이 한적한 곳을 찾으셨습니다.

틈새 영성의 신학적 정당성은 부부의 경건 지침을 언급한 성경 가르침에서도 확보됩니다. 남편과 아내된 이는 정상적으로 부부의 의무를 다하면서 틈틈이 기도하라고 주문합니다. 기도한다는 이유로 부부가 합의 없이 서로 분방하므로 마귀가 틈타지 않도록 주의하라고 권면합니다.[37]

다행히 한국 교회는 틈새 영성을 추구하기에 용이한 다양한 집회들이 제도화되어 있습니다. 매 주일 예배, 삼일기도회, 구역예배, 철야기도회, 그리고 년 중 몇 차례의 부흥사경회와 수련회, 그리고 가장 강력한 은혜의 방편인 매일의 새벽기도회 등은 틈새 영성의 복된 방편들입니다. 그

외에도 개별적으로 틈새 영성을 실천할 기회들은 많습니다. 가정예배, 식사 기도, 업무 시작이나 전후의 기도. 자동차 출발 전의 기도, 보행 중이나 사람을 기다리는 시간의 묵상, 휴식 시간을 이용한 간구. 그리고 언제 어디서나 할 수 있는 전천후의 은밀 기도 등, 세심한 배려만 있으면 얼마든지 기회를 만들 수 있습니다. 이런 틈새를 잘 이용한다면, 일상을 희생시키는 요란한 영성훈련 같은 것 없이도 경건 생활을 영위할 수 있을 것입니다.

교회사적으로, 존 웨슬리(John Wesley)의 어머니 수잔나(Susanna)는 본보기가 될 만한 틈새 영성의 훌륭한 실천가였습니다. 그녀는 목회자의 내조자로, 19명의 자녀를 키우는 어머니로 눈코 뜰 새 없는 바쁜 생활 속에서 틈새 영성을 모범적으로 실천한 여인입니다. 그녀는 따로 기도 시간을 낼만한 여건이 못되었기에, 기도의 욕구가 일 때마다 앉은 자리에서 치마를 둘러쓰고 기도했습니다.[38] 그녀에게 치마 속은 교회요, 기도의 골방이었습니다.

틈새 영성의 장점은 일상을 희생시키지 않아도 된다는 점 외에도, 삶의 현장에서 실행되기에 일상을 생동감 있게 만들고, 그 생동감이 다시 삶 전체에 영적 동력을 제공하는 순환 체계를 형성한다는 점에서입니다. 이러한 현실에 뿌리박은 영성은 모든 삶을 하나님이 받으심직한 성업(聖業)으로 만들어, 청교도들의 이상인 '일상 생활의 영성'을 구현하게 됩니다.

제 2부
영성훈련

청교도들은 "교리와 모범만으로는 신앙을 성장시키기에 충분치 않다고 보았으며, 훈련을 하나님의 본질적인 양육 방법"[1]으로 믿고 기꺼이 자신들을 훈련에 내 맡겼습니다. 그들은 절제된 생활을 했으며, 천박한 의상이나 오락, 도박을 피했고 게으름을 악덕으로 여겼습니다. 그리고 하나님의 계명을 존숭히 여기며, 특히 안식일을 거룩히 지켰습니다.

문헌으로 전해진 청교도 목사 메튜 헨리(Matthew Henry)의 일화는 절제되고 훈련된 청교도적 삶의 한 단면을 엿보게 합니다.

"그는 친구들과의 교제로 잃어버린 귀중한 시간에 대해 불평을 한다. 그는 가끔 그 친구들이 시간을 도둑질했다고 슬퍼했다. 친구 집에 초대받아 대접을 잘 받았을 때에도 너무 오래 머문 것에 대해 하루를 그렇게 무익하게 보낸 어리석음에 대해 용서를 구했다."[2] "그는 종종 가족들과 금식을 했고, 때때로 초대된 친구들과 같이, 혹은 다른 사람들과 같이 하기도 했으며 혼자서 하기도 했다."[3]

청교도들의 훈련중시사상은 무엇보다 신구약의 중심 사상인 언약 교리에서 비롯되었습니다. 은혜언약 속에 내재된 언약 당사자로서의 특권과 의무는 훈련을 당연시하게 했고, 은혜의 남용으로 인한 방종을 막는 신학적 안전 장치가 됐습니다. 특히 청교도들의 경건 훈련은 중세의 수도원 영성 같이 특정한 공간에서 정형화 된 프로그램을 통해서가 아니라, 교회의 가르침과 일상적인 가정의 신앙 교육을 통해서 이루어 졌으며, 그 주안점은 항상 거룩과 복종이었습니다. 청교도들이 수도원 교육처럼 일정한 규범이나 프로그램을 갖지 않은 것은, 경건 훈련이 정형화된 틀 속에 넣어지므로 영성이 질식될 수 있다는 염려와 함께, 무엇보다 경건의 인위적인 도식화를 불경시 하는 청교도들의 신앙 전통 때문으로 보입니다.

풍부한(?) 영성수련 방법들을 가진 로마교와는 달리, 개신교의 경건 훈련이 "오직 믿음"의 원리아래 소박한 예배에 치중하고, 방법론에 적극적이지 않음은 다 이런 이유 때문입니다. 칼빈 역시 신앙의 방법론엔 그리 관심을 갖지 않았던 것으로 보이는데, 이는 자신이 조직 신학자로 불려지는 것을 달가워하지 않은 점에서도 확인됩니다.[4]

이런 개혁주의 신학 전통을 이해할 때, 우리가 로마천주교처럼 다양한 영성훈련 방법들을 갖지 않은 것을 오히려 감사해야할 것입니다. 영성 훈련의 실제를 논함에 있어서도, 이런 취지에 부합되게 개략적인 몇 가지 원리를 약술하는 것으로 그치고자 합니다.

제1장

기초다지기

1. 예배

 어떤 명분 하에서도 예배가 결코 수단화되어서는 안 된다는 것이 항상 경건한 성도들의 생각이었습니다. 그러나 예배가 인간의 존재 목적일 뿐만 아니라, 그것을 통해 경건의 진작을 이룬다는 점에서 경건의 방편일 수 있습니다. "예배는 그것이 하나의 목적이자 수단이 되기 때문에 영적 훈련이다"[5] 고 말한 도널드 휘트니(Donald S. Whitney)의 말 그대로입니다. 경건의 훌륭한 방편으로서의 예배에 대한 이러한 이해는, 청교도들로 하여금 로마교처럼 인위적인 영성 수련법없이 예배 자체만으로도 충분히 영성을 주도해 나갈 수 있다고 믿게 했습니다. 따라서 그들은 교회의 정규 예배와 가정에서 드리는 매일 아침, 저녁 두 번의 예배가 전체 경건 생활을 이끌게 했습니다.

 이외에도 개혁주의자들에게 있어 예배가 경건 훈련의 중심으로 자리잡게 된 데는, 무엇보다 하나님의 영광이라는 개혁주의 이상이 예배를 통해 가장 잘 구현될 수 있었기 때문입니다. 예배에서의 하나님 주권의 선포와 수납, 자신의 피조물됨과 죄인됨의 자각은 송영의 출발입니다. 그리고 예배의 주요 정신인 믿음, 복종, 섬김 그리고 예배 구성요소로서의 설교, 기도, 찬양은 명실공히 신학적이고 인간학적이며, 이 두 요소의 상호 작용을 통해 송영은 극치에 다다릅니다. 이런 점에서 예배는 종합적인 경건 훈련의 축소판이라 할 수 있습니다.

이러한 예배의 신학적, 인간학적 중요성은 반드시 올바른 예배를 요구합니다. 예배의 왜곡은 단지 예배를 손상하는데 국한되지 않고, 하나님 개념을 왜곡시키고 신앙과 삶을 굴절시킵니다. 그릇된 신앙의 기저에는 반드시 그릇된 예배가 있다는 통념은 이런 이유에서입니다. 올바른 예배가 올바른 신앙의 전제가 됨은 예배가 다만 신앙의 한 부분이 아니라 신앙과 삶을 좌우하는 중심 위치에 있기 때문입니다. "더욱 진실되게 하나님을 예배할수록 더욱 예수님을 닮아가게 될 것입니다"[6]는 도널드 휘트니의 말은 지극히 타당합니다.

그럼 올바른 예배란 어떤 예배일까? 이는 곧 성경이 계시하는 대로의 예배입니다. 『웨스트민스트 신앙고백』은 "참되신 하나님을 예배하는 합당한 방법은 그 자신이 친히 제정하셨고, 그 자신의 계시된 뜻에 의해 한정되어 있다. 그러므로 하나님은 인간들이 만들어낸 사상이나 고안을 따라서는 예배될 수 없다"[7]고 했습니다.

개혁주의 변증학자 고든 클라크(Gordon clark) 박사 역시 "하나님을 기쁘시게 하는 일을 우리에게 말씀하실 수 있는 분은 오직 하나님뿐이시다… 예배라고 해서 모두 하나님을 기쁘시게 하는 것이 아니라는 점이다 (사 1:10-17). 하나님께서는 그에게 희생 제물들을 가져오는 것을 인하여 이스라엘 백성들을 책망하셨다"[8] 고 했습니다.

하나님을 기쁘시게 하는 성경적 예배는 오직 하나님 중심의 예배입니다. 도날드 휘트니(Donald Whitney)가 "예배는 하나님께 초점을 맞추며 하나님께 응답하는 것이다… 예배시간에 무엇을 하든, 그때 하나님에 대해 생각하고 있지 않다면 예배하고 있는 것이 아니다. 하나님께 초점을 맞출수록 하나님이 얼마나 존귀하신 분인지를 더 많이 이해할 수 있다"[9] 라고 한 말은 같은 맥락입니다.

오늘 예배의 중대한 훼손 중 하나는 예배가 인간들의 축제, 카타르시스(Katharsis)를[10] 위한 굿판으로 변질되고 있다는 점이며, 이러한 예배의 인본화는 인본주의 신앙의 모판이 되고 있습니다. 사람들은 인본주의 신앙에 대해 많은 말들을 하면서도 정작 인본주의 예배에 대해서 침묵하고 있음은 이상한 일입니다. 신본주의 예배의 회복 없이 신본주의 신앙 회복은 불가능한데도 말입니다. 그리고 예배 형태 역시 예배 정신만큼이나 중요한데, 우리의 모범이 되는 청교도들의 예배 전통은 설교 중심의 단순함이었습니다. 청교도 예배에 대한 다음의 진술은 당시의 예배 정신을 반영합니다.

> "청교도의 예배 장소에 들어갔다면 건물이나 목사에게서 화려한 장식을 전혀 찾아볼 수 없다는 것을 발견했을 것이다. 청교도는 성스러운 건축에 대해 관심을 두지 않았다. 교회는 건물 안에 있는 성도들이며, 만나는 장소가 아니라 성도들의 성스러움 그 자체였다. 청교도들은 존 낙스(John Knox)의 예배서에 기초한 하나님의 말씀이 전능이라는 교의를 받아들였다."[11]

이에 비추어 오늘날 개신교 예배는 로마교로 회귀하는 듯한 인상을 줍니다. 심리학적으로 잘 배려된 예배당 인테리어, 정교하게 연출된 음향, 감성적인 예배 진행은 설교 중심의 종교개혁적 예배 전통을 흐리고 있습니다. 목사는 기도와 말씀에 전무하는 설교자보다는 심리학적이고 예술적인 감각을 갖춘 연출가 혹은 기획가로서의 자질을 더 요구받고 있습니다.

예배의 길이에 있어서도 청교도들의 예배는 오늘의 인스탄트식 예배와는 전혀 달랐습니다. 예배 중 설교만 보통 한시간씩 계속되었으며, 집에 와서까지 그날 들은 설교를 가족끼리 서로 질문하고 답하는 문답식의 반복 학습이 이어졌습니다. 특별히 금식기도일에 9-10시간 이어지는 상상을 초월하는 예배는 청교도의 예배 전통을 능히 짐작케 합니다. 그들에게 예배는 경건의 중심이요 완성이었습니다. 예배를 통해 섬김, 은혜, 교육, 치유적 측면을 다 충족시켰습니다.[12]

그리고 성도의 교통(交通)으로서의 예배 기능에 대해 말하고자 합니다. 참다운 성도의 교통은 예배를 중심 하여 생겨나며, 예배를 통해 진정한 성령공동체를 이룹니다. 그리스도의 지체로서의 성도의 하나됨은 예배를 통해 확증되고 자라나며, 예배시에 회중 사이를 운행하시는 성령은 성도들을 신뢰와 사랑으로 묶습니다. 따라서 예배 없는 성도의 모임이나 교제는 생각할 수조차 없습니다. 오늘 예배 중심에서 벗어난 사교 중심의 교제는 교회 세속화의 주범입니다.

2. 하나님 경외

청교도 신앙교육의 중심 내용은 하나님을 두려워하는 것이었습니다. 청교도 목사 토마스 테일러(Thomas Taylor)는 "청교도 가정에서 힘써 가르칠 내용은 하나님을 두려워하는 것이다."[13]고 했으며, 알렌 카르덴(Allen Carden)은 "어려서부터 부모 공경과 함께 하나님을 두려워하는 것이 자녀 교육의 중심이다."[14]고 했습니다. 혼히 영성훈련을 신비 체험과 영적 기술을 개발하는 것쯤으로 인식하는 것은 영성의 근본에서 멉니다. 만일 누가 하나님을 마땅히 두려워할 대로 두려워한다면[15], 그는 이미 영성 훈련의 목표에 도달했다고 할 수 있을 것입니다. 하나님에 대한 경외심은 당연히 경건의 중심이어야 합니다.

율법을 기저로 한 하나님에 대한 두려움이 완전한 순종을 이끌어 내거나 하나님 앞에 세우지는 못하지만, 하나님의 거룩하심과 완전하심을 대면케 하며, 망령된 자들의 경거망동을 억제하는 재갈 역할을 합니다.[16] 그리고 무엇보다 죄인을 그리스도께로 이끄는 몽학 선생 역할을 한다는[17] 점에서 중요합니다.

하나님의 은혜에 대한 진정한 인식은 하나님 경외를 그 바탕으로 합니다. 하나님의 엄위하심이 전제되지 않은 "사랑만의 사랑"이 말해질 때, 하나님의 사랑은 제대로 이해될 수 없습니다. 하나님의 거룩하심과 자신이 하나님 앞에 벌받을 죄인이라는 자각이 없는 자는 그리스도를 필요로 하지 않으며, 그리스도를 보내 주신 하나님 사랑도 이해할 수 없습니다. 하나님에 대한 진정한 두려움만이 그리스도를 필요로 하게 합니다.

오늘날 두려움의 감정은 무조건 부정적인 것으로 치부되고, 어떤 종류의 두려움도 불필요한 것으로 널리 인식되고 있습니다. 유행하는 교육 심리학은 교육을 효과 있게 하는 것은 죄의식이나 두려움의 정서가 아니라 부드러움과 관용이라고 말합니다. 정신의학에서도 두려움은 비정상적인 병적 정서로 치부되고, 죄의 강박관념에서 도피할수록 사람은 건강하다고 가르칩니다. 이런 분위기에서는 하나님에 대한 경건한 두려움까지 자리 할 여지가 없게 되며, "달의 명랑함에 이끌리는 것"까지 창조주께 벌받을 죄악이라 고백한 욥 같은 인물은[18] 병적인 죄관념에 사로잡힌

자로 치부됩니다.

그러나 하나님 경외가 빠진 영성수련은 일종의 종교적 수양이나 유희에 불과합니다. 참된 경건은 오직 하나님 경외에서 출발합니다. "하나님 경외하기를 배우게 하라"[19]는 이스라엘 예언자 모세의 계명은 고금을 관통해 죄인들이 귀 기울여야 할 최상의 교훈입니다.

3. 신앙

기독교 영성훈련은 "오직 믿음"의 종교개혁적 원리 위에서 출발하는 신앙훈련으로, 지성, 감성, 덕성 같은 인간 내면의 품성 계발에 치중하는 인성 훈련과는 다릅니다.

또한 기독교 신앙을 동양 사상과 접목시켜 산상수훈이나 성령의 열매를 철학적이고 윤리적인 훈련 소산으로 만들었던 톨스토이, 간디, 유영모[20] 같은 자들의 종교다원주의적인 사상 강습과도 다릅니다. 그들은 기독교 신앙을 노자(老子)의 무위자연 사상 등과 연결시켜, 고양된 자연인의 품성적 특성으로 취급하려 했습니다. 그들은 구원을 욕심과 인위(人爲)에서 자유로워지는 무위(無爲)의 유유자적(悠悠自適)으로, 절제(節制)를 중용(中庸)으로, 심령가난을 마음을 비우는 것과 동일시했습니다.

그러나 기독교 신앙은 근본 신학적이고 구속론적입니다. 모든것이 하나님과의 관계에서 비롯되고 귀결됩니다. 구원은 하나님의 진노에서 건짐을, 절제는 자기 보존적인 중용이 아닌 자기 부정을, 심령가난은 자기 의 없음에 대한 자각과 하나님의 의에 대한 갈망 상태를 말합니다.

기독교 영성은 종교다원주의처럼, 자가발전적(自家發電的)인 것이 아니라 하나님으로부터 부여되고, 그와의 관계에서 일궈지는 성령의 역사입니다.

광야에서 놋뱀을 쳐다 본 이스라엘 백성처럼[21] 예수 그리스도를 바라보는 것이 기독교 영성입니다. 후에 위대한 청교도 목사가 된 소년 스펄전(C. H. Spurgeon)은 1850년 1월 6일 눈보라 치는 어느 주일 아침, 한 볼품없는 평신도의 "땅 끝의 모든 백성아 여호와를 앙망하라 그리하면 구원을 얻으리라" (사 45:22)는 설교를 듣는 중에 회심을 경험했습니다.[22] 그는 "하나님의 구원과 은혜를 받기 위해 주님을 바라보는 일 외는 아무 것도 할 일이 없다" 는 설교를 들을 때 천국이 열리는 경험을 했습니다.

나무에 결실된 열매가 나무 자신의 수고로운 노동 때문이 아니라 다만 수정(授精)의 결과이듯이, 모든 영적인 열매는 성도와 그리스도와의 연합으로 생겨난 산물입니다.[23] 개혁주의 영성은 일이 아니라 믿음을 통한 그리스도와의 연합의 산물입니다. 이런 점에서 개혁주의 영성훈련은 신앙훈련으로 정의됩니다.

4. 은혜

은혜란 기독교 입문때만 필요하고, 그 후의 신앙은 율법적 훈계와 인간 자력에 더 의존하는 것처럼 생각하는 신앙인들이 있습니다. 그들은 경륜 있는 신앙은 더 이상 은혜와 믿음에 만 의존할 수 없으며, 이미 교회 안에 들어 온 사람들에겐 율법적 의무와 함께 그들 속에 내재된 능력을 개발하는 일에 심혈을 기울여야 한다고 생각합니다. 그리고 십자가, 은혜, 그리스도만을 가르칠 때 신자들로 하여금 유아적 신앙에 머물게 하고 신앙적 열심을 끄게 한다고 생각합니다.[24]

그러나 바울이 그랬듯이 은혜는 신앙의 "입문에서 완성"까지 일생 붙들어야 할 진리입니다. 바울의 "오직 예수" 사상은 입문시의 통과 의례적인 초보법문이 아닌, 신앙이 가장 무르익은 만년의 고백이었습니다.[25] 그에게 그리스도는 단지 구원의 초보적 지식이 아니라 고도의 영적 지혜요, 삶의 동력, 성화의 원천이었습니다.

따라서 신앙의 열심을 촉발하는데는 은혜보다는 율법적 두려움이 더 필요하다는 생각은 잘못입니다. 율법은 하나님의 거룩하시고 완전하심을 계시하지만 율법 자체가 행할 능력을 갖다 주진 못합니다. 사람에게 믿음과 복음적인 순종을 이끌어 내는 것은 오직 하나님의 사랑과 그리스도의 은혜입니다. 오직 은혜만이 하나님의 목적에 이르게 합니다. 19세기 스코틀랜드청교도 호라티우스 보나르(Horatius Bonar)가 은혜를 정의한 다음의 말은 적절합니다.

"하나님의 이 은혜는 당신의 기쁨이요 힘이니, 그 안에 머물러 있을 때에만 당신은 진정으로 대속(代贖)받은 자의 삶을 살수가 있습니다. 그러므로 이 은혜 안에 굳게 서서, 거기에서 기쁨을 얻으시고, 활력과 위로와 거룩함을 얻으려고 다른 것에 의지하지 않도록 주의하십시오. 당신이 비록 믿을지라도 여전히 죄인이며, 마지막까지 죄인으로 있을 것이기에, 죄인으로서 오직 하나님의 값없는 사랑밖에 당신에게 적합한 것이 없습니다. 그 안에 굳게 서십시오… 이 풍성한 은혜는 올바르게 이해한다면 당신을 죄짓게 하지 않을 것이며, 도덕심을 느슨하게 하거나 위선을 사소한 것으로 만들지 않을 것입니다. 은혜는 죄를 확대시켜 보여 주고 그 해악을 또렷하게 보여줄 것입니다. 당신이 점령할 수 있는 것 중에서 은혜 안에 발을 딛거나 서는 것이야말로(롬 5:2) 가장 복된 것일 뿐만 아니라 가장 강력한 것이 될 것입니다. 만일 당신의 발이 화평의 복음을 예비함으로 신을 신었다면

(엡 6:15), 서서 맞서 싸울 수 있을 것입니다. 그렇지 않으면 할 수 없습니다. 어떻게 바울과 바나바가 안디옥에 거하는 유다인(유태인)들에게 이것을 역설하며, 그들에게 하나님의 은혜 안에 계속 머물라고 하였는지 기억하십시오(행 13:43)." [26]

5. 기도

기도가 기독교 영성에 본질임은 두 말할 필요가 없습니다. 이런 기도의 중요성 때문에 "영성 훈련은 곧 기도 훈련"과 동일시되기도 합니다. 그러나 이러한 인식에도 불구하고, 기도는 여전히 우리에게 넘기 어려운 벽으로 남아 있습니다. 이는 기도의 필요성을 공감하는 것과 실제로 기도하는 것, 특히 올바르게 기도하는 것과는 다른 차원의 문제이기때문입니다. 여기서 우리는 현실적으로 당면하고 있는 기도의 문제점들에 접근해 보고자 합니다.

왜곡된 열심의 측면입니다

혹 이것을 말함으로써 기도 냉담주의를 부추길까 우려됩니다. 그리고 기도를 제일 잘 배우는 법은 "어떤 이론보다 기도 자체를 통해서이다"는 통념 역시 상기하고 있으며, 만일 누가 잘못된 기도를 한다 해도 그가 지속적으로 기도하는 사람이라면, 기도해 가는 중에 스스로 고칠 것이라는 기대 역시 갖고 있습니다. 그러나 오늘의 현실은 이런 기대와는 다르게 나타나고 있음이 문제입니다. 선교 2세기에 접어든 한국교회 성도들의 기도는 여전히 탐욕적이고 미신적인 데서 벗어나지 못하고 있으며,

교회는 여전히 이를 부추기는 경향이 있습니다.

오늘날 우리의 기도는 "기도의 제일 목적은 하나님이 친히 존귀함을 받기 위함이며"[27], 그리스도의 이름으로 하나님께 간구 하는 것은 그리스도 자신을 애원자인 것 같이 믿는 것이고, 우리는 다만 그리스도가 원하는 것을 위해서만 간구할 수 있다"[28]는 개혁주의 기도 신학과는 상당한 거리가 있습니다.

작금에 유행하는 "기도는 하나님을 움직이고 만사를 변화시킨다"는 기도만능주 혹은 기도공로주의의 표어 속에는 하나님의 주권을 멸시하는 어조가 담겨있습니다. 기도는 하나님의 목적을 변하려는 것도, 그로 하여금 새 목적을 제정하게 하려는 것도 아닙니다.[29] 기도는 인간에게서 출발하여 하나님께로 올라가는 상승운동이 아니라, 하나님의 명령에 대한 순종이요, 하나님의 두드리심에 대한 우리의 반응입니다.

노르웨이의 루터파 목사 오 할레스비(O. Hallesby)는 고전적인 『기도』라는 그의 책에서 「요한계시록 3장 20절」을 해석하면서, "이 구절은 우리의 기도가 주 예수님을 움직이는 것이 아님을 가르쳐 줍니다. 사실은 예수님이 우리를 기도하게끔 움직이시는 것입니다. 우리의 기도는 언제나 예수님께서 우리의 마음을 두드리시는 결과입니다"[30]고 한 말은 기도의 정의를 적절히 말한 것입니다. 기도 응답 역시 우리의 기도 댓가가 아닙니다. 기도의 응답을 인간적인 기도의 공로 때문으로 보아선 안되며,[31] 믿음이 구원의 공로가 될 수 없듯이 간구가 응답의 공로일 수 없습니다. 이런 인식은 경건한 욥에게서도 동일하게 발견됩니다.[32]

우리는 기도의 가장 이상적인 모범을 주님이 가르치신 기도에서 찾을 수 있는데, 곧 "송영"(送榮)으로서의 기도 개념입니다. 청교도역시 『웨스트민스터 신조』에서 주기도문을 기도의 중요한 원리로 삼았습니다. 천부의 이름이 거룩케 되는 것에서 시작하여, 하나님 나라 도래, 지상 신의(神意) 성취, 일용할 양식과 죄사함의 은총, 나라와 권세와 영광의 천부 귀속 등으로 이루어진 주기도문은 청교도들에게 송영(送榮) 그 자체였습니다.[33]

『하이델베르그(Heidelberger) 요리문답』 역시 그리스도인이 기도할 이유에 대해 "기도는 하나님이 우리에게서 요구하시는 감사의 가장 고귀한 부분이기 때문입니다"[34]라고 했습니다. 간구(懇求) 또한 송영과 별개가 아닙니다. 간구를 통해 응답을 받고 하나님의 은총을 시여 받지만, 그것 역시 우리의 신뢰를 주님께 바치는 또 다른 형태의 송영입니다.[35]

오늘 기도의 열심은 좋지만 그것이 탐욕적이고 미신적인 동기에서 비롯됐다면 바람직하다고 볼 수 없습니다. 진정한 기도의 정신은 "송영" (送榮)으로 일관됩니다.

개혁주의 진영의 기도 열정 부족

역사적으로 개혁교회는 기도에 대한 강조가 말씀에 대한 강조에 비해 상대적으로 약하다는 것이 공통적으로 인정되는 사실입니다. 이 점에 대해 프라플란트(C. Graafland)박사의 말은 귀기울일 만 합니다.

> "20세기 후반기에 들어와서 세속화의 물결이 거세게 밀어닥칠 때 그들은 개혁주의의 정통 교리와 문화관을 가지고 있었지만 세속화를 막을 힘을 얻지 못하였던 것이다. 혹자는 '은사 운동'에서 돌파구를 찾으려고 하지만, 이것은 본질적인 해결책이 되지 못한다. 결론적으로 필자가 보기에 현재 개혁교회가 활력을 되찾는 데 가장 중요한 지름길은 기도를 활성화 하는 것이라고 생각한다."[36]

이런 자성과 함께 개혁교회는 기도 활성화를 위해 나름대로 노력해

왔습니다. 그 중 하나가 근자에 성령론과 연계된 기도신학의 부분적 수정입니다. 로이드 존즈(Lloyd Jones)의 "오순절 성령강림의 반복성"(성령 세례) 수용과 함께 그 틈새를 뚫고 들어온, 소위 '오순절적 기도' 유입은 어느 정도 기도 활성화에 기여한 것이 사실입니다.[37]

그러나 이것은 다른 한 편으로부터 전통적인 개혁교회 기도 신학에서 한 발짝 물러났다는 지적을 받고 있으며, 개혁교회 내에 일치된 합의를 끌어내지 못하고 있습니다.[38]

여기선 개혁교회의 기도활성화를 위한 대안으로 조심스럽게 두 가지를 제안하고자 합니다. 그 하나는 개신교의 전통적인 기도 원리이면서도 흔히 간과되고 있는, **"하나님의 명령으로서의 기도"** 개념 회복입니다. 즉 기도의 동기를 인간적인 필요나 이유에서가 아니라 말 그대로 하나님의 명령으로 이해하는 것입니다. "하나님 중심" 주의를 신봉하는 개혁주의 신자들에게 이러한 "하나님 명령으로서의 기도" 개념은 기도하게 만드는 가장 강력한 동인(動因)일 수 있습니다.

루터의 후계자이면서 루터 신학을 집대성한 필립 멜랑히톤(Philip Melanchthon)은 신자의 기도 열정을 끄는 한 원인을, 기도를 "자격"과 연루시키는 것이라면서, 기도를 "명령과 복종"의 문제로 볼 때 기도는 지속될 수 있다고 했습니다.

> "도적질하지 말라, 살인하지 말라 등의 하나님의 명령을 순종할 자격이 없다고 논의하는 것은 어리석은 것이다… 이것은 마치 그 군주에 의해 날 마다 어떤 일을 행하라는 명령을 받은 봉신이 '나는 당신의 명령을 순종할 자격이 없습니다' 라고 핑계 대는 것과 같다. 우리는 기도해도 좋고 기도하지 않아도 좋은 것이 아니다. 우리는 반드시 기도해야 만 하는 것이다… 하나님께서 기도하라고 명령하셨음을 생

각해야 한다."[39]

20세기 프랑스의 기독 지성 쟈크 엘룰(J. Ellul) 역시, 기도를 지속적으로 이어갈 수 있는 비결을, 기도를 하나님의 명령으로 이해하는 것이라고 말합니다.

"나를 기도하지 않을 수 없게 만드는 이유, 나를 뒤에서 밀어대는 이유, 다시 말해서 등뒤에 손을 대고 앞으로 가라고 미는 것처럼 기도하지 않을 수 없도록 구속을 가해 오는 이유, 그런 이유에 의존해야만 하는 것이다. 그것은 바로 하나님이 주신 계명이다."[40]

기도활성화를 위한 두 번째 대안으로, 기도의 중요 목적인 **"교통(交通)으로서의 기도"**[41] 개념 확보와 그것을 극대화 할 수 있는 실천방법으로서의 **"쉬지 않는 기도"**를 제안합니다. 그 동안 개신교회는 "쉬지 않는 기도"를 설교해 왔습니다만, 로마교, 정교회(The Orthodox Church) 등과 같이 활성화하지는 못한 것 같습니다. 그들은 "쉬지 않는 기도"의 문자적 실천을 위해 예수기도, 묵주기도 등 다양한 기도 방법들을 개발하고 활용한 반면, 개신교에서는 루터교(The Lutheran Church)나 성공회(The Anglican Church)등 일부 교파 외는 그러한 것들이 없었습니다. 그 이유는, 죽음을 무릅쓰면서까지 국교회의 "기도문"을 거부했던 존 번연의 경우에서 보듯이, 개신교회는 전통적으로 인위적인 것들을 도입하는 것에 거부감을 가졌기 때문입니다. 그 결과 쉬지 않는 기도는 대개 "늘 기도하는 자세를 갖는" 등의 상징적인 의미로만 받아들여졌습니다.

그러나 실상 칼빈 같은 개혁자는 이를 문자 그대로 받기를 두려워하지 않았습니다. 그는 「데살로니가전서 5장 17절」을 주석하면서 쉬지 않고 기도할 이유를 우리를 둘러싼 변화무쌍한 환경탓으로 돌렸습니다.

"우리의 평안을 어지럽히고 기쁨을 앗아가는 사건들이 너무도 많이 발생하므로, 매일 아니 매 순간 그는 우리에게 쉬지 말고 기도할 것을 당부하고 있다."[42]

유명한 개신교 목사 카릴(J. Caryl)은 쉬지 않고 기도할 이유를, 인간의 절망적인 부패 탓으로 돌렸습니다. 그는 「욥기 7장 18절」강해에서 "인간의 마음은 정상에서 금방 비정상으로 또 비정상에서 정상으로 변하는 중환자의 혈압처럼 가변적이어서 경건과 속화, 온유와 강포, 겸손과 교만으로 쉽게 바뀌니 우리의 마음을 분, 초로 시험해야 한다"[43]고 했습니다. "쉬지 않는 기도"의 구체적 실천에 대해서는 영성 훈련 항목에서 자세히 언급하겠습니다.

마지막으로 "훈련으로서의 기도"를 말하고자 합니다. 기도를 어렵게 하는 원인 중 하나가 기도는 훈련 없이도 저절로 될 수 있다는 그릇된 낙관주의입니다. 물론 중생한 성도는 본능적으로 하나님을 아바 아버지라 부르며 기도하게 됩니다. 그러나 그는 타락한 죄인이기에 그러한 본능적인 것조차 저절로 못하는 처지이기도 합니다. 마치 누구나 저절로 할 수 있는 호흡을 호흡기에 의존해야 만 겨우 할 수 있는 중환자처럼, 죄인에게 기도란 힘쓰고 애써야 겨우 할 수 있는 것이 되고 말았습니다.[44]

따라서 기도는 크리스천에게 있어, 본능적이면서 동시에 훈련을 필요로 하는 일입니다. 칼빈도 "기도는 신앙의 주요한 훈련이고, 매일 하나님의 은혜를 받는 수단이다"[45]는 말로서 기도의 훈련 필요성을 역설했습니다. 그러면 기도 훈련은 어떤 형태로 이루어져야 할 것인가? 직접 해 보는 것만큼 효과적인 것은 없다는 통념이 여기에도 적용됩니다. 앤드류 머레이(Andrew Murray)는 우리에게 같은 조언을 해 옵니다.

"기도에 관한 책을 읽는 것 기도에 관한 강의들을 듣고 이에 대해 대화를 나누는 것은 좋은 일이나 그것이 당신이 기도하도록 가르치지는 않을 것입니다. 훈련과 실행이 없이는 아무 것도 얻지 못합니다. 나는 음악교수가 아름다운 음악을 연주하는 것을 1년 동안 경청할 수 있으나, 그것이 나로 악기를 연주할 수 있도록 가르치지는 않을 것입니다"[46]

6. 경건한 가정

개신교 경건은 혼자 만의 경건을 추구하는 은둔적이고 고립적인 경건이 아니라, 교회중심적이고 나아가 언약공동체인 가족 중심의 경건입니다. 이런 가족중심의 경건은 오늘날 일부 가정사역자들이 말하는 것과 같은 가정지상주의적인 의미가 아니라, 가족을 하나님의 언약이 실현되는 언약공동체, 그리고 교회의 존재를 지속시키는 원천이라고 보는 전통적인 청교도적 개념입니다.

이는 "독신으로 사는 것이 하나님의 뜻이고, 어쩔 수 없어 결혼해 자녀를 낳았다면, 아들은 신부로 딸은 수녀로 만들어 하나님께 보상할 수 있다" 는 어거스틴적 가르침 따라, 결혼을 독신보다 저급한 것으로, 가정을 헌신의 장애물로 여기는 중세의 탈가족적이고 분리적인 영성과는 대조됩니다.

중세수도원 영성이 탈가족의 고립적·수도원적 영성이라면, 개혁주의 영성은 교회와 가족중심의 영성입니다. 청교도들은 종교개혁 후 수도원의 경건 일과를 가정으로 가져왔습니다. 청교도들은 성경의 가르침 따라 가족을 하나님의 유업을 함께 얻을 자로[47] 신성시하면서, 가정을 신앙훈련의 장으로 여겼습니다. 이는 청교도들이 가정을 결코 교회와 분리시켜 생각할 수 없는 신학적 이유 때문이었기도 합니다. 다음의 인용들은 그런 견해로 일관하고 있습니다.

"크리스천 가정은 하나님을 더 잘 예배하고, 섬기기 위해 결속된 교회다",[48] "하나님께 대한 봉사가 이루어지는 이런 가족들은 작은 교회이며, 일종의 지상 천국이기 까지 하다",[49] "우리 가운데 하나님의 교회를 지속적으로 유지하려면, 교회를 우리 가정으로 가져와야 한다."[50]

청교도들이 가족에 대해 즐겨 그리는 이미지는 교회였습니다. 그들은 가정의 존재 목적을 하나님을 영화롭게 하기 위한 것으로 보았고, 이 목적을 위해 가장은 기꺼이 가족들을 훈련하는 책임을 떠 안았습니다. 남편은 가정의 제사장으로 아내와 자녀들의 머리가 되었고, 아이들은 부모에게 복종하는 훈련을 통해 하나님을 섬기고 복종하는 법을 배워 나갔습니다.

그리고 가족 경건의 중심은 언제나 가정예배였습니다. 가정예배를 통해 하나님 공경하는 법을 배우고, 거룩한 가족으로서의 일체감을 확인했습니다. 말 그대로 청교도들은 중세 수도원의 경건 일과를 아침 저녁의 가정예배로 대치시켰으며, 가정예배를 통해 "가족간에 즐거움과 슬픔을 서로 공유하면서, 서로의 선과 유익을 위해 하나님이 제정하신 구별된 수단들을 사용하는"[51] 법을 배웠습니다.

리챠드 박스터(Richard Boxter)의 예배규칙서에 따르면, 가족예배는 매일 두 번씩 드리는 것으로 되어 있습니다.

"일상적으로 매일 아침에는 지난밤의 휴식에 대해 감사했고, 하루의 인도, 보호, 공급, 축복을 구했으며, 저녁에는 하루 동인 베푸신 자비에 감사하며, 하루 동안의 죄의용서를 구하고, 잠자리의 안식과 보호를 간구했습니다."[52]

가정예배와 함께 가정에서의 경건 훈련의 중요 방편은 카테키즘(Catechism)이었습니다. 윌리엄 카트라이트(William Catwright)는 "교리문답은 집에선 가장에 의해서, 교회선 목사에 의해서 시행돼야 하는데, 그 이유는 집은 교회의 묘판(苗板)이기 때문이다"[53]고 했습니다. 청교도 목사 메튜 헨리(Matthew Henry)는 자신의 가정예배의 경험을 이렇게 적고 있습니다.

"아침에는 구약의 일부분을 정규적으로 읽어 나갔으며, 저녁에는 신약을 읽어 나갔다. 특히 주일에는 예배를 마친 후 점심 식사 후 시편을 읽고 저녁에도 똑 같이 그렇게 했다. 저녁 식사 후에는 시편을 낭독하고 그의 큰 아이들과 하인들에게 교리문답을 행하고 그들이 기억하고 있는 설교 내용에 대해서 들어보고 그것을 보충해주므로 하루를 마쳤다."[54]

흔히 주위에서 보는 것처럼 교회나 가정과는 유리된, 특정한 공감대 중심의 영성 모임이나 고립적인 경건 훈련은 바람직하지 않습니다. 가장 된 자는 하나님의 언약공동체요, 유업을 함께 얻을 자들인 가족에 대한 훈련의 책임을 져버려서는 안됩니다.

제 2 장

전인을 위하여

　기독교 영성 훈련은 지·정·의의 통합적인 훈련입니다. 흔히 그렇듯이 지·정·의를 나누고, 어느 한 쪽 만을 지나치게 강조하는 그러한 현상은 바람직하지 않습니다. 예컨대 영성 훈련이 단지성경 공부 혹은 감정 다스리기, 아니면 실천궁행(實踐躬行)같은 단편적인 훈련이 되서는 안된다는 말입니다. 이 점과 관련하여 현대심리학이 "인간 영혼이 하나의 집합이며, 다양한 활동 양상을 나타낼 수 있음에도 하나의 군집체(群集體)로 활동함으로 결과적으로는 모든 외적 영향에 대해 하나의 군집체(群集體)로 반응하게 된다"는[1] 사실을 깨달은 것은 큰 은총입니다. 개혁주의 역시 인간 마음을 하나의 단일체로 봅니다.

　"우리는 지각하고, 생각하고, 갈망하고, 의지력을 행사하는 것은 전인이라는 사실에 대해 끊임없이 각성받는다. 이런 점에서 인간의 교육은 단일과정으로 간주돼야 한다. 의지에 대한 지시를 주지 않고 지성을 전달해 줄 수 있다거나, 마음의 정서, 이끌림, 갈망, 열망에 영향을 미치지 않는 지식을 머리 속에 주입시킬 수 있다고 생각하는 것은 전적으로 어리석은 일이다."[2]

어거스틴(Augustine) 역시 동일한 주장을 폅니다.

> "어거스틴은 인간 마음의 속성을 어떤 하나의 것으로 말하고, 인간을 단수적이고 개별적인 것으로(aliquid singulare atque individuum) 말합니다. 마음이 하나라는 것은 나눠질 수 있는 부분들로 구성됐다는 의미가 아니라, 하나의 나눠질 수 없는 전체라는 의미입니다."[3]

신앙은 항상 전인적입니다. 그리고 성령께서 사람에게 영향력을 행사하시는 것도 항상 전인적이며, 한 부분으로 그치지 않습니다. 그런데 작금의 감성주의자들은 18세기를 이성시대, 19세기를 낭만주의 시대, 20세기를 초지성(超知性) 시대, 21세기를 감성(感性)의 세기 등으로 재단(裁斷)하여, 오늘의 영성은 감성중심의 영성이어야 한다고 주장합니다. 인격의 단일성(單一性)을 부인하는 이러한 주장은 신학적으로 지지받을 수 없습니다. 어느 때고 건전한 신앙은 지·정·의의 균형 잡힌 전인성을 견지하고 있습니다.

『웨스트민스터(Westminster) 소교리문답』역시 성령의 효력 있는 부르심이 전인적 역사(役事)임을 천명합니다.

> "성령의 효력있는 부르심은 하나님의 영이 하시는 일로서 우리의 죄와 비참을 깨닫게 하시고, 또 우리의 마음을 밝혀 그리스도를 알게 하시며, 우리의 의지를 새롭게 하시고, 능히 우리를 권하여 복음 가운데서 우리에게 값없이 주신 그리스도를 믿도록 하신 것입니다."[4]

1. 영성의 향도(嚮導)인 지성

전술(前述)한 대로 개혁주의는 중생(重生)을 지·정·의의 전인적이고도 동시적인 역사로 믿습니다. 그러나 우리편에서 체험되는 순서는 항상 지성(知性)이 선도적 위치를 점하며, 의지적 결단이나 정서적 반응 등은 그 뒤를 따릅니다.

이는 반 틸 교수(C. Van Til)가 지성 우위적인 개혁신학을 설명하면서, "실재의 의미에 대해 서로 이야기할 수 있으려면 오직 지적인 실재 해석을 통해서 해야 한다는 사실을 의미할 뿐이다"[5]고 한데서도 확인됩니다.

성경은 타락으로 인한 최초의 결과를 지성의 무지와 연관지우고[6], 중생의 결과를 지성의 회복과[7] 연관지어 말했습니다. 그리고 중생(重生)후 영성의 향도 역할을 하는 것 역시 지성입니다. 중생으로 밝아진 지성이 경건한 지식의 흡입을 통해 신앙을 세워나갑니다. 미중생(未重生)한 지성이 하나님을 대적하는데 악용된다면, 반대로 중생한 지성은 은혜의 방편이 되며 하나님을 섬기는 유용한 종이 되는 것입니다.

이는 중생이나 믿음의 증거를 감정이나 정서에서 찾는 신비주의, 정서주의[8] 신앙사조와는 사뭇 다릅니다. 개혁자들은 인간의 감정에 대해 그리 신뢰를 두지 않았습니다. 특히 칼빈(Calvin)은 어거스틴이나 루터보다 더욱 그러했습니다.

"칼빈을 읽을 때는 루터와 어거스틴을 읽을 때 종종 발생되는 감정적인 반응은 일어나지 않는다. 오히려 거기에는 세상을 바라보는 한 방식으로 모든 조각을 꿰어 맞추는 분명하고도 체계적인 정신의 점증적인 영향이 작용하고 있다."[9]

칼빈이 기독교 강요에서 하나님과 사람에 대한 "지식"을 첫 번째에 둔 것이나, 개혁자들이 성경을 경건의 중심에 둔 것은 모두 지성(知性)을 영성의 향도(嚮導)로 본 때문입니다. 그리고 이런 지성의 우위는 개혁자들의 인문주의적 배경과 함께, 성경을 신앙의 표준과 은혜의 주된 방편으로 삼는 신앙체계 속에서 더 심화되었습니다.

반면에 언제나 이성을 은혜의 장애물로 여기고, 좋은 신앙은 곧 반(反)지성주의라는 도식을 설정해 온 사람들이 있어 왔습니다. 1820년대 미국의 부흥사 찰스 피니(Charles G. Finny)가 그런 인물 중의 하나입니다. 그는 지적인 정교함이 오히려 좋은 설교에 방해가 된다고 생각했으며, 스스로 신학교육을 받지 않은 것을 자랑스러워했습니다.[10]

지성(知性)은 신적(神的) 형상을 지닌 인간이 하나님과 더불어 공유할 수 있는 고귀한 속성이며, 지성을 갈고 닦는 것은 인간의 의무요 특권이기도 합니다. 사물에 대한 정확한 이해와 이성적 분별력은 신앙을 강화시키고 확신에 기여합니다. 청교도들은 성경이 이성이나 학문과 더불어 조화될 수 있다고 믿었으며, 단순한 이성주의가 하나님의 말씀을 방치하지 않는다 고 믿었습니다.

이러한 지성에 대한 옹호에도 불구하고 여전히 반 지성주의를 부추기는 요인들이 있습니다. 그 첫 번째가 지성 자체에 대한 회의(懷疑) 입니다. 많은 고상한 지식을 갖추었다고 반드시 이상적인 인간이 되는 것이 아니고, 아는 것 만으론 사람을 변화시키기에 역부족이라는 인식이 바로 그것입니다. 물론 이러한 지성의 회의론은 어제 오늘에 비롯된 것이 아닙니다만, 특히 근자의 한국사회의 도덕적 해이 현상과 관련해, 과연 배우고 안다는 것이 어떤 의미가 있는지에 대해 근본적인 회의를 불러 일으켰습니다. 뉴스의 머리 기사에 단골로 등장하는 지식인들과 지도층의 부도덕성은 이를 더욱 심화시키고 있습니다.

이는 크리스천들에게도 동일하게 적용되는 것 같습니다. 넘쳐나는 설교와 많은 성경 지식에도 불구하고 여전히 삶은 변화되지 않고, 세상의 빛과 소금이 되기는커녕 오히려 그 부패상이 불신자들의 그것을 능가하고 있습니다. 이러한 현상은 교회 안팎의 사람들을 절망시키기에 충분했고, 그 결과 성경무용론 까지 등장했습니다.

지성에 대한 신뢰를 약화시키는 또 한 요인으로 정서주의(情緖主義) 심리학의 영향을 들 수 있습니다. 이 심리학 이론은 사람의 의지(意志)를 움직이고 변화시킬 수 있는 것은 지성 보다는 정서(情緖)라고 봅니다. 지성의 건조함과 딱딱함으로는 사람을 움직이는데 역부족이라고 보며, 교육 실패의 원인을 많은 부분 이런 지성위주의 교육 탓으로 돌립니다.

미국의 심리학자 다니엘 골만(Daniel Goleman)이 지은 『정서(情緖) 지능』이란 책이 크게 호응을 얻은 것도 이런 경향과 무관하지 않습니다. 그는 사람의 성공은 소위 "지능지수"(IQ) 보다는 "정서지수(EQ)"에 달렸다고 봅니다. 정서지수란 곧 자신과 타인의 정서를 평가하고 표현할 줄 아는 능력, 자신과 타인의 정서를 효율적으로 조절할 아는 능력, 그리고 자신의 삶을 계획하고 성취하고자 정서를 이용하고 활용할 줄 아는 능력으로 정의합니다.

이 정서주의(情緖主義) 심리학 이론은 오늘날 인간 관계를 비롯해 일반 학문에 영성 기법이라는 이름으로 도입되고 있으며[11], 개신교회의 목회에도 상당한 영향을 미치고 있습니다. 목회자들은 성도들을 조정하는 데 가장 용이한 것이 감성(感性)이라는 것을 이미 간파한 듯 하며, 그 효용성에 이미 매료된 듯 합니다. 목회자들은 설교를 하거나 성경 내용을 가르칠 때, 그것의 대전제로서의 "신적(神的) 계명"에 호소하기보다는 사람의 감성에 호소합니다. 목회 방법 역시 더 이상 먹혀 들어가지 않는 "이신칭의"나 "하나님 영광" 같은 공허한 원리 타령보다는 효과 빠른 감성 터치에 초점을 맞춥니다.

반 틸 교수(Van Til)가 자신의 심리학 저서에서, 하나님 영광에 호소해서 교인의 단주(斷酒) 설득에 실패했던 어느 목사가, 스코틀랜드인의 자존심에 호소하여 단주(斷酒)를 성공시켰다[12]고 소개한 일화는 감성적 호소의 효율성을 잘 증거 해 줍니다. 일단 이런 손쉽고 효율적인 원리를 터득한 목회자는, 굳이 성과가 적은 원론적 목회 방법에 매력을 느끼지 못할 것이 자명합니다.

지성을 무시하게 된 또 한 원인은 지성(知性)을 영성(靈性)의 본질적인 부분으로서가 아니라 별개의 독립적인 것으로 범주화한 때문입니다. 흔히 볼 수 있는 "영성과 지성을 구비한 21세기적 리더" 같은 문구가 암시하는 대로, 마치 지성과 영성은 서로 역할이 다른 별개의 독립된 요소인 것처럼 인식되고 있습니다.

즉 지성의 도움 없이 영성은 독자적으로 발전할 수 있으며, 지성은 단지 그 사람의 영성을 돋보여 내는 장식물쯤으로 여겨지는 것입니다. 따라서 영적인 사람이 되기 위해서는 지적인 탐구보다는 오로지 기도나 신비체험에 매달려야 한다고 생각합니다. 오늘 지적 소양을 구비시켜 줄 수 없는 신학교 난립과 무분별한 목회자 양산(量産)은 이런 왜곡된 영성 인식에서 비롯됐다고 봅니다.

어거스틴(Augustine)이 인간의 마음을 분리할 수 없는 단일적인 것으로 정의한 것은 영성에도 동일하게 적용됩니다. 영성은 지성, 의지, 감성의 조화로운 성장과 함께 형성되고 자라납니다. 그 중 지성은 향도적 위치에서 의지와 감성을 움직이고, 영성 전체를 좌지우지합니다. 성경 역시 지각을 사용하는 것을 영적 성숙의 표식으로 삼습니다.[13]

하나님의 선한 뜻을 분별하고, 거짓과 참을 분별하는 것은 다만 지적인 활동만이 아닌 영적인 일입니다. 지성은 성령의 유용한 도구이며, 배움이라는 지성적 활동을 통해 신앙의 확신에 다다릅니다.[14] 정서의 총체(總體)처럼 여겨지는 사랑마저도 분별력을 요구받습니다.[15] 사랑은 무차별적이고 무조건적이지만 결코 무분별함과 무지를 용납하지 않기 때문입니다.

물론 지나친 지성주의 역시 경계해야 하나, 이는 다만 신앙의 사변화(思辨化)에 대한 우려 때문입니다. "믿기 위하여 아는 것이 아니고 알기 위하여 믿는다"는 어거스틴적 인식론은 지성을 무시하자는 의미도, 지성을 신앙의 대립 요소로 보자는 것도 아닙니다. 성령의 조명받은 지성은 경건한 지식을 흡입하는 중요한 방편이 됩니다.

암울한 일제 식민지 시대에, 신비주의 부흥운동으로 한 시대를 풍미했던 감리교 목사 이용도는 예수님의 체모(體貌)를 닮았다는 황국주 앞에서 "주여"라고 경배했고, 자칭 선지자라 하는 여성을 신모(神母)로 떠받드는 비이성적이고 괴이(怪異)한 행동들을 했습니다. 그는 누구보다도 교회와 조국을 사랑한 사람이었지만, 이런 그의 반지성적인 행동은 후세의 비판을 면치 못하고 있습니다.

그를 가까이 서 지켜 본 한 미국 선교사는 이용도가 주님과 사람을 향해 순수하고 몰아적인 사랑을 가졌으나[16] 무분별한 신비적 사랑지상주의로 인해 거짓과 무지에 빠졌다고 평했으며, 민경배 교수 역시 같은 지적을 하고 있습니다.[17] 지성이 무시된 경건은 광신으로의 첩경입니다. 무지한 열심은 미신에 빠뜨려지고, 왜곡된 경건은 이단적이 됩니다. 지성을 포기하는 것은 마귀의 미혹에 자신을 내어 주는 일입니다. 따라서 경건 훈련에 지성 훈련이 포함되는 것은 지극히 당연합니다. 다음은 영성의 향도로서의 지성을 훈련하기 위한 몇 가지 내용을 제시합니다.

경건한 독서[18]

경건한 독서는 무엇 보다 성경을 염두에 둔 말입니다. 개혁자들은 성경만이 하나님을 계시하고, 인간을 무지와 혼돈과 자기 꾀에서 건져 참된 구원의 길로 인도해 주는 빛이라고 믿었습니다. 이러한 믿음은 개혁자들로 하여금 성경을 가까이 하게 했고, 이러한 성경 사랑 정신이 개혁주의 성도들의 오랜 전통이 되고 있습니다. "성경으로 돌아가자"는 슬로건은 항상 개혁교회의 모토였고, 신자들로 하여금 성경을 가까이 하도록 하는데 교육의 역점을 두었습니다.

루터의 최대 업적 중 하나는 성경 번역이었고, 종교개혁 이전의 개혁자인 영국의 위클리프(John Wycliff)도 성경 번역이 그의 일생의 과업이었습니다. 쮜리히(Zurich)의 개혁자 울리히 쯔빙글리(Ulrich Zwingli) 역시 성경에 사로잡힌 사람이었습니다. 그는 바울서신 전체를 헬라어로 암기할 만큼 성경을 사랑했고, 성경이 하나님 말씀이라는 확신이 그로 하여금 쮜리히 종교개혁을 주도하게 했습니다.[19]

개혁주의자들은 성경을 신앙의 절대 유일의 표준으로 믿었을 뿐 아니라, 성령의 가장 강력하고 효율적인 도구라고 믿었습니다. 개혁교회는 "성령은 자신의 감동으로 쓰여진 말씀을 벗어나서 역사 하시지 않으며,

객관적 진리와 생활의 규범으로서의 하나님의 말씀과 이에 기초한 교리들을 붙드는 것은 참된 영성을 위해 대단히 중요하다"[20]고 믿었습니다.

한 걸음 나아가 청교도들은 성경 뿐 아니라 경건 서적을 읽는 일 역시 장려했습니다. 그들은 설교와 주석을 비롯해 많은 경건 서적들을 저술하여 성도들의 경건 생활을 도왔습니다. 그 중 존 오웬(John Owen)이 "내가 익힌 학문을 저 대장간의 힘과 바꾸고 싶다" 고 할 만큼 격찬한 존 번연(John Bunyan)의 천로역정은 성경 다음으로 많이 읽혀졌고, 주일날 어린 자녀들에게 삽화가 그려진 천로역정(The Pilgrim's progress)을 읽히는 것이 당시 청교도 가정의 관습이었습니다. 아더 핑크(A. W. Pink)는 유년시절 토요일 자정만 되면 아버지가 갖고 놀던 장난감을 다 치우게 하고, 천로역정, 순교자 열전 같은 경건 서적들을 읽게 한 것을 후에 술회했습니다.[21]

종교개혁자 루터의 칭의 신학은 로마서, 갈라디아서 공부와 함께 옥캄의 윌리암(William Occam)과 어거스틴의 저서를 공부하는 중에 형성되기 시작했으며[22], 18세기 윌리암 로오(William Law)의 『A Serious Call To A Devout And Holy Life』은 칼빈주의자 조지 횟필드(George Whitefield)등에게 큰 영향을 끼쳤습니다. 존 웨슬리는 1738년 5월 24일 루터의 로마서 강해의 서문 낭독을 듣는 중에 일생 일대의 변화를 경험했습니다.

한국 교인들은 독서 안 하기로 유명한데, 이는 물론 전체 한국인의 독서 수준과 맞물려 있기도 합니다. 그나마 읽는 책들이 쉬운 간증서, 설교집 들이 주를 이루며, 깊은 사색을 요구하는 기독교 고전들은 거의 외면당하고 있습니다. 이러한 경향은 곧 바로 한국 기독교인들의 영적 수준과 직결될 수밖에 없습니다. 지적이고 교리적인 설교를 견뎌내지 못하는 교인들의 경건 깊이는 일천할 수밖에 없으며, 오늘 한국 기독교의 얕음이 이에 기인됐다고 하면 지나칠까요? 풍부하고 세련된 지성의 결여는 영성을 심오하고 성숙하게 할 수 없습니다. 기도와 더불어 깊이 있고 폭넓은 영적 독서는 풍요로운 영성을 구비시켜 주는 훌륭한 방편입니다.

교리 훈련

한국교회가 크게 경계할 일 중 하나는 교리(신학) 냉소주의입니다.[23] 물론 이는 교리를 설교하는 사람들의 방법적 미숙함이, 교리는 지겹고 딱딱하다는 인식을 부지불식간에 교인들에게 심어준 때문이기도 합니다. 원만한 교리 설교를 위해선 무엇보다 교리 설교에 대한 설교자들의 잘못된 선입견부터 시정해야 할 줄 압니다. 교리적이고 신학적인 설교를 한다 함은, 설교할 때마다 신학 강의를 하라는 말도, 신자는 모두 신학생이 되어야 한다는 말도 아닙니다. 직접적인 신학 용어의 표현 없이 오직 성경만을 말하지만 그 중심이 신학적이어야 한다는 말입니다. 이는 신앙은 신학 없인 불가능하다는 통념에 다름 아닙니다.

"그대가 참되게 기도하였다면, 그대는 신학자이다."[24], "기도는 신앙의 시금석이요 기도의 신학은 모든 신학의 시금석이다."[25] 등의 잠언은 같은 시사점을 담고 있습니다. 이는 기도는 곧 신학 행위라는 말이고, 그의 기도의 건전성 여부는 곧 그의 기도 신학에 달려 있다는 말입니다. 기도를 왜 해야 하는지 그 이유를 알고 있는 사람은 이미 기도 신학을 가진 자 입니다. 신학의 신(神) 자도 모르는 할머니가 새벽기도를 열심히 하는 것은 성경적이든, 기복적이든 나름대로 새벽기도에 대한 무의식적인 신학을 갖고 있기 때문입니다.

예수 믿어야 구원받는다고 주장하는 사람은 이미 구원신학을 가진 자이며, 예수가 누군지에 대해 나름의 지식을 가진 자는 기독론 신학을 가진 자입니다. 그리고 '천국이 이런 곳이다' 라는 나름의 지식을 가진 자는 이미 종말론 신학을 가진 자 입니다. 그리고 그 모든 것의 건전성 여부는 곧 그의 신학에 의존합니다.

이렇게 모든 신자의 신앙 배경에 무의식의 신학이 있다고 할 때, 이를 바로 세우기 위한 신자들의 교리적 훈련은 지극히 당연한 것이고, 이런 중요한 일을 신학전문가들에게만 일임할 순 없습니다. 이 점에 있어서도 개혁교회는 탁월합니다. 화란(Netherlands)교회같이 개혁주의 전통에 서 있는 교회의 교인들은 새로 부임하는 목사의 설교를 듣고, 그를 받을 것인가 말 것인가를 결정할 만한 신학적 소양을 갖고 있습니다.

역사적으로 개혁주의 영성은 카테키즘 영성이라고 할만큼 개혁자들은 앞다투어 카테키즘(Catechism)을 만들었고, 개혁교회는 교회와 가정에서 카테키즘을 배우고 가르치는 것을 전통으로 삼았습니다. 17세기 영국의 청교도 목사 토마스 빈센트(Thomas Vincent)는 "기독교의 본질과 원리에 대한 지식보다 더 긴요한 지식은 있을 수 없으며, 그것을 인간의 심성에 전달하는 방편으로서 교리 문답 보다 더 좋은 것이 없다"[26]고 했습니다.

그런데 오늘날 개혁교회 목사들조차 카테키즘은 어렵고 딱딱하다 하여 외면하고 있으며, 이러한 교리 경시풍조는 건전한 영성 형성의 측면에서 매우 우려됩니다. 개혁자들에게 있어 교리 수업이 다만 지적 훈련이 아닌, 영적 위안과 확신을 주는 경건 훈련의 일환으로 인식되었던 것과는 사뭇 대조적입니다.

리챠드 박스터(Richard Baxter)는 "건전한 교리는 건전한 판단, 건전한 마음, 건전한 삶 그리고 건전한 양심을 갖다 준다" 했고, 루터는 "이신칭의의 교리를 발견하고 낙원 입성을 경험했다"고 했으며, 칼빈은 "하나님 주권신학을 발견한 후 비로소 평안을 얻었다"고 고백했습니다. 청교도들이 경건에 독특한 열심을 가졌으면서도 광신주의, 신비주의에서 건짐을 받을 수 있었던 것 역시 그들이 받은 카테키즘(Catechism) 교육 덕분이었습니다.

한국교회가 건전한 교리적 신앙을 갖기 위해선 무엇보다 오늘날 팽배해 있는 신학냉소주의를 극복해야 할 것입니다. 그러기 위해선 그 동안 설교자들이 애용했던 감성과 원본능(Id)을 건드리는 한탕주의식(?) 설교 방식을 지양해야 할 것입니다. 그리고 무엇보다 내용과 전달 방법의 난해함 때문에 외면 당했던 교리 설교의 방법론에 대한 보다 진지한 연구와 함께, 신자들이 교리 설교에 친근해지도록 힘써야 할 것입니다.

일찍이 아더 핑크(A. W. Pink)는 설교자가 교리설교를 피하는 이유를, "성경을 관통하는 하나의 신학 원리를 갖고 모든 성경을 그 원리 따라 적용할 수 있어야 할 뿐 만 아니라, 메마른 신학 강연이 되지 않도록 충분한 준비를 기울여야 하는 어려움 탓"으로 돌리고 있습니다[27].

2. 복종

개혁주의 경건은 복종을 지향합니다. 종교개혁 신학의 핵심인 은혜교리가 결코 복종을 배제시키지 않습니다. 성경 지식을 논하나 다만 사변, 명상에 그치고 지적인 유희로 전락하는 것은 참된 기독교 영성이 아닙니다. 모든 비밀과 모든 지식을 알고[28] 환상적인 영적 희열을 만끽했다

해도[29], 의지적 복종이 따르지 않는다면 이는 진정한 경건이 못됩니다.

"오직 믿음"의 사도요, 행위를 강조한 야고보서를 지푸라기 서신으로 폄하했던 루터까지도, 열매 없는 신앙은 단지 공상에 불과하다 했습니다.[30] 복음주의자 토저(A. W. Tozer) 역시 참된 신앙의 열매는 단순히 지적, 감정적인 것이 아닌 의지적인 것이라고 했습니다.[31]

지성과 정서는 의지적 복종을 통해 비로소 열매를 맺으며 온전해 집니다. 성경은 다만 아는 것으로만 끝나고 복종이 없는 것을 모래 위에 집을 세우는 어리석은 일이라 하여[32], 지혜의 여부를 단지 무엇을 알고 모르는 지적 차원으로 한정하지 않았습니다.

우리 경건의 이상이신 그리스도의 영성은 한 마디로 "복종의 영성"입니다. 그가 세상에 온 목적은 "보내신 이의 뜻을 행하는 것이었고"[33], 그의 일생은 성부에 대한 "예"로 일관했습니다.[34] 물론 그의 복종의 내용은 오직 그에게 만 부과된 대속적인 것이었지만, 다만 그러한 그의 태도만은 항상 우리가 쫓아야 할 이상입니다.[35]

칭의의 열매로서의 복종

루터는 복종을 장려하면서도, 칼빈과는 약간 달리 복종을 단지 칭의의 자연스런 결과로 말하기를 좋아했습니다. 이는 하나님이 받으심직한 복종은 율법의 강요나 명령에 의해서 나오지 않고, 오직 하나님의 은혜에 의해서 만 나온다는 그의 확신 때문이었습니다.[36]

이는 칼빈과 청교도들이 칭의와 성화의 뿌리를 같은 것으로 보고[37], 복종을 은혜 언약의 의무와 교육 항목으로 삼은 것과는 약간의 차이가 있습니다. 다음의 설명은 루터가 의도하는 복종의 성격을 잘 나타냅니다.

"그러므로 신앙은 선행을 하는가 하고 묻지 않고 묻기 전에 이미 선행을 했으며 부단히 행하고 있다. 은총을 입은 사람은 하나님을 사랑하고 기쁘시게 하기 위하여 자발적으로 모든 사람에게 조건 없이 아무때나 즐거이 선을 행하고 도와주고 모든 고난 속에서도 참는다. 신앙에 의한 의인의 삶은 정지된 것이 아니고 가득 찬 저수지에서 물이 넘쳐 흘러가듯이 끊임없이 선행을 한다. 실로 그것은 살아 있고 분주하고 활동적이고 힘찬 것이다."[38]

일부 영성훈련들이 나름의 어떤 원리에 따라 복종을 강조하고 있는 듯 하나, 그것이 복음적이기 보다는 경건주의 색채를 띠는 것 같으며, 이러한 경향은 필연적으로 이신칭의 교리를 약화시키게 됩니다. 복종을 장려하되 그것이 결코 서약 형태의 수도원적인 것이나 도덕주의 경향으로 흘러서는 안됩니다. 건전한 복종은 이신칭의를 동력으로 하고, 칼빈의 율법의 제3용도 위에 건설된 복음적인 복종입니다.

지성, 정서와의 상관 관계

"선한 행위를 이끌어 내는 것은 무엇인가" 는 교육학의 오래된 질문입니다. 현대 도덕 이론에는 세 부류의 개념이 있습니다. 첫째 콜버그(Kohlberg), 윌슨(Wilson), 듀이(John Dewey) 등에 의해 주창된 것으로, 도덕원리에 대한 고려를 포함한 행동노선의 선택 기준으로 신의 명령, 이성, 사회적 도덕 원리를 듭니다. 둘째 뒤르껭(Emile Durkheim)에 의해 주장된 것으로, 도덕교육의 본질로서 도덕원리나 도덕 과정보다는 도덕적 행위와 습관을 꼽습니다. 셋째는 도덕원리를 도덕적 숙고과정의 이정표로 삼기는 하지만, 권위와 구속력을 갖는 명령으로서가 아니라 과거경험의 사례나 시사점 정도로 간주합니다. 이는 도덕적 의사결정의 관건은 일상생활에서 직면하는 도덕적 문제와 갈등들을 대처하는 절차에 대해 잘 개발된 감각이라고 보는 것입니다.

그러면 기독교는 하나님께 대한 복종을 이끌어 내는 것을 무엇으로 보는가? 형식적으로는 콜버그의 견해에 가까워 보이나, 칼빈의 가르침에 비추어 볼 때, 반드시 그것과 일치하지 만은 않습니다. 우선 칼빈은 "단지 지성적 앎(원리)이 저절로 의지적 복종을 낳는 것은 아니다"고 전제합니다. 이는 그가 "다만 선을 아는 것이 선을 행하기에 충분한 조건이다"[39]는 플라톤의 말을 부정한 것과 맥을 같이 합니다.

칼빈은 의지를 이성에 복종하는 하녀로 간주하지 않았으며, 의지는 이성의 능력이 아닌 전인의 선택하는 능력이었다고 했습니다.[40] 어거스틴 역시 의지를 의지 단독적인 것이 아닌 감각(쾌락)과의 협력 관계로 보았습니다. 그는 "의지"(Voluntas)와 "쾌락"(Voluptas), 두 단어의 유사한 언어 형태를 비교하면서 의지와 감정의 불가분리성을 강조했습니다.[41]

"그대의 뜻을 거슬러 이끌려간다고 생각지 말라. 지성은 사랑에만 이끌린다. 그대는 이렇게 물을지 모른다. 이끌려간다면 나의 의지가 어찌 자유로울 수 있는가, 나는 이렇게 대답하겠다. 의지는 대수롭지 않고 차라리 쾌락이라고 하겠다"[42]

이런 어거스틴의 이 말속에는 원치 않는 것에 저절로 의지가 따를 수 없다는 뜻이 담겨 있습니다. 곧 감정(사랑)이 가는 곳에 의지도 자연스럽게 따라 움직이며, 의지는 지성과 감정의 지원을 입을 때, 날개를 단것처럼 저절로 움직일 수 있다는 인간 본성의 통일된 경향성을 말한 것입니다.

그리고 반 틸(Van Til)교수가 "의지에 대한 지시를 주지 않고 지성을 전달해 줄 수 있다거나, 마음의 정서 이끌림, 갈망, 열망에 영향을 미치지 않는 지식을 머리 속에 주입시킬 수 있다고 생각하는 것은 전적으로 어리석은 일이다"[43] 라고 한 것 역시 인간 존재의 나뉠 수 없는 전인성을 말한 것입니다. 이처럼 개혁주의 전통은 신앙 행위를 성령이 주도하는 지정의의 전인적 역사(役事)로 간주합니다.[44]

그러나 개혁자들은 이렇게 인간 존재의 통일성과 전인성을 말하면서도, 인간 존재의 계층구조적 속성 역시 인정했으며, 특히 지성우위의 계층구조를 부인하지 않았습니다. 그리고 이런 인격의 계층구조의 보다 상위 계층인 지성이 나머지 저급한 부분들을 향도(嚮導)한다고 보았습니다. 칼빈은 다음에서 같은 논지를 펴고 있습니다.

"죄는 이브가 '고삐를 흔들어 떨어버렸을 때, 그리고 그녀의 정신이 수치심 없이 무절제하게 빗나가면서 육체를 동일한 방종으로 이끌어 들였을 때' 세상에 들어왔다. 일단 정신이 오염되고 나자 다시 말해 인간의 지성이 부패하고 나자, 나머지 부분들은 쉽게 타락해버렸다… 만일 인간성이 계층구조가 아니라면 정신은 그 하위의 기능들을 다스릴 수 없었다."[45]

다시 말해 칼빈(Calvin)은 단순히 의지가 지성의 시녀가 아니라 하면서도, 지성은 영향력을 갖는 인격의 가장 상부 계층이라는 사실을 부인하지 않았다는 말입니다. 칼빈이 인간 존재에 대해 이런 양면적 인식을 가졌다는 사실은 칼빈의 전기작가이며 칼빈을 폭넓게 이해한 부스마(W. J. Bouwbma)의 지적에서 더욱 분명해집니다.

"칼빈이 철학자들로부터 받아들인 인간 존재는 서로 구별되는 기능들의 계층구조라는 관념을 포기하지 않은채, 인간을 마음에 의존하는 정신과 육체의 신비한 통일체로 보는 관념과 절충시켜 보려고 애썼다."[46]

이러한 칼빈의 절충은 그가 인간 존재를 제대로 이해하지 못한 것으로 오해되기도 합니다.[47] 그러나 칼빈은 단지 여기서 인간이 나뉠 수 없는 상호 유기체적인 통일체를 이룬 존재이면서도, 그 유기체 속에서 상호 주도하고 이끌리는 계층구조를 가진 포괄적 존재임을 말하고자 했던 것 뿐입니다.

중생된 성도는 성령의 전인적인 감화 아래 지성과 의지와 감정이 서로 분열 없이 조화로운 통일을 이루는 동시에, 상부 계층인 지성이 영성의 향도가 되어 하나님의 명령과 뜻을 즐겁게 수납하게 합니다. 그리하여 "나와 나의 백성이 무엇이관대 이처럼 즐거운 마음으로 드릴 힘이 있었나이까",[48] "나의 하나님이여 내가 주의 뜻 행하기를 즐기오니"[49]라는 복종적인 태도를 갖게 됩니다.

그런데 이러한 인간존재의 통일성과 계층구조를 무시하고 감정을 신앙의 제일 원인자로 부상시키고, 인위적인 감정 조작을 통해 지성과 의지를 움직이려는 경향들이 농후합니다. 그 결과 성령은 오직 감정 속에서 역사 하시는 분, 혹은 성령은 말씀보다는 분위기에 좌우되는 존재로 곡해되곤 합니다.

감수성 훈련장이나 청소년 캠프 등에서 강사가 독특한 분위기 연출을 통해 청중들의 감수성을 텃치하여 결단을 유도하는 것이나, 부흥사들이 말씀보다는 감성적인 분위기 연출을 통해 어떤 결단을 이끌어내는 것은 다 이런 경향의 일단으로 보입니다.

이는 하나님의 말씀을 듣고 깨달아 열매를 맺는,[50] 바울의 지성우위 신학, 그리고 웰리스(Ronald S. Wallace)가 「이해를 구하는(To Seek Understanding) 신학」으로 정의한 칼빈 신학[51]과는 거리가 있습니다. 여기서 혹자는 플라톤에 반대하여, "단지 지성적 앎(원리)이 저절로 의지적 복종을 낳는 것은 아니다"고 했던 칼빈의 말을 떠올리며, 그의 주장의 일관성 문제를 제기할 수도 있을 것입니다. 그러나 그 의미는 단순히 자연인의 지성의 무능을 말한 것뿐이었지 지성 우위의 계층구조를 부정하는 것은 아닌 것으로 보입니다. 성령의 조명 받은 중생자의 지성은 그의 의지를 움직이게 하는 가장 강력한 동기와 추진력이 됩니다.

훈련으로 완성되는 복종

복종에 훈련이 필요함은 그것이 저절로 되거나 단번에 성취되는 것이 아니라, 은혜 안에서 적극적인 훈련으로 되기 때문입니다. 모든 성장하는 생명체는 그 발달 과정을 가지듯이, 신앙 역시 여러과정과 '의도적인 경험'으로서의 훈련을 통해 발달에 이릅니다. 이러한 인식은 경험과 발달은 서로 비례한다는 발달심리학 이론에 일정부분 빚지고 있습니다. 곧 다양한 경험과 선악간의 학습을 통해 행동이 고착화되고, 그것이 그의 일생을 지배하게 된다는 것입니다.

유년기에 마땅히 바쳐야 될 복종이 유예될 때, 그 그늘 속에서 불순종의 싹이 자라나고 마침내 그것이 그 사람을 삼켜버리게 됩니다. "어려서부터 내 목소리를 청종치 아니함이 네 습관이라"[52],"망령되고 헛된 말을 통해 경건치 아니함에 점점 나아간다"[53]는 등의 말씀은, 죄의 자라남과 고착화에 대한 두려운 경고입니다.

칼빈(Calvin)은 인간은 모두 보편적인 죄성을 갖고 있지만, 각자의 성향과 죄의 탐닉 정도에 따라 차이가 있을 수 있다고 했습니다.

"인간성은 보편적으로 악의 씨앗을 갖고 있지만 특정한 사람들에게는 특별한 죄악이 지배적이며 확연히 드러나 있다. 그러므로 모든 사람이 잔인한 것은 아니며, 모든 사람이 믿을 수 없고 상스러운 것은 아니다. 그러나 어떤 사람은 잔인성을 어떤 사람은 배반의 악덕을 어떤 사람은 정욕의 악덕을 또 어떤 사람은 속임수의 악덕을 갖고 있다."[54]

우리는 청년기 한 때의 성적 탐닉이 그의 삶에 고착됨으로, 회심 후에까지 고통을 겪은 어거스틴의 얘기를 잘 알고 있습니다. 우리는 또한 과거에 경력이 화려했던(?) 바울같은 급진적 회심자들이, 교회 안에서 일시적으로 찬란한 조명을 받다가, 다시 옛 생활로 돌아가는 경우들도 보아 왔습니다. 이 모두는 몸에 벤 구습들을 떨쳐 버린다는 것이 얼마나 어려운가 하는 점을 보여주는 예입니다.

선악간의 인간 발달은 선악간의 그의 경험에 잇대어 있다는 사실에 비추어 볼 때, 훈련은 일정한 목적에 따른 '의도적인 경험'의 반복이라 할 수 있을 것입니다. 크리스천의 복종 훈련 역시 하나님께 대한 의도적인 복종 연습이라고 할 수 있습니다. 이러한 복종 훈련을 통해 복음적 복종 원리인 자발성과 견고성이 자라나게 되고[55], 그것을 통해 인격이 자라나게 됩니다.[56] 우리는 이 원리를 하나님의 아들에게서도 동일하게 발견합니다. 성경은 기탄없이 성부에 대한 성자의 복종이 훈련(배움)을 통해서였다고 말합니다.[57]

그러나 이와는 달리, 복종이 단번에 성취된다고 믿는 잘못된 믿음을 가진 사람들이 있어 왔습니다. 재중생주의자들이나 완전주의자들이 그들이며, 그들은 오직 재중생을 통해 일시에 복종이 완성된다고 보았습니다. 소위 불(火)만 받으면 하나님께 저절로 복종하게 되고, 죄지을 생각도 사라지고 일시에 완전해진다는 것입니다.[58]

따라서 이들은 교육을 절대적인 필요로 보지 않습니다. 그러다 보니 이들은 자연히 교육과 훈련보다는 오직 불(火)을 받는 일에만 몰두합니다. 대각성운동(The Great Awakening)의 영향으로 교육보다는 회개와 전도에 더 많은 관심을 쏟았던 18세기 미국 교회의 경험도[59] 같은 맥락입니다.

다른 한편으로, 이와는 상반되게 극단적인 교육지상주의 경향도 있습니다. 19세기 말, 진보주의 교육 철학자 조지 코우(G. A. Coe)는 "교육에 의한 구원"이라는 책을 통해 극단적이 자유주의 기독교육론을 폈는데, 이같은 그의 교육만능론은 구원에 하나님의 주권이 설자리를 뺏어버렸습니다.[60]

그 후 1941년 신정통주의 교육자인 셀톤 스미스(Shelton Smith)가 "신앙과 양육"이라는 책을 통해 현대 기독교교육의 효시가 될 사인(Sign)을 띄웠습니다. 이 책은 인간구원의 가능성을 인간 자신의 노력(교육)에 의해서가 아니라 오직 하나님의 은혜에 근거한 신앙으로 가능하다는 점과 함께 종교교육의 필요성도 역설했습니다. 그리고 종교적 성장은 역사적 예수 그리스도에게서 계시된 하나님의 주권으로부터 온다는 주장을 통해 신앙과 교육의 조화를 꾀하는 기독교육의 새로운 신학 기초를 마련해 주었습니다.[61]

그러나 개혁주의자들은 이런 교육 사조들과는 무관하게 이미 훈련의 필요성을 역설하고 있었습니다. 개혁주의 신학은 교육에서의 하나님의 주권과 훈련(교육)의 필요성을 모두 성경에서 도출해 냈습니다. 아브라함과 그 후손에게 하신 언약[62]을 타입(Type)으로 한 언약교리는 개혁자들에게 훈련(교육)의 신학적 근거를 제공해 주었습니다.

크리스천은 다양한 인생 경험과 하나님 학교의 훈련을 통해 하나님만 의지하고 사는 것이 무엇인지, 그리고 그에게 기쁘게 복종하는 법이 무엇인지를 터득해 가게 됩니다.

제3장

지속성을 위하여

개신교 영성은 곧 객관주의 영성입니다.[1] 이러한 객관주의는 그리스도의 대속에 근본을 두는 복음적 신앙 원리이지만, 중세적 주관주의에 대한 경계에서 나온 종교개혁의 원리이기도 합니다. 그러나 이러한 객관주의가 본래의 의도와는 다르게 오도되어 온 점이 없지 않았습니다. "오직 믿음"을 설교하는 이들이 믿음이 왜 그토록 중요한지, 왜 죄인은 오직 믿음 외는 구원의 길이 없는지, 그리고 그리스도의 구속과 믿음은 어떤 관계에 있는지에 대한 설명 없이 "그저 믿으면 된다"는 하나의 공식만을 제시해 주었습니다. 그 결과 이신칭의 교리는 감사를 이끌어 내는 가슴 떨리는 교리로 수납되지 못하고 그저 천박한 상업적 교리로 전락했고, 신앙의 건조증을 야기시켰습니다.[2]

이러한 왜곡된 객관주의는 기독교의 제 교리에서 자연히 순간성과 결과 획득만을 강조하는 경향으로 흘렀습니다. 이신칭의 교리를 지나치게 목적론적으로 접근하여 믿음을 오직 구원을 획득하는 수단으로만 이용한다든지, 그리스도와의 연합 교리를 단지 영생의 방편으로만 이용한다든지 하여 이들 교리가 더 이상 가슴 떨리는 감격적인 교리로 체험되지 못하게 되었습니다.

그러나 복음적 객관주의는 결코 신자로 하여금 하나님 앞에 냉담한 타자로 남게 하지 않습니다. 복음적 객관주의를 바로 붙들기만 하면 믿음은 생명력을 얻고, 하나님과의 생생한 인격적 관계 속에서 더 이상 하나님을 어떤 애정도 교감도 배제된 채 시험관을 들여다보듯이 조망할 수 없게 됩니다. 그리고 "하나님은 물건이나 대상이 아니고 하나님은 삼위로 계시는 인격이시며, 하나님은 신학의 대상인 동시에 그 주체이다"[3]는 의미를 비로소 깨닫게 됩니다.

오도된 객관주의는 여전히 하나님을 마치 학문이나 이데올로기를 다루듯이 하나님께 절연적(絶緣的) 객관주의로 접근하여, 그에게서 다만 신앙의 결과물을 얻기에만 급급합니다. 그리고 일단 획득한 것에 대해서는 더 이상 지속적인 관심을 갖는 것을 불필요하게 생각합니다. 이미 구원받았고 이미 거룩하게 되었고, 이미 주안에 있다는 "상황 끝"의 결과주의적 인식은 더 이상 새로운 기대감을 갖게 하지 못합니다. 이는 오늘날 개신교 신앙을 권태롭고 지루하게 만드는 주 요인이 되고 있습니다. 개혁주의 목사 토저(A.W. Tozer)는 이런 경향에 강한 비판을 가합니다.

"모든 것이 그리스도를 영접하는 최초의 행위에 집중하게 되어 있으며, 우리도 그 이후로 하나님이 우리 영혼에 주시는 계시를 바라지 않게 된다. 만일 하나님을 찾았다면 더 이상 그 분을 추구할 필요가 없다는 거짓 논리의 함정에 빠져 있는 것이다."[4]

이 점과 관련하여 어거스틴(Augustine), 파스칼(Pascal) 역시 우리에게 해줄 말이 있습니다.

"우리는 하나님을 찾지 못했기 때문에 하나님을 찾고, 하나님을 찾앉기 때문에 하나님을 더욱 찾는 것이다."[5] "우리가 하나님을 이미 발견하지 못했다면 하나님을 계속해서 찾지 않을 것이다. 하지만 그 반대 역시 사실이다. 곧 우리가 지금 계속해서 하나님을 찾고 있지 않다면 이전에 하나님을 찾은 적이 있는지도 의심스러울 것이다."[6]

바울에게 그리스도는 단지 기독교 입문시에 만 필요한 존재가 아니었고, 그의 고백대로 신앙이 무르익은 만년에도 끊임없이 추구하고 발견해야 할 대상이었습니다.[7]

신비주의자들에게 그렇게 기대감을 주는 그리스도와의 연합 교리 역시 개신교도들에겐 경계의 대상 아니면, 박제화된 교리로 전락되어 버립니다. 이 연합교리의 정당한 회복이 있을 때 보다 풍요로운 영성을 가지리라 확신합니다. 기존의 "이해 불가한 신비로서의 영적 연합" 개념에 "지속적 연합"의 의미를 보완시키므로, 생명력 있는 체험적 교리가 될 것으로 보입니다. 이에 대한 가능성을 개혁주의 목사 아더 핑크(A. W. Pink)는 제시하는데, 그는 '연합'의 의미를 둘로 구분지었습니다.

"먼저 'be in'(안에 존재하다)의 의미입니다. 예수를 구주로 믿는 모든 자는 하나님의 창조하시는 능력으로 누구든지 그리스도 안에 있게 되며(롬 8:1), 믿는 자는 결코 이것이 단절, 중지되지 않습니다. 그리고 다음에 'abide in'(안에 머물다)의 의미입니다. 이는 그리스도를 믿고 그 안에 있는 자가 계속적으로 주안에 머무는 것입니다(요 15:4). 이는 그리스도와의 연합에 대한 체험적인 실감이한시도 방해받지 않도록 깨어 있으라는 요청이며, 그와의 의식적인 교통을 유지하는 것입니다"[8]

청교도 조나단 에드워즈(Jonathan Edwards) 역시 지속적인 믿음을 "믿음의 견인"과 연관 지어 말하면서, 가지가 포도나무에 붙어 있듯이 지속적으로 믿음을 가져야 한다고 말합니다.

"그리스도와의 연합이 지속적으로 존재해야 만 하는 이유는 그리스도와의 연합이 한 번이라도 존재해야 만 하는 이유와 동일합니다. 영혼이 지금 현재 의롭다함을 얻은 상태에 있기 위해서는 지금 현재 그리스도 안에 있어야 만 합니다. 영혼이 지금 현재 정죄로부터 벗어나 있기 위해서는 지금 현재 그리스도 안에 있어야 합니다. 단순히 이전에 한 번 그리스도 안에 있었던 것으로는 안됩니다"[9]

칼빈이 많은 빚을 졌던 에라스무스(Erasmus)[10] 역시 지속성을 경건의 관건으로 삼았습니다.[11] 결과주의, 순간성, 단절로 상징되는 그릇된 객관주의와 그로 인한 신앙 건조증을 극복하려면 무엇보다 이러한 영성의 지속적 측면을 강조하는 일이 중요하다고 봅니다.

1. 깨어 있음

"깨어있음"(Soberness)은 하나님 백성의 속성이어야 합니다.[12] 그 이유는 깨어 있음이 옛사람을 저항하며 성령의 인도와 영적 각성을 유지하는 방편이 되고, 지속적으로 하나님과 교통을 즐기는 수단이 되기 때문입니다.

오늘 성도들이 하나님의 신기한 능력으로, 생명과 경건에 속한 모든 것을 부여받았음에도[13], 무기력에 빠져 있는 것은 깨어있지 못한 때문입니다. 깨어있지 않은 성도는 훌륭한 전투력을 갖고도 그것을 사장시켜 놓은 채 잠든 병사와 같습니다. 그 많은 경건의 능력이 그에게 아무런 쓸모가 없습니다.

우리는 에베소서 6장에서 신령한 병기로 전신갑주를 입은 크리스천 군사의 모습을 봅니다(엡 6:13-18). 그러나 비록 그렇게 완벽한 무장을 갖추었어도 영적으로 깨어 있지 않은 자는 잠든 무사에 지나지 않습니다. 그래서 전신갑주를 입은 군사에게 최후로 요구되는 것은 "깨어 있음"입니다(엡 6:18).

최신식의 막강한 전력을 구비한 현대전에서도 경계에 소홀하면, 한 번 싸워 보지도 못한 채 속수무책으로 당합니다. 기드온이 정예 300용사를 뽑는 최후의 관문은 깨어 있음이었습니다.[14] 깨어 있지 아니하는 성도는 내부로는 죄의 정욕과 부패성에 점령당하고, 외부로는 세상과 마귀의 공격에 속수무책이 되고 맙니다.

"깨어있음"은 재림하실 그리스도를 도둑 같이 맞지 말라는 종말론적 권면 속에서 보다 극적으로 묘사되는데[15], 그 속에는 경건은 일순간의 급조로는 불가능하다는 교훈을 담고 있습니다. 위대한 청교도 토마스 왓슨(Thomas Watson)역시 깨어있음을 개인의 종말과 연관지우면서, 죽음의 순간까지 성도가 지녀야 될 일관된 태도여야 한다고 말합니다.

"우리가 죽음을 편안하게 맞이할 수 있게 해 주는 것이 있다면 그것은 바로 우리 세대에서 하나님과 동행하는 것이다… 임종을 맞이하면서 자신은 너무 거룩했고, 너무 기도를 많이 했으며, 지나치게 하나님과 동행해 왔노라고 말하는 사람을 본적이 있는가. 없다. 오히려 그들이 마음에 사무치게 말하는 것은 좀더 하나님과 가까이 동행하지 못했노라는 것이다. 그들은 자신이 세상 즐거움에 너무 넋이 나가 있었음을 생각하면서 두 손을 움켜 비틀고 머리털을 쥐어 뜯는다."[16]

2. 쉬지않는 기도

생활 속에서 은밀하게 전천후로 지속할 수 있는 「쉬지않는 기도」는 "일상의 경건"을 지향하는 종교 개혁주의 원리에도 일치되며, 실존적 경건에 부합되는 기도 형태입니다. 다음의 내용들은 우리가 왜 쉬지 않고 기도해야 할 것인가에 대한 당위성들을 논하고 있습니다.

인간의 부패성

우리의 마음은 기도를 잠시 쉬어도 제대로 굴러갈 만큼 그렇게 낙관적이질 못합니다. 우리의 마음은 우리가 생각하는 이상으로 절망적이며, 하나님의 특별한 은혜가 없는 한 기도가 중단되는 순간, 부패 일로로 치닫습니다. 카릴(J.Caryl)이 「욥 7:18」의 주석에서 말 한대로, 중환자의 혈압이 수시로 변하듯이 영적 중환자인 우리 마음은 너무 가변적이어서 겸손했다간 교만하고, 온유하다가 금새 광포해지므로 분초 마다 시험해야 합니다.[17]

시대적인 환경

우리가 처한 환경은 지속적인 기도 없인 믿음을 지켜나갈 수 없을 만큼 혼란스럽습니다. 쫓기고 내몰리는 생활 패턴, 경쟁일변도의 사회 구조 등은 사람들을 광증(狂症)으로 내몹니다. 바다 속으로 치달은 거라사 땅의 돼지 떼처럼[18] 모두가 뭔가를 향해 맹목적으로 치달으며, 그 대열에서 조금이라도 낙오되면 불안해합니다. 이런 광증(狂症)의 시대에 비상한 기도 없인 믿음도 평안도 지켜 나가기가 어려운 것은 당연합니다.

"이 시대에는 쉬지 않는 기도가 절대적으로 필요하다는 것을 당신도 분명히 알고 있으리라 믿는다. 우리는 흩어진 마음들과 떠들썩한 마음으로 끝없이 연속되는 활동을 하다 보면 숨이 차게 된다. 마음이 긴장되고 조급해지며 숨을 쉴 수 없게 된다. 아무런 까닭없이 마음 속에서 생각이 나기도 하고 사라지기도 한다. 한 가지 오랫동안 집중이 잘 안된다. 정신을 집중하지 못하도록 방해하지 않는 것이 없다. 우리는 사실 정신이 산만해진 사람들이다."[19]

칼빈 역시 「살전 5:17」을 주석하면서, 쉬지 않고 기도할 이유를 우리를 둘러싼 변화무쌍한 환경탓으로 돌렸습니다.

"우리의 평안을 어지럽히고 기쁨을 앗아가는 사건들이 너무도 많이 발생하므로, 매일 아니 매순간 그는 우리에게 쉬지 말고 기도할 것을 당부하고 있다."[20]

칼빈시대의 영적 환경이 그러했다면, 혼돈의 극치를 달리는 21세기의 상황은 얼마나 더하겠으며, 따라서 얼마나 비상한 기도가 요구되겠습니까?

성도의 본성입니다

우리는 러시아의 "무명의 순례자"가 그랬던 것처럼[21], "쉬지 않는 기도" 자체에 대한 의구심과 함께, 그 실행 가능성에 대해서도 거의가 회의적입니다. 그러나 사실 쉬지 않는 기도는 성도에게 본성적이며 자연스럽습니다. 중생한 성도는 본능적으로 하나님을 아바 아버지라 부르며[22] 의식적, 무의식적으로 하나님을 찾습니다.

『영적 훈련』의 저자 도날드 휘트니(D. S. Whitney)가 "기도는 어떤 의미에서는 결코 뗄 수 없는 그리스도인과 하나님 아버지와의 관계의 한 표현이다…쉬지 않고 기도하는 일은… 다만 종종 방해를 받을 뿐이다"[23] 고 한 말도 같은 맥락입니다. 호흡은 누구에게나 자연스러우며 오히려 호흡이 중단될 때 고통과 불편을 느끼듯이, 기도 없음이 수고요 고통입니다. South California 대학의 교수이며 『The Spirit of The Disciplines』 저자 달라스 윌라드(Dallas Willard)는 '쉬지않는 기도는 성도에게 새의 날개 짓처럼 자연스러운 것' 이라는 말로서 우리들을 격려합니다.

> "하늘을 나는 새의 날개가 새에게 부담이 되지 않듯이, 일관된 기도도 우리에게 부담이 되지 않을 것이다."[24]

쉬지 않는 기도는 성령과 성도의 관계 때문에 본능적입니다. 아이작(Isacc)은 쉬지않는 기도의 본능을 성도 안에 내주 하시는 성령에서 찾았습니다.

> "어떤 사람의 마음속에 성령이 거하시게 되면 그 사람은 기도를 멈출 수 없다. 성령이 그 안에서 쉬지 않고 기도하시기 때문이다. 잠을 자든, 깨어 있든 그 사람은 마음속으로 계속해서 기도하게 된다. 먹을 때나 마실 때나, 일할 때나 쉴 때나 기도의 향기가 그의 마음속에서 자발적으로 피어오르게 된다."[25]

쉬지 않는 기도가 실제적으로 가능할 수 있는가는, 무의식의 역할에 대한 현대 심리학의 이해와 성경 말씀[26]을 통해서 긍정될 수 있습니다. 유명한 『기도』의 저자 라이스(John R. Rice) 박사는 "말 위에서 졸면서 수백 미터를 떨어지지 않고 올 수 있었던 자신의 경험, 그리고 수면 중에도 자기 아기를 의식할 수 있는 모성 본능"[27] 등의 예를 들어, 수면 상태에서도 쉬지 않고 기도할 수 있는 가능성을 증명해 보였습니다.

타성적 신앙에의 저항

현대 기독교인들의 문제 중 하나는 신앙의 매너리즘과 무의식화입니다. 쉬지 않는 기도는 신앙 습관을 통해 형성된 이러한 매너리즘과 신앙의 무의식화를 저항하는 일종의 "깨어있음"입니다. 쉬지 않는 기도는 순간 순간을 영적인 각성으로 이어가게 하며, 매너리즘에 의해 신앙이 저절로 굴러가는 것을 허용하지 않습니다.

이런 점에서 기독교 영성은 페달을 밟지 않아도 저절로 굴러가는 내리막길보다는 매순간 힘겨운 페달링을 해야 전진할 수 있는 오르막길을 더 좋아합니다. 윌리암 제임스(W. James)가 "종교는 무딘 습관으로 존재하는 것이 아니라 날카로운 열정으로 존재한다"[28]는 말의 의미와 일맥상통합니다.

물론 무의식화는 교육학의 중요한 학습 원리 중 하나입니다. 인간의 행동 변화는 끊임없는 반복과 학습으로 행동을 무의식 단계까지 올려놓을 때 비로소 가능해진다는 것이 교육학자들의 일관된 견해입니다. 그렇지만 이 무의식화는 사람을 타성에 젖게 하여 습관의 노예로 만들고, 방심을 조장하는 폐단도 있습니다. 대개 초보 운전일 때는 운전 조작, 돌발 상황 대처 등에 익숙지 않아 어려움을 겪으나, 오래 숙련되면 운전을 거의 무의식적으로 할만큼 익숙해집니다. 그러나 정작 조심해야 할 때가 이때입니다. 많은 경우 대형 사고는 이런 숙련자에게서 발생한다는 것이 통례입니다.

마찬가지로 오랜 신앙생활을 통해 몸에 밴 영적 매너리즘은 우리의 영적 감각을 마비시켜 생각 없이 행동하게 하고, 타성에 젖게 합니다. 이런 점에서 경건의 최대의 적은 타성이며, 경건 훈련의 중요한 목적 중 하나도 이런 타성을 깨는 데 있습니다. 예컨대 새벽기도는 몸에 배도록 할 필요가 있습니다만 그것이 습관화 되지 않도록 해야 합니다. 의식적인 노력 없이도 저절로 될 만큼 몸에 익히는 것이 결코 영성 훈련의 목표가 아닙니다. 기독교 영성의 이상은 어느 순간에 도달해버리는 불교적 해탈이나, 달관의 경지 같은 것이 아닙니다. 우리는 항상 습관과 매너리즘의 경계선상에서 외줄타기를 해야 합니다.

노동과의 화해

우리는 일과 기도를 항상 대립 관계로 놓으면서, 기도하지 못하는 이유를 일 때문이라고 평계합니다. 심지어 복음사역자들까지도 하나님의 일하느라 너무 바빠 기도하지 못한다는 푸념을 털어놓기가 일수입니다. 이런 역설의 등장은 하나님을 "위한"(for) 노동의 개념은 있었지만, 하나님과 "더불은"(with) 노동개념은 없었기 때문입니다.

목적 지향적인 노동관은 하나님을 위한 일이기만 하다면, 그 일 때문에 하나님을 망각하는 것까지 정당화 해 주었습니다. 이는 특히 교회 사역자들에게 흔한 일로, 사역자들의 영성 고갈의 주된 원인이기도 합니다. 이런 목적지향적인 노동관은 과도한 정신 집중을 요하는 21세기 업무 환경에서 더 큰 빌미를 얻습니다.

쉬지 않는 기도는 병행할 수 없는 관계로 굳어진 기도와 일을, 기도하면서 일하며 일하면서 기도할 수 있도록 둘의 관계를 화해시켜 즐거운 노동에의 길을 열어 줍니다.

강력한 하나님의 임재 방편

쉬지않는 기도는 어디서 무엇을 하든, 하나님의 임재를 맛볼 수 있게 하는 하나님의 축복입니다. 사람을 만나든 설거지를 하든, 쉬지 않는 기도를 통해 그곳을 하나님의 임재 장소로 만듭니다. 달라스 윌라드(Dallas Willard)는 쉬지 않는 기도를 영성 생활의 원동력인[29] 동시에 강력한 하나님의 임재 방편으로 말하기를 주저하지 않습니다.

> "쉬지않는 기도를 통해 우리는 우리가 행하는 모든 행위 안에 하나님이 임재 하실 수 있도록 자신을 훈련할 수 있다. 이것은 옛날이나 지금이나 많은 예수 그리스도의 제자들의 삶 속에서 입증된 경험적인 사실이다… 습관은 은혜로운 상호작용 안에서 확고하게 되고, 우리의 전 생애는 하나님이 임재로 가득 찰 것이다."[30]

쉬지않는 기도는 삶의 현장을 수도원 화하며, 칼빈과 개혁자들이 부르짖은 개신교 이상(理想)인, "각각의 기독교 가정이 세상 속에서 작은 수도원이 되는 것"[31]의 의미를 구현하게 됩니다. 만일 누가 일상적으로 쉬지 않고 기도할 수 있다면, 그는 따로 수도원을 가질 필요가 없을 만큼 수도원적 이상(理想)에 도달한 사람입니다. 종교개혁 정신의 백미(白眉)인 성속(聖俗)의 구분 폐지는 쉬지않는 기도를 통한 일상의 하나님 임재로 구현됩니다. 오늘 개신교는 "쉬지 않는 기도" 없이 성·속의 구분 폐지만을 외치다가 세속화에 발목을 잡혔습니다.

공감의 원천

혹자는 쉬지 않는 기도를 문자대로 실천하면, 기도에만 치우쳐 반사회적인 신비주의로 흐르지 않을까 하는 의구심을 나타냅니다. 특히 삶과 기도의 전인적인 균형을 중시하는 개혁주의 신자에겐 더욱 그러합니다. 그러한 의구심이 "쉬지 않는 기도"를 문자적으로 과감하게 실행하지 못하게 되는 한 이유가 되기도 합니다. 그러나 쉬지 않는 기도는 오히려 세상에 대해 공감적이고 체휼적으로 만듭니다. 이는 기도란 결코 현실과 유리된 잠꼬대가 아니기 때문입니다. 아래의 글은 쉬지않는 기도에 대한 일종의 과학적인 분석으로 보입니다.

> "쉬지않는 기도가 숙련되어 잠재의식화 단계에 진입할 때, 우리 행동의 변화까지도 감지할 수 있게 된다. 교통이 혼잡해도 짜증이 덜 나고, 집안이나 회사의 사소한 문제거리들도 더 쉽게 견뎌 낼 수 있다. 다른 사람들의 말에 더 열심히, 그리고 더 조용히 귀를 기울일 수 있게 된다. 아이들에 대해서도 보다 더 신경을 쓰게 된다… 다른 사람들의 아픔과 고통에 대해 더 민감해진다."[32]

쉬지 않고 기도하게 될 때 기도자가 세상사에 무관심해지는 대신 사람들의 영적인 필요에 민감하게 됨은, 기도가 세상에 대한 영적인 안목을 열어 주어 그를 환경에 잠식당하지 않도록 분별 있는 대응을 할 수 있게 해 주기 때문입니다. 기도의 사회, 문화적 영향력에 대한 달라스 윌라드의 통찰은 설득력 있게 다가옵니다.

> "기도를 사회적 상황과는 관계가 없는 것이라고 생각하는 것은 잘못된 생각이다… 최상의 기도를 통해 인격이 변화되는 것 이상으로 사회적 상황에 부합하는 일은 아무것도 없다… 그리고 우리가 기도의 응답을 체험할 때, 하나님의 능력에 대한 확신이 다른 삶의 영역 속으로 넘쳐 흐르게 된다."[33]

그는 계속하여 기도에 잠긴 사람이 세상을 어떻게 담대하게 대적하는

지를 묘사한 「하드맨」의 말을 통해 기도자의 영향력을 강조합니다.

"계속해서 기도하면… 결과에 대한 두려움 없이 선한 일을 하게 될 것이고, 자신의 동조자 반대자를 막론하고 모두 사랑하게 되며, 기도가 그에게 부여해 주는 이상을 실현하고, 동조하려 하게 될 것이다… 또한 강도 높은 기도를 드리면서 하나님에게 사로잡히고 합일의 기쁨으로 가득 찰 때, 그는 자신이 경험한 생명력 있는 합일의 실현을 위래 최선을 다해 분투할 것이다."[34]

쉬지 않는 기도의 치유적 측면 역시 세상과의 공감 영역이 됩니다. 혹자는 기도에 몰입하는 자들을 세상을 등진 채 어두운 골방 만 찾아드는 타계적인 사람들 일거라는 추정을 할 지 모르나, 근자에 미국 보스톤(Boston) 대학에서 행한 쉬지 않는 기도의 한 형태인 「예수 기도」(동방정교회)에 대한 임상 실험은, 하나님과의 관계 호전뿐 만 아니라 사람을 향한 적개심, 열등감, 불안, 우울증을 감소시켰다고 합니다. 이는 곧 "하나님을 추구하는 일은 다만 하나님께 대한 것만 이 아니다" 는 일반적인 영적 원리를 검증해 준 것이기도 합니다.[35]

물론 일부의 그런 긍정적인 결과가 다분히 주문(呪文)의 형태를 띤, 「예수 기도」를 그대로 수용하는 빌미가 될 수는 없습니다만, 쉬지 않는 기도 자체가 갖는 사회심리학적인 공감 가능성을 확인할 수 있다는 말입니다.

안식

쉬지 않는 기도는 안식(安息)의 삶을 위해 필수적입니다. 기도는 성도에게 더 이상 "일"이 아니라 "안식"이며, 오히려 기도 없음이 수고요 고통입니다. 일제 때, 신사참배 거부로 옥고를 치룬 안이숙 선생은 「오늘 집을 나서기 전」이라는 그의 노래에서, "기도는 우리의 안식"이라는 노랫말을 썼습니다. 여기엔 참된 안식은 오직 기도로 말미암는다는 체험적인 고백이 담겨 있습니다. 우리는 흔히 휴식을 한답시고 한적한 자연을 찾아 그곳에서 기도도 함께 쉬어버리고는, 오히려 영적인 탈진을 경험하고 옵니다. 이는 진정한 휴식이란 기도에서 온다는 사실을 미처 깨닫지 못한 결과입니다.

일 속에서 얻는 안식 역시 쉼 없이 이어지는 기도에서 옵니다. 일견 동시에 두 가지 일을 한다는 것은 사람을 더 힘들게 만들고, 일의 생산성도 저하시킬 것으로 보입니다. 그러나 오히려 쉼 없는 기도가 일의 몰입에서 오는 탈진을 덜어 주고, 속도는 더디나 생산성에 긍정적인 역할을 합니다. 하나님을 향한 끊임없는 앙망이 일과 의식 사이에 영적 기류를 형성시켜 생기를 불어넣고, 일의 몰입에 따르는 긴장, 조급함에서 오는 탈진을 막아 줍니다.

효율적인 것은 모두 기독교에 가깝다는 근대의 기독교 합리주의는 짧은 시간 안에 많은 결과를 내야 한다는 실용주의[36]정신과 손잡았습니다. 이런 실용주의 정신은 필연적으로 속도를 중시하게 했고, 일에 대한 몰입과 서두름을 정당화했습니다. 따라서 보다 효율적으로 일하기 위해서는, 기도할 때는 기도하고 일할 때는 일만 하는 것이 옳다는 인식을 갖게 했고, 급기야 일과 기도를 분리해 버렸습니다. 그 결과 일에서 안식이 제하여지고, 일이란 고통스러운 것으로 이해되어 버렸습니다.

피에르 상소(Samsot. Pierre)의 『느리게 산다는 것의 의미』가 출간된 후, 세계 많은 사람들의 반향을 일으킨 것은 서구 효율주의의 근간이 된 "속도"의 허상과 부작용을 공감한 때문입니다. 빠른 속도로 많은 일을 성취한다고, 그것이 인간을 행복하게 못하며, 오히려 심성 파괴, 사고, 공해 등을 유발시켜 인간 파멸을 촉진시킨다는 것을 깨닫기 시작한 것입니다.

얼마 전 뉴스에서 보도한 대로, 매 끼니 장만을 위해 몇 시간씩 밀림을 누비는 비효율적인 아프리카인이 세계에서 가장 행복지수가 높다는 연구 결과는 속도를 바탕으로 하는 서구 효율주의에 대한 근본적인 회의를 일게 했습니다. 이는 빠른 경주자라고 선착하는 것이 아니라는[37] 성경 진리를 재 확인시켜주는 계기가 되기도 했습니다.

이런 점에서 쉬지 않는 기도는 현대인을 집착과 조급함에서 건져 주는 한 해법일 수 있으며, 결과적으로 삶의 질을 높이는 지혜가 될 수 있습니다. 『현대인을 위한 생활영성』(Disciplines of the Hungry Heart)의 저자 폴 스티븐스(Paul Stevens)가 말한 대로, 쉬지 않는 기도는 하나님을 "위해" 일할 뿐 아니라 하나님과 "함께" 일하는[38] 이상적인 노동방법입니다. 이렇게 될 때 비로소 노동은 고통이 아닌, 태초에 하나님이 제정하신 축복과 즐거움[39]일 수 있습니다.

일상의 잡역을 거룩한 성업(聖業)으로 만듦

폴 스티븐스의 하나님을 "위한"(for) 노동과 하나님과 "함께"(with) 하는 노동 개념은 모든 노동의 현장이 성소(聖所)일 수 있는 원리를 시사합니다. 전자는(for God) 하나님의 영광을 위해 하는 모든 직업을 성직으로 보는 루터의 "직업 소명론"과 맥을 같이 하고, 후자는(with God) 경건의 방편으로서의 노동, 곧 '기도가 깃든 모든 일은 하나님 임재 방편이 된다'는 어거스틴의 주장과 맥을 같이 합니다.

이러한 이상 속에서 이루어지는 고급 노동은 질 좋은 생산품을 낳게 마련인데, 기도로 생산되는 수도원, 신앙공동체의 제품에 불량품이 없는 것도 다 이런 연유입니다. 19세기 초「기쁨의 언덕」으로 불리운 미국 렉싱톤의 세이크 공동체에서 만든 가구가 정평이 난 것도 같은 이유입니다.[40]

이 경우에도 보듯이, 두 가지 일(기도와 일)을 동시에 하는 것은 집중력을 떨어뜨려 상품의 질을 저하시킬 것이라는 일반의 우려를 불식시켰습니다. 기도와 일이 동시에 가능할 뿐 만 아니라, 동시에 그것만이 노동의 질을 극대화 할 수 있는 최선의 길임을 증명한 것이기도 합니다. 다음의 글 역시 그러한 가능성에 대한 일종의 확증입니다.

"정신적인 활동을 동시에 두 개의 차원 이상으로 영위하는 방법이 있다. 한 가지 차원으로는 외부 사건의 모든 요구 조건을 생각하고 토의하고… 심층적으로는 그 이면에서 보다 깊은 차원에서 기도하고… 하나님의 숨결을 부드럽게 수용하는 것이다"[41] "일하면서도 기도할 수 있습니다. 기도를 하게 되면 세탁도, 글을 쓰는 일도, 바느질, 시중드는 일도, 요리, 청소, 그 모두가 한층 더 효과가 있습니다."[42]

이처럼 기도와 더불어 하는 일은 효용성에도 결코 뒤지지 않을 뿐더러, "모든 일을 주께 하듯, 모든 사람을 하나님 대하듯" 하는, 성경적인 노동개념에 도달하게 합니다.[43]

기쁨

관계적 존재로 창조된 인간은 하나님과의 교제인 기도를 통해서만 본연의 행복감을 느낍니다. 이것을 대치할 만 한 것은 세상에 아무 것도 없습니다. 물질, 쾌락, 성취감 그리고 어떤 이상적인 인간 관계도 이를 결코 대신할 수 없습니다. 쉬지 않는 기도 생활은 성도에게 있어 가장 기쁘고 만족스러운 삶의 길입니다. 국내에서도 익히 알려진 무명(無名)의 "행복한 그리스도인" 저자는 동일한 어조로 말합니다.

> "성령께서 '항상 기뻐하라' '쉬지 말고 기도하라' (살전 5:16-17)를 한데 묶어 놓으신 것은 절대 우연이 아니다. 쉬지 말고 기도하지 않는 한, 우리는 항상 기뻐할 수 없다. 우리가 하늘의 깨끗한 공기를 계속 호흡해야 그 생명을 유지할 수 있듯이 모든 진정한 기쁨도 성령을 통해 하나님과 교제를 나눌 때 비로소 찾아오는 것이다… 기도를 멈추는 것은 살 가치를 포기하는 것이며, 그렇게 될 때 우리의 삶은 텅 비게 될것이다."[44]

리챠드 포스터(Richard J. Foster) 역시 쉬지않는 기도를 그리스도인의 행복과 연관지웁니다.

> "행복한 그리스도인이 일을 하든지 길을 걷든지, 항상 그리스도와 함께 교제를 나눈다는 것은 이 세상에서 가장 자연스러운 일이다"[45]

쉼 없는 기도를 통해 지속적인 기쁨을 맛본 사람은, 기도와 기쁨은 서로 비례한다는 것을 알며, 어떤 댓가를 치루고서라도 결코 그것을 놓치지 않으려 할 것입니다.

쉬지 않는 기도의 실행 방법

기도와 일의 겸업

평범한 일상을 사는 사람들이 쉬지 않는 기도를 실천할 수 있는 길은 부득불 일과 기도를 겸업하는 길밖에 없습니다. 따라서 "쉬지 말고 기도하라"는 말속에 기도와 일을 따로 분리하지 않은 것이 분명하며, 이는 기도하면서 일하고 일하면서 기도하라는 말로도, 혹은 일을 기도의 리듬으로 삼으라는 말로도 들립니다. 이러한 겸업은 도날드 휘트니가 "다른 사람과 통화를 하는 동안 하나님과도 통화를 하는 것"[46] 이라고 말한 것의 의미일 것입니다.

용의주도한 준비

쉬지 않고 기도할 수 있기 위해선 성령의 인도와 함께 용의주도한 준비도 필요합니다. 물론 여기서 용의주도한 준비란 로마교나 정교회에서 사용하는 "묵주", "기도문" 같은 것을 염두에 두는 것은 아닙니다. 우리 개신교는 존 번연이 영국 국교회의 기도문 저항에서 보여 주었듯이 인위적인 기도 방법은 성령의 자유로운 운행을 막는 것으로 봅니다. 여기선 다만 쉬지않는 기도의 요령을 위한 단순한 몇 가지 지침들을 인용하고자 합니다.

ⓐ **기도 목록 작성**

우리의 곧 잘 잊어버리는 속성 때문에, 설거지나 요리할 때 또한 식사 때나 화장할 때 쉽게 눈에 띌 수 있도록 기도 목록을 벽에 부착시키는 것도 작은 요령일 것입니다. 또한 호주머니나 혹은 핸드백에 들어갈 수 있을 만큼 작은 기도 목록표를 만들어 시간이 날 때마다, 기도 목록에 적힌 사항들을 놓고 기도할 수 있습니다.[47]

ⓑ **짧은 기도의 활용**

일상의 업무 속에서 지속적으로 할 수 있는 유익한 기도는 단 숨의 짧은 기도일 것입니다. 듀엘(Wesley L. Duewel)은 이 짧고 순간적인 기도를 "전보기도", "번개기도", "순간기도" 라고 명명했는데[48], 동방정교회에서는 전통적으로 "예수 기도" 혹은 "단숨 기도", "호흡 기도"라는 것을 해 오고 있습니다.

ⓒ 매일의 사건, 만나는 사람을 기도 대상화 함

교회 곁을 지나칠 때면 그 교회 목사와 교인들을 위해 기도할 수 있을 것입니다. 학교를 지나칠 때면 교직원과 학생들을 위해 기도할 수 있으며, 물건을 살 때는 점원을 위해 기도할 수 있을 것입니다. 전화를 끊고 나서는 전화를 방금 걸었던 사람을 위해 기도하고, 편지를 부칠 때는 그 편지를 받을 사람을 위해 기도할 수 있을 것입니다.

담임목사가 설교할 때는 성령께서 그를 사용하시도록 기도할 수 있으며, 신문을 읽을 때는 기도를 필요로 하는 자들을 위해 기도할 수 있을 것입니다. 그리고 한 가지 일에서 다음 일로 옮겨갈 때, 기도할 수 있습니다.[49]

이런 식으로 하루 종일 쉬지 않고 기도할 수 있습니다.[50]

ⓓ 예배, 집중기도

쉬지 않는 기도는 은혜의 방편인 동시에 또한 그 자체가 은혜를 필요로 합니다. 심장이 쉬지 않고 박동하기 위해선 먼저 건강이 필요하듯이 쉬지 않는 기도 역시 영적 건강이 뒷받침 되어야 합니다. 그런 영적 능력이 없이는 쉬지 않는 기도는 다만 사념에 빠뜨려지고 결실 있는 기도를 하기 어렵게 합니다.

이런 점에서 공중 예배나 집중 기도는 쉬지 않는 기도의 영적 에너지 원입니다. 명실공히 우리의 경건은 공적이고 사적인 균형 속에서만 제대로 성숙된다는 통념을 여기서도 확인합니다. 이 둘의 관계는 동전의 양면처럼 상호 보완적이고, 서로 앞서거니 뒷서거니 하면서 서로를 고무시킵니다.

제 4 장
거스림을 위하여

1. 저항(Protestant)

역사적으로 "개혁주의"라는 용어 속에는 진리를 위하는 뜨거운 열정과 두려움 모르는 저항정신이 담겨 있습니다. 프로테스탄트나 종교개혁주의란 용어가 함의한 뜻 그대로입니다. 종교개혁자 루터가 종교개혁의 깃치를 든 후, 교황의 심문을 받기 위해 법정을 향하면서, "웜스 지붕의 기왓장들처럼 많은 마귀가 나를 겨누고 있다해도 나는 단연코 가리라"고 한 결연한 의지 표명은, 개혁자의 저항적 영성을 잘 대변합니다.

영국의 청교도들 역시 시대정신을 저항하며 신앙의 자유를 찾아 기아, 질병, 죽음을 무릅쓰고 미지에로의 여행을 떠났으며, 존 번연은 골리앗 앞에 선 다윗처럼 거대한 국교회에 목숨 건 항거를 하느라 12년간의 옥살이도 불사했습니다.

아더 핑크는 자신의 타협 없는 교리 설교 때문에 교회의 배척을 받으면서도 이를 기쁘게 여겼고, 이후의 여생을 오직 성경연구와 「Scripture

Study」지(紙)를 통해 진리를 증거하는 일에 바쳤습니다. 만년에 영국에 머물 때는 교회들의 설교 타락에 분노하여 교회 출석을 거부하기까지 했고, 이로 인해 분리주의자라는 비난까지 받았습니다.[1]

개혁자들에게는 이렇게 모두 진리를 위한 순교적인 열심과 하나님 외는 아무 것도 두려워하지 않는 저항적 영성이 있었는데, 오늘의 프로테스탄트 교회에선 그 이름 자체가 무색해진지 이미 오래입니다. 진리를 위해 항거하기보다는 시대 정신과 타협하며, 평화롭게 안주하기를 원합니다. 오늘 같은 평화의 시대에는 개혁이니 도전이니 하는 거친 영성 보다는, 그것에 걸맞는 부드러운 일상적 신앙이 필요하다고 주장하면서 신앙의 속성인 "거스림"(Against)을[2] 제거해 버렸습니다.

그러나 저들이 부르짖는 일상적 신앙이란 "일상속에서의 신앙구현" 이 아니라, 단지 영웅성을 배제시킨 신앙의 범상화(The Ordinarization) 에 지나지 않으며, "무의미로서의 일상성" 에 불과합니다.[3]

영웅성이 상실된, 범상화(凡常化) 된 기독교는 이미 기독교가 아닙니다. 프랑스 기독 지성 쟈크 엘룰(J. Ellul)이 기독교는 본질상 세계를 뒤집어엎는 것이 그 속성이라고 한 말이[4] 무색하게도, 오늘의 기독교는 세상의 입맛을 가장 잘 맞추는 문화단체로 전락하였고, 교회의 표어는 "불신자들이 좋아하는 교회" 가 되어버렸습니다. 이제 더 이상 영웅적이고 배타적인 기독교는 필요치 않다고 강변합니다.

이러한 교회의 반(反)개혁성은 왜곡된 관용주의에서 비롯됐고, 루터 칼빈이 곧 잘 그 논거로 등장합니다. 그러나 주지하다시피 당시 두 개혁자의 관용은[5] "교회사에 대한 하나님 주권"과 "교회는 하나" 라는 우주론적 교회(The Catholic Church) 정신에서 나온 것이지, 결코 비진리와의

타협이 아니었음은 종교개혁의 결과에서 드러납니다. 이어서 나온, 거짓
된 교회로부터의 분리를 통해 진정한 교회의 통일을 이룰 수 있다는 칼
빈의 주장에서 비로소 그의 관용의 진의를 파악케 됩니다.

> "칼빈은 말씀의 진리 안에서의 통일을 떠나선 교회의 진정한 하나됨
> 은 불가능하다고 보았다. 따라서 칼빈도 거짓된 교리와 생활에 대한
> 투쟁이었던 종교개혁운동을 교회의 통일성을 파괴하는 분리가 아니
> 라 교회의 통일성을 회복하는 유일한 바른 길이라고 보았다."[6]

오늘 교회 안의 왜곡된 관용주의는 진리를 위하고 불의를 책망하는
자를 흑백 논리자로 매도하고 양비론, 양시론을 확산시켰으며, 나아가
교회의 표지로서의 권징을 실종시켰습니다. 그리고 시대 정신으로서의
종교다원주의와의 결탁은 마침내 모든 경계를 철폐해버리고, 모든 것을
아우를 수 있는 잡탕 공간으로서의 "그레이 존"(The Grey Zone)을 등장
시켰습니다. 저항의 남성성(男性性)은 결여된 채 신앙은 감성화, 여성화
되고, 신앙이 일종의 종교적 유희로 전락해 버렸습니다.

2. 자기 부인

자아는 신자가 거스려 싸워야 할 제 일의 전투 대상이며, 그 싸움의 형
태 역시 가장 치열한 방식을 취합니다. 흔히들 영적 전투하면, 마귀나 세
상 같은 외부의 거창한 대상들을 떠올립니다만 사실 가장 큰 적은 우리
자신이며, 가장 맹열한 싸움도 자아의 영육간의 전투입니다.[7] 칼빈 역시
이러한 견해에 동의합니다.

"영과 육 사이에서 보다 더 큰 알력은 이 세상에 없으며, 율법은 영

적이요 인간은 육적이다… 자기 부정과 금욕은 이 삶을 계속되는 전
투의 삶으로 순례의 삶으로 말한다."[8]

이런 영육의 갈등에 있어, 그 절정은 무엇보다 "신앙"과 "자연적인
것"의 대립입니다. 율법의 지배 아래 있으려고 하는 양심은 항상 은혜의
법인 믿음과 대립하고, 신앙과 감각적인 느낌이 서로 대립합니다. 다음
의 루터의 말은 같은 논지입니다.

"성령이 복음을 통하여 창조하는 확신과 율법이 일으키는 의심은 일
생동안 서로 싸움을 벌인다[9]… 신앙과 느낌은 서로 투쟁을 벌인다.
요컨대 투쟁이 일어나는데 곧 느낌은 영과 신앙에 대항하여 영과 신
앙은 느낌에 대항하여 싸운다… 신앙이 늘어나면 늘어날수록 느낌은
더 많이 그리고 다시금 줄어든다."[10]

거듭났음에도 여전히 본성 속에 남아 있는 육신적인 것이 영적인 것
을 거스릅니다. 이미 복음을 확신하고 있음에도 때때로 율법의 원리가
당연시되고 이신칭의, 십자가 구속, 하나님 사랑 같은 영적 개념은 낯설
어집니다. 평생 우리는 이것을 거스려 싸워 나가야 하며, 설교자들은 성
도들에게 이 싸움을 고무해야 합니다. 그러기 위해선 무엇보다도, 청중
들을 향해 쉬임없이 아가폐적인 하나님의 사랑을 들려 주어야 합니다.
그런데 어떤 교회들은 일 주일 내내 율법의 정죄와 마귀의 참소아래 있
던 성도들에게, 복음을 들려주기보다는 계속하여 감당할 수 없는 율법의
명에만을 지우는것 같습니다.

우리에게 있어 또 하나의 "거스림"의 대상은 끊임없이 자기애를 획책
하는 인간의 죄성입니다. 루터는 어거스틴과 함께 인간의 자기 사랑을 모
든 죄의 시작이라 일컬었으며[11], 칼빈 역시 같은 주장을 펴고 있습니다.

"모든 죄의 뿌리는 우리의 고집스런 이기적 사랑에서 비롯되며, 언제나 완고하게 하나님의 뜻을 거스리는 우리의 자아 의지는 성령께서 우리 안에서 이루고자 하시는 변화를 거부하며, 또한 우리가 그리스도를 따르고자 할 때 격렬한 내적 싸움을 야기시킨다."[12]

이렇게 항상 자아는 성령과 대치하고, 자기애와 연루되기 때문에 반 하나님적이고 반 신앙적입니다. 따라서 자아를 얼마나 부인할 수 있느냐가 곧 신앙의 시금석이 됩니다. 흔히 사람들은 특정인들에게 영성의 대가, 영계의 거장이라는 수식어들을 붙여 주길 좋아하는데, 대개 그 근거들을 보면, 기도의 능력이나 은사를 가졌거나 혹은 유능한 부흥사적 자질 등을 가졌다는 등의 이유 때문입니다. 그러나 진정한 영적 거장의 기준은 그의 은사와 사역의 위대함에 있지 않고, 얼마나 하나님 앞에서 자기를 부인할 수 있느냐로 판가름됩니다. 성도의 소명 목적을 언급한 칼빈의 말도 같은 취지를 담고 있습니다.

"그리스도인의 공동체인 교회는 이러한 의미에서 자기부인(Self-Denial)을 위해 불리움을 받았다… 우리의 최대의 적은 바로 악마도 박해자도 세상도 아니고 바울이 말하는 육체 곧 자기 중심의 삶의 원리다. 하나님은 항상 우리의 신앙을 테스트하시는데 그 기준이 바로 자신을 부인하고 그리스도를 따르는 것이다."[13]

자기 부인은 하나님 앞에서 지녀야 할 피조물 본연의 태도이며, 진정한 경건의 표지입니다. 자기 부정이 결여된 자는 자신의 피조물 됨을 인정치 아니하는 자이며, 이런 사람은 그의 능력이 얼마나 대단한 것이든 참된 경건과는 요원합니다.[14] 우리는 그리스도께서 높아짐에 따라 우리는 낮아진다는 사실을 알며[15], 하나님 영광을 거스리는 자아가 먼저 결박

되지 않는 한 하나님 영광을 위한 삶은 불가능해 진다는 것도[16] 합니다. 칼빈은 사람들을 파멸로 인도하는 가장 효력 있는 방법은 자기 자신을 사랑하고 자신의 지혜와 의지력을 자랑하는 것이며, 한편 유일한 안전판은 단순히 주님의 인도를 따르는 것이다 고 했습니다. 이런 점에서 개혁주의의 자기부정 개념은 중세의 수덕적인 자기 완성과는 구별되는, 믿음의 또 다른 표현입니다.

> "칼빈에게 있어 자기 부정은 근본적으로 하나님과 밀접히 관계되어 있음을 잘 나타내며, 자기 부정은 하나님께 대한 전폭적인 의지를 의미했습니다. 칼빈의 자기 부정은 자기 완전을 향한(수도원적) 수단으로 실천될 수 없었습니다."[17]

또한 자기부인은 크리스쳔에게 있어 단지 소극적인 자기 방어만이 아니고, 적극적으로 하나님과 이웃에게 사랑을 실천하는 발판입니다. 칼빈이 부정을 발판으로 하나님과 인간을 향한 긍정적인 자세를 확립한다는 자기 부정에 대한 이해는 매우 적절하고 의미심장합니다.

> "자기 부정은 하나님과 인간을 향한 긍정적 자세도 포함하고 있으며… 인간을 자유롭게 하며, 이웃에 대한 형제애 안에 자아를 확립시킵니다. 남을 향한 존경과 봉사의 견지에서 본 자기 부정은 영성의 새로운 능동성을 나타냅니다."[18]

그러면 보다 구체적으로 크리스쳔의 자기부인은 무엇을 의미하는가? 역시 여기에도 불순한 의도가 끼어 들 소지가 있습니다. 크리스쳔의 자기 부인은 주체가 객체에 함몰되어버리는 신비주의 의식(儀式)도 아니며, 동양종교에서 말하는 무(無)도 아니며, 현대심리학에서 말하는 무의식화도 아닙니다. 앞에서도 잠시 언급했듯이, 성경이 말하는 자기 부인은, 스스로에게는 의지할 만한 것이 전혀 없는 줄 알고 전심으로 하나님을 신뢰하며, 하나님 뜻에 자신을 굴복시키는 관계적이고 의지적(意志的)인 속성입니다. 칼빈이 "자신을 온전히 주님께 내어 맡기고 모든 사소한 일들을 기꺼이 그의 기쁘신 뜻에 맡기지 않는다면, 그 누구도 자기를 올바로 부인한 것이 아니다" 라고 한 것의 의미입니다.

이런 점에서 어떤 그를 듯한 명분의 영성훈련일지라도 자아부인을 지향하지 않는다면, 그것은 기독교와는 상관없는 한낱 종교 유희나 자기우상화 놀음에 지나지 않습니다. 오늘날 인간 내면의 잠재력 계발과 덕성 함양에 목표를 두는 낙관주의적인 영성훈련들이 대개 다 그러하며, 그것들의 최종 도달점은 자아극대화입니다.

마지막으로 개혁주의의 자기부인은 인간 편에서의 수고의 결과물이 아닌, 은혜의 열매라는 사실도 말하고자 합니다.[19] 만일 자기부인이 금욕이나 고행 같은 치열한 고투를 통해 완성된다고 하면, 또 다시 우리는 중세의 수도원적 영성으로 회귀하는 꼴이 됩니다. 자기 무능에 대한 자각과 하나님 신뢰로 특징지어지는 자기부정은 오직 그리스도로 말미암으며, 그 열매에 대해 자랑할 것이 없습니다. 이에 대해 바울 역시 동의합니다.

"너희 속에 착한 일을 시작하신 이가 그리스도 예수의 날까지 이루실 줄을 우리가 확신하노라."(빌 1:6)

칼빈에게 있어서도 역시 성화의 사역은 철저히 하나님의 것이었고, 자기부정도 이 빛안에서만 이해될 수 있었다[20]는 점을 놓쳐서는 안됩니다.

제 5 장

현실을 넘어

1. 초월(超越)

이미 오래 전에, 초월이란 용어가 종교다원주의의 상징적 용어로 굳어졌으므로, 이 용어에 순수한 성경적 의미를 담아내기엔 상당한 모험과 어려움이 따릅니다. 사실 역사적으로 서구 기독교를 철학으로 오염시키는데 가장 기여한 두 단어가 「로고스」[1]와 「초월」이었고, 이런 이유로 정통 기독교는 이들 용어에 늘 경계심을 품어 왔습니다.

그러나 조직신학에서는 하나님의 존재 양식으로서의 "초월"(Transcendence) "내재"(Immanance)[2]라는 용어 사용은 이미 보편적이며, 다만 성도들의 신앙에 적용될 때 혼란을 빚어 왔던 것 같습니다. 그럼에도 불구하고 이제껏 교회 내에서 음으로 양으로 사용되어 온 것이 사실이며, 개혁주의자들에게도 그리 낯선 용어는 아니었습니다. 17세기 영국의 청교도 토마스 왓슨(Thomas Watson) 역시 "경건"을 정의하면서 초월이라는 용어를 차용하기에 주저함이 없었습니다.

"경건한 삶은 이 세상을 초월하여 사는 삶이다. 경건한 사람은 해 아래 있는 모든 것 위에 있다. 하나님과 동행하는 사람은 매우 높이 올라가야 한다. 난쟁이가 별들 사이를 걸을 수 없듯이, 난쟁이와 같은 세상적인 사람은 하나님과 동행할 수 없다."[3]

이 용어의 긍정적인 사용에도 불구하고 여전히 신중함과 분별 있는 접근은 요구되며, 극복돼야 할 점들이 상존합니다. 우선 종교다원적인 초월 개념을 극복해야 합니다. 그 중에서도 초월을 하나님께로의 도달 방식으로 삼으므로 그리스도의 성육신과 대속 교리를 무력화시킨, 신플라톤주의(Neo-Platonism)를 극복해야 합니다. 또한 자아와 일체의 현상 세계의 의미를 부정하고 모든 매임에서 벗어나는, 해탈(解脫)로서의 불교적 초월 개념도 극복해야 합니다.

그리고 19세기 정통 기독교에 대한 반발로, 때로는 무정부를 때로는 이상공동체를 지향하여 종교적 급진주의 성격을 띠었던, 반(反) 제도적인 초월주의(Transcendentalism)도 극복해야 합니다. 기독교의 초월이 지향하는 바는 제도나 형식의 초월이 아닙니다. "종이라도 자유자며 자유자라도 종이다" 는 성경의 선언 그대로(고전 7:22), 기독교의 초월은 외형적인 제도나 삶의 형태에 큰 의미를 두지 않습니다.

그리고 중세의 이원론적 초월 개념 역시 극복할 대상입니다. 개혁자들은 단지 외형적인 삶의 형태를 가지고 성 속을 구분 짓기를 거부했습니다. 그들은 진정한 초월이란 성 속을 가르는 것이 아니고, 일상의 삶에서 모든 것을 뛰어 넘는 것으로 이해했습니다. 청교도들은 가정을 가지면서 가정을 초월하고 돈을 소유하면서 돈을 초월하는, 이중적인 경건 형태를 취했습니다. 저들은 "버림"[4]을 "없는 것처럼 여기는"[5]것의 의미로 파악했습니다

또한 고통에 무감해지는 것을 목적으로 하는 스토아적(Stoic) 초월 개념 역시 극복의 대상입니다. 오늘날 많은 신자들이 스토아주의자들(The Stoic)처럼 기독교 신앙을 고통을 피하기 위한 아편처럼 이용하는 것 같습니다.[6]

그러나 성경은 신앙의 목적을 고통 제거에 있지 않다고 말하며, 또한 고통의 감정을 피해야 할 부정적인 것으로만 보지도 않습니다.[7] 오히려 고통을 인간에게 필요한 그 무엇이라고 역설하면서, 고통을 통하지 않고서는 하나님의 말씀을 이해할 수도, 성화를 이룰 수도 없다고까지 말합니다.[8] 칼빈 역시 고통을 하나님을 찾는데 반드시 필요한 요소로 이해합니다.

"우리는 삶 가운데 어려움을 겪어야 한다. 왜냐하면 우리가 평화를 누리게 되면, 우리는 잠에 떨어져서, 더 이상 아무런 감각도 갖지 못하게 될 것이기 때문이다. 만일 사정이 나빠지면 우리는 하나님을 생각해야만 할 것이며, 아직까지 현실로 나타나지는 않았지만 하나님이 행하시려고 하시는 심판에 대해 생각해 보게 될 것이다."[9]

루터(M. Luther)와 베쟈(Beza)같은 개혁자들 역시 그들의 신앙이 죽음과 심한 질병으로 점철된 당대의 불안한 사회상의 반향이었다고 말합니다.[10]

마지막으로 초 이성적 지식으로서의 '신적 인식'에 도달하기 위한, 에크하르트(Meister Eckhart)의 초월개념 역시 극복돼야 합니다. 에크하르트의 초월, 영혼의 섬광은 마치 불교의 해탈, 돈오(頓悟)를 보는 듯 합니다.

"에크하르트는 인간 지식의 종류를 감각적, 이성적 그리고 초 이성적 지식으로 구분한다. 감각적·이성적 지식은 사물들 즉 외적 세계에 대한 지식을 말하며, 최고의 인식인 초이성적 지식은 사물을 하나님께 알려진 대로 아는(To Know Things as They are Known to God) 인식을 말한다. 이러한 인식은 인간의 가장 지고한 소유인 영혼의 섬광과 신의 은총에 의해서 알려지는데, 이 영혼의 섬광에 의한 인식을 '신적조명'(Divine Illumination) 또는 '영적각성'(Enlightenment) 이라 부른다. 에크하르트에 의하면 인간이 이러한 최고의 인식의 경지에 도달하려면 우리의 영혼의 완전한 초탈을 이루어 순수한 영혼의 상태가 돼야 하는데, 이 영혼의 순수한 과정이 바로 '초탈'의 과정이다."[11]

로마교 영성훈련의 백미로 꼽히는 관상수련은 대개 에크하르트(Meister Eckhart)의 세번째 지식 단계에 해당되는데, 불행하게도 이것은 고도의 수련자라도 어쩌다 경험되는 간헐적이고 우연적인 은총일 뿐입니다. 하나님은 "목마른 자는 누구든지 와서 값없이 마시라" 했는데, 그렇게 우연적이고 불확실하게 조우되는 은혜라면, 진정한 은혜라고 할 수 없을 것입니다. 하나님은 오직 소수의 특별한 사람들에 의해 특별한 방법으로만 체험되는 것이 아니라, 누구든지 복음을 믿음으로 만나지도록 하셨습니다. 비록 인간의 지성이 부패하고 불완전하지만, 중생한 지성은 그리스도 안에서 하나님을 만나는데 결코 방해꾼이 아닌 봉사자입니다.[12]

초월의 성경적 의미

궁극적인 것을 위한 이차적인 것들의 포기

기독교의 초월은 고도의 명상이나 사색으로 말미암는 철학적인 초월과 구분됩니다.[13] 궁극자인 그리스도만을 사랑하고 따르기 위해, 세상적이고 유한한 것들을 뛰어넘는 태도를 의미합니다. 곧 그리스도를 얻기 위해 모든 것을 배설물로 여기는 태도입니다. 청교도 존 번연(John Bunyan)의 표현을 빌리면, "궁극적이고 본질적인 것들을 이루기 위한 이차적인 것들의 좌시"입니다. 그는 실제로 12년간의 투옥기간을 통해 이차적인 모든 것으로부터 초연해야 궁극적이고 본질적인 것들이 드러난다는 법을 배웠습니다. 칼빈의 초월관 역시 세상 자체를 멸시하는 타계적인 것이 아니라, 가치 우월을 지향하는 비교우위적인 개념이었습니다.

> "칼빈에게 있어서 세상의 경멸은 미래의 삶과의 대조를 통해 얻어진다. 미래의 삶에 대한 명상은 현재의 공허함을 이해하게 한다. 그러나 그런 경멸은 세상에 대한 미움이나 배은망덕을 산출하는 종류위 것이 되어서는 안된다. 왜냐하면 창조된 모든 것은 하나님의 작품이기 때문이다."[14]

기독교 교육의 목표

「초월」은 세상 교육과 기독교 교육의 차별성을 확보하는 관건이 됩니다. 현대 교육의 목적이 비인격적인 환경에 조종 당하는 것에 두는 반면, 기독교 교육은 초월을 지향합니다. 기독교 교육의 이념으로서의 "하나님 나라에 동참하는 교육" 개념은 이미 그 속에 초월을 함의하며, 하나님의 형상으로서의 "자유·창조·양심·초월성" 같은 교의론적 인간 속성에 이미 초월을 담지(擔持)하고 있습니다.[15]

김성수 교수는 고려신학교 설립자 한상동 목사의 교육 사상을 조명하면서 "초월성 안에서의 교육"이라 정의했고, 그러한 교육은 우리로 하여금 자신과 세계를 전보다 더 큰 신뢰와 희망을 가지고 보게하는 말 그대로 영(靈)을 불어 넣어주는 교육이며, 반대로 교육이 초월성 안에 자리 잡지 못하면 세계를 분석과 조작의 대상으로 다루고, 세계에 대한 지배를 목적으로 삼는 교육에 머물게 된다고 했습니다. 그는 팔머(Palmer)의 말을 인용하여 "교육이 기도로 충만하지 않을 때 즉 교육이 초월성에 중심을 두지 않을 때, 교육은 자아와 세계 사이에 진정하고 자발적인 관계성을 창조하는데 실패한다"[16]고 했습니다.

그는 계속하여 교육이 기도를 통해 초월성 안의 교육으로 자리잡을 때, 그 교육은 우리를 삶의 외관을 넘어 삶의 숨어있는 실재를 보도록 준비시켜 주며 사실을 넘어 진리를, 자기 이익을 넘어 자비를, 쇠약한 정열과 절망을 넘어 창조 세계 공동체를 갱신하는데 필요한 사랑을 보도록 인도해 간다고 했습니다. 결론적으로 그는 이러한 교육의 결과는 한상동 목사가 확인해 주는 바와 같이, 현재나 현실 세계를 부정하고 초월자 되신 하나님만을 전적으로 신뢰하는 진정한 신앙의 세계로 우리를 인도해 간다[17]고 했습니다.

개혁주의 변증학자 반 틸(Van Til) 역시 그의 『개혁주의 교육학』(Foundations of Christian education)저서에서, 교육의 최종 목표를 영원을 준비하는 삶으로 보았고, 그런 영원지향적인 교육만이 현세에서도 좋은 열매를 맺을 수 있다고 말했습니다. 이러한 그의 언명은 초월을 단지 영원에 걸맞는 교육 목표로 설정하는데서 진일보해, 교육의 현세적인 효율성에도 기여할 수 있음을 시사합니다.

"누가 현세를 근본적으로 영원을 위한 기초 준비단계로 간주하면서, 기독교교육의 시행을 통해 장차 올 삶의 좋은 터전을 마련했다면, 그것은 현세를 위해서도 좋은 열매를 맺은 것으로 간주할 것이다. 반면에 현세를 영원한 삶을 위한 준비로 보지 않는 사람은 영원을 준비하는 어떤 노력도 기껏해야 큰 에너지 소모로 간주할 것이다."[18]

고난 극복의 메카니즘

고난이 닥칠 때에, 기독교인들이 흔히 동원하는 메카니즘(Mechanism) 중의 하나가 초월입니다. 그리고 이러한 초월 메카니즘은 비단 신앙인들의 전유물만은 아닙니다. 신·불신을 막론하고 절망적인 상황을 만나면, 누구나 암담한 현실 너머의 피안에 기대어 어두운 현실을 극복하려고 합니다. 따라서 피안(彼岸)은 종교의 독점 주제가 아닌, 세속문학과 예술의 인기주제이기도 합니다. 이렇듯 초월적 피안은 모든 사람들이 기댈 언덕이 되며, 특히 천국의 실재를 확신하는 크리스천에게는 그것이 더욱 절실한 소망이 됩니다. 따라서 초월신앙 자체를 두고 염세적이니 타계적이니 하며 일괄 매도할 순 없습니다. 성경은 현재의 고난과 비교할 수 없는 장래의 영광을 바라보게 하므로 고난을 극복하도록 고무합니다.[19]

일제 하의 한국교회는 종말론적인 신앙으로 그 암울한 시대를 극복했으며, 존 번연(John Bunyan)은 모진 박해와 오랜 감옥 생활을, '인생은 세상의 순례자며 이곳엔 영원한 도성이 없다' 는 믿음으로 극복해냈습니다. 인간 최대의 시험인 죽음의 순간에 우리가 기댈 위로 역시, 오직 그리스도와 천국의 소망 외엔 아무 것도 없습니다.

누림과의 갈등적 공존 관계

개혁주의가 금욕주의는 부인하지만 그렇다고 전혀 신앙의 금욕적 측면을 부정하는 것은 아닙니다. 그러나 세상을 등지고, 일체의 본능을 억압하는 중세의 금욕주의와는 달리, 청교도적 금욕 사상은 세상 속에서 하나님이 주신 것들을 누리면서, 동시에 초월하는 갈등적 공존 관계 위에 놓입니다. 일방적인 누림에 대한 제어 장치로 초월이 도입되고, 그 초월이 갈등의 한 축으로 형성됩니다. 칼빈의 표현을 빌리면 소위, "금욕주의의 현세적 형태"[20] 라고 할 수 있습니다. 하워드 라이스(Howard L. Rice)가 칼빈을 인용해서 한, 그리스도인의 금욕적 속성에 대한 언명은 개혁주의적인 금욕 원리를 잘 드러냅니다.

"칼빈은 세상은 우리가 즐겁게 누리고 소중히 여기도록 주어진 하나님의 선한 선물이지만, 소유에 얽매이고 세상의 편리함을 지나치게 소중히 여기면 우상숭배에 빠지게 된다고 주장했습니다. 우리는 소유가 너무 중요한 나머지 우상이 될 때에는 언제든지 이를 기꺼이 포기해야만 한다."[21]

칼빈은 덧붙혀 하나님이 주신 온갖 좋은 것들은 바로 사용하면 하나님과 친교를 나누는 사닥다리가 되지만, 그렇지 못할 때 그 좋은 선물들은 무덤으로 바뀌어 그것에 함몰될 수 있다며[22] 제어장치 없는 누림의 위험성을 경고합니다. 그는 나아가 "만일 우리가 먼저 현세 생활을 철저히 무시하지 않는다면 결코 우리가 원하는 만큼 현세 생활을 향유할 수는 없을 것이다"[23]며, 야누스적인 삶의 양면성을 적시(摘示)하기도 했습니다.

오늘 개신교는 "하나님이 지으신 모든 것이 선하매 감사함으로 받으면 버릴 것이 없다"[24]는 누림의 측면만 강조한 나머지, "모든 것을 버리고 쫓는"[25] 초월에 대해선 소홀한 것 같습니다. 오늘 교회의 세속화 역시 이 둘의 갈등적 공존의 와해에서 비롯된 것이 아닌가 합니다.

종말론 신앙

하나님 나라를 지향하는 기독교 종말론은 그 자체에 현세에의 초월을 함의하고 있습니다. 그리고 이 종말론에 근착된 초월 의식은 신앙을 각성시킬 뿐만 아니라, 교회의 세속화를 막아주는 견인차 역할을 합니다. 이는 종말의식에 투철한 자 치고, 분별없이 삶에 흡착되어 세속화로 치달을 사람은 없기 때문입니다. 이것은 기독교의 역사적인 경험에서도 증명되는데, 개혁주의 신학자 안토니 후크마(Anthony Hoekema)는 4세기 기독교의 세속화를 동일한 맥락에서 해석합니다.

> "기독교의 타락, 영성의 상실은 4세기 콘스탄티누스의 개종과 로마의 기독교 공인과 함께 기독교 핍박의 종식, 종말론적인 신앙의 약화로 시작되었고, 이에 대한 반동으로 수도원 운동이 시작되었다고 보아도 과언이 아닙니다… 곧 핍박의 종식과 더불어 세상을 극복해 내지 못한, 세속화가 종말론 신앙의 약화를 낳았습니다."

영국의 청교도 토마스 왓슨(Thomas Watson)은 경건한 자의 표상을 "하늘에 속한 자"로 정의하고, 경건한 사람은 선택, 마음, 말, 행동, 소망, 품행이 천국 지향적이다[26]고 했습니다. 그리고 이러한 천국지향적 신앙은 세상에 대한 초월적 태도로 귀결된다고[27] 했습니다.

천로역정의 저자 존 번연(John Bunyan)은 자신의 작품 속에서만이 아니라, 그의 실제적인 삶 역시 종말론적인 순례자의 모습을 지녔습니다. 그는 장망성을 떠나 천성으로 향하는 순례자처럼 그의 영혼을 가장 자비로우신 분의 손에 맡겼고, 그의 최고의 기쁨은 그토록 사모하여 온 생을 불사르게 한 한분, 예수 그리스도를 뵙는 일이었습니다.

오늘 너나 없이 세상의 집착에서 벗어나지 못하는 것은 오늘밤에라도 그 영혼이 취함을 받을 수 있다는[28] 종말론적 의식 없이, 어리석은 자처럼 그 마음이 항상 잔치집에 가 있기[29] 때문입니다.

역동성

기독교의 초월은 세상을 도피하게 하는 정적이고 은둔적인 개념이 아니라, 오히려 삶을 역동시키는 원천이 됩니다. 물론 이는 종교 다원주의자들이 주장하듯이 "하나님의 초월과 인간의 초월이 만나 파생되는 신비주의적인 역동성"의 의미로서가 아니라, 영원한 세계에 대한 관조에서 나오는 역동성입니다. 이러한 관조는 세상과의 단절을 유도하는 타계주의자들의 그것과 다르며, 현실의 역동성을 구비시키는데 기여합니다.

오늘날 기독교회가 무력감에서 벗어나고자, 신앙보다는 액티비즘(Activism)에 의존해 교회의 세속화를 초래했는데, 진정한 경건의 역동성은 영원한 세계에 대한 초월적 신앙에서 나옵니다. "만물의 마지막이 가까왔으니, 무엇보다도 열심으로 서로 사랑하고… 선한 청지기 같이 서로 봉사하고"[30], "주께서 가까우시니, 너희 관용을 모든 사람에게 알게 하라"[31]는 말씀 그대로, 성경은 종말론 신앙을 삶의 역동의 원천으로 제시합니다. 칼빈 역시 내세 지향적인 초월 신앙을 하나님과 이웃을 섬기는 역동성의 바탕으로 보았습니다.

> "나침반처럼 항상 자신의 시선을 천국과 내세를 향해 고정시키게 되므로써 자신의 동료 이웃을 섬길 수 있게 되는 것이다."[32]

초월에 이르는 길

자유(自由)의 결과

하나님의 은혜로 말미암는 자유가 성도들로 하여금 모든 것을 능히 초월하게 합니다. 이러한 자유와 초월의 관계는 18·9세기 낭만주의자들, 20세기 무정부주의자들이나 히피들이 추구했던 제도적 초월 개념과는 다릅니다. 성경은 자유의 원천을 "주의 영"이라고 말하며[33], 인간은 결코 형식과 제도의 초월 같은 것으로는 자유를 얻을 수 없다고 말합니다. 그리스도인은 자유롭기 위해 초월하는 것이 아니라 영적인 자유의 힘으로 초월하는 것입니다.

불교의 해탈적 자유는 모든 번뇌의 매임에서 놓이는 것이고, 그러한 놓임은 초월에서 온다고 보므로 자연히 불교는 초월이 종교의 목표일 수밖에 없습니다. 이런 불교적 초월은 신본적 자유를 근간으로 하는 기독교적 초월과는 다른, 다만 인간 정신의 발로요 철학 행위에 지나지 않습니다.

기독교인의 자유는 이신칭의적 자유입니다. 하나님 앞에서 숙명적인 죄인이며, 일생을 율법의 멍에와 죄책아래서 신음해야 하는 모든 인간은 노예 그 자체입니다. 그러한 죄인이 믿음으로 율법과 저주에서 해방을 선언 받는 것은 인간이 경험할 수 있는 자유 중 가장 지고한 것입니다. 이 자유 외에 참으로 자유라고 부를만한 것은 이 세상엔 다시없으며, 한 번 획득된 자유는 결코 다시 무효화될 수 없습니다. 성령으로 말미암는 이 같은 자유에의 확신은 성도로 하여금 모든 의심과 율법적 두려움을 떨치게 하며, 한 마리 자유로운 새처럼 거칠 것 없이 은혜의 창공을 유영(遊泳)하게 합니다.

이제 그를 얽어 맬 것은 세상 그 어디에도 없으며, 그를 움직이는 유일한 끈은 하나님의 사랑과 그리스도의 은혜뿐입니다. 참으로 이것이 자유로 말미암는 초월입니다.

묵상

묵상은 성도에게 있어, 세상을 떨쳐 오르게 하는 영혼의 날개짓과도 같습니다. 그 중 천국에 대한 묵상은 가장 강력한 초월의 에너지원입니다. 초대 교인들이 흠연히 떨치고 일어나 천성을 향한 순례의 행보를 시작할 수 있었음도 이러한 천국에의 환상 때문이었습니다. 그들에게 천국은 개연성의 세계가 아니라 잠시 후 들어가 살게 될 본향이었으며, 천국에의 환상은 언제나 가슴 떨리고 흥분되는 일이었고, 세상에 대해 초연하게 만드는 힘이었습니다. 칼빈도 그의 글에서 천국을 곧 배설될 축제의 장소로 그렸고, 천국에의 환상을 초월의 원천으로 말하기를 주저하지 않았습니다

"만일 하늘이 우리의 고향이라면 이 땅은 타향임이 틀림없지 않은가. 그런 상황 아래 있는 그리스도인은… 그가 곧 참석하려는 축제에 대한 기대로 무척 흥분돼 있기에 늘 상 그를 즐겁게 하던 게임을 할 수 없는 어린아이와 같다… 미래의 천국 생활에 대한 묵상이 하나님께서 우리에게 베풀어주신 좋은 것들을 향유하는 법에 관한 교훈이 될 때, 우리가 어쨌든 우리 자신에게서 초연할 수 있으며 참된 신앙과 감사의 태도를 가질 수 있을 것이다."[34]

오늘 우리가 쉽게 세상에 빠지는 이유 중의 하나는, 너무도 세상의 것들에 집착해 있기 때문입니다. 만약 우리가 하루에 단 몇 번만이라도 우

리의 시선을 땅에서 하늘로 향할 수 있다면, 아마 우리는 지금보다는 훨씬 더 영적인 사람이 될 수 있을 것입니다. '만일 우리가 오직 미래의 천국 생활에 관해서 묵상하는 훈련을 할 수 있다면 이 세상을 경멸하는 것은 대단히 쉬운 일이다' 라고 했던 칼빈의 말 역시 같은 맥락입니다. 그는 그리스도인의 삶의 네 가지 중요한 특징들을 규정하면서, 각 특징마다 한 장씩을 할애했는데, 그 중 "천국생활에 대한 명상"을 포함시켰음은[35], 그같은 인식의 결과로 보입니다.

초월을 북돋는 두번째의 묵상 주제는 이 세상의 헛됨입니다. 이것을 통해, 그리스도인들은 세상을 경멸하는 법을 배우게 되고, 세상을 초월하는 자리까지 나아갑니다. 이러한 세상 경멸은 육체와 세상은 더럽다는 중세의 이분법적인 세계관에서 비롯되었다기보다는 비교우위적인 가치관에서 연유합니다. 우리가 종종 칼빈에게서 마치 수도자와 같은 세상 경멸의 어투를 들을 때도, 같은 맥락에서 이해해야 합니다.[36]

"그는 부르심에 귀를 기울일 때에, 예수께서 자신을 이 세상에서 이끌어 내시기 위해 이 세상에 계시며, 또한 승천하셔서 새로운 내세 곧 천국을 소유하고 계신 주님이심을 기억해야만 한다. 그러므로 와서 예수를 따르라는 부르심은, 현세 생활에서 고난의 길을 가면서 까지 그의 마음과 생각을 오로지 존귀하신 주님께 향하여 높이 들라는 부르심인 것이다. 칼빈에 따르면 예수를 따르는 그리스도인은 두 세계 사이에서 움직이는 순례자였습니다."[37]

우리는 청교도 토마스 왓슨에게서도 비슷한 태도를 발견합니다.

"이 세상이 얼마나 보잘것없고 경멸스러운 것인가 생각해 보라… 우리는 얼마나 빨리 이 셋방살이하던 집을 떠나 땅속에 묻히게 될까 세상은 우리가 한두 밤 머물다가 떠나가게 될 큰 여관에 불과하다. 우리의 본향을 잊어버리고 여관방에 마음을 둔다는 것은 얼마나 미친 짓인가."[38]

마지막으로 자신의 영적 부요함을 묵상함이 초월의 효율적인 방편임을 말하고자 합니다. 이 땅에서 성도의 모습은 초라하고 보잘것없지만, 영적인 지위는 더 할 나위 없이 존귀하고 부요합니다. 만일 우리의 실체에 대한 이러한 자각이 지금보다 더 심화된다면, 세상에서 우리의 모습은 보다 당당할 것입니다. 사도 요한은 그리스도께서 오시면 영광의 부요함에서 우리가 그와 동등 될 것이라는[39] 복된 소망을 성도들에게 심어 주므로 그들을 격려합니다.

그리스도가 세상에 계시는 동안, 내내 초월적 태도를 견지할 수 있었음도 하늘의 지복자로서의 스스로에 대한 자각 때문이었습니다. 그리스도는 낮고 비천하게 오셔서 말할 수 없는 고초를 겪으셨지만, 자신의 부요함에 대한 그러한 자각이 헛된 세상 영광에 자신을 내어 던질 수 없게 했습니다. 본래 가지셨고, 그리고 다시 갖게 될 천상의 지복에의 환상은 그리스도로 하여금 세상을 초월하게 하는 힘이었습니다.

성도의 초월의 원리도 마찬가지입니다. 그리스도와 함께 한 상속자로서의 스스로에 대한 자각은 이솝(Aesop)의「여우와 포도」우화처럼, 어쩔 수 없는 단념이 아닌 부요자의 넉넉한 뛰어넘음을 가능하게 해 줄것입니다.

퇴각(Retreat)

퇴각은 초월을 위한 또 하나의 좋은 방편입니다. 세상일에서 한 발자욱 물러날 수 없는 사람은 그 마음도 세상에서 떼어놓을 수 없습니다. 마음을 떼어놓기 전에 때때로 먼저 세상과 일에서 자신을 떼어놓는 일이 필요합니다.

모든 것을 하나님 영광을 위해서 하고, 세상 속에서 경건하게 살려는 좋은 취지의 종교개혁신앙이 그 이상과는 달리 무력하게 되는 이유는, 적절한 퇴각의 시기를 알지 못하기 때문입니다.[40]

퇴각을 경건의 중요 방편으로 삼는 로마교와는 달리, 개신교에는 퇴각을 위한 장치들이 별로 없습니다. 복음주의자이면서, 『세계의 예수 공동체』(Wellsprings of Renewal) 저자인 도날드 블레쉬(Donald G. Bloesch)는 교회의 무능을 물러날 줄 모름에 있다고 지적한 점은 적절합니다.

"교회가 현대 문화에 거의 영향을 끼치지 못하는 한 가지 이유는 교회가 너무 깊이 현대 문화에 젖어 있기 때문이다. 교회가 현대 문화의 혼에 젖기 전에 교회는 먼저 하나님의 영과 마음에 잠겨 있어야 한다… 세속주의 신학자들과 정치 신학자들은 이 세상의 삶에 더욱 깊이 관련되어야 한다고 한다. 그러나 현대 기독교인들에게 절실히 요구되는 것은 세상적인 것으로부터 보다 철저히 물러나야 하는 것이다. 오늘날 수도적인 공동체들은 기독교인들에게 일상생활의 사소한 일들과 중압감으로부터 물러나서 영성 쇄신을 할 수 있는 기회를 제공함으로서 매우 중요한 역할을 감당할 수 있다."[41]

그리스도께서는 세상 속으로 들어옴과 물러남을 시기 적절히 행하셨습니다. 그는 사람들이 그를 절대적으로 필요로 하는 사역의 절정기에도 과감히 퇴각할 줄 아셨습니다. 오늘 하찮은 일들의 노예가 되어, 한 시라도 그것에서 놓여나면 망할 것처럼 세상일을 놓지 못하는 우리와는 대조적입니다.

퇴각의 방편들에 대해선 여러 가지가 강구될 수 있습니다만, 개신교회에서는 무엇보다 '주일 준수'가 훌륭한 한 방편이 됩니다. 단 그것이 제대로 준수된다는 전제하에서입니다. 오늘처럼 주일 준수가 단지 오전 예배를 드리는 요식 행위로 끝나고 나머지 시간은 자신들의 여가 활동으로 메꾸어 지는 현실에서는, 온전한 계명 준수도 퇴각의 의미도 살려 내기가 어렵습니다.

실로 매번 돌아오는 안식일은 샌드위치 속의 내용물처럼 자신과 세상을 떼어 주고, 줄기차게 자신의 욕망을 이어가려는 집착에서도 떼어 주는 은혜의 날입니다. 청교도들이 주일 성수를 중시 한 것은 계명 준수의 의미 외에도, 자신들을 세상과 떼어놓는 중요한 기회였기 때문입니다. "세상적인 성자"(Woldly Saints)로 호칭된 청교도의 안식일 개념에 대한 레런드 라이컨(Leland Ryken)의 정의는 같은 의미로 다가옵니다.

> "안식일은 세상일을 중단하는 날, 성도의 영원한 천국 복을 예표한다… 안식일을 지키는 것은 세속화에 대한 해독제이다… 안식일 규정은 특별히 그들의 '마음을 세상에 내어 주고 마음이 세상과 붙어 버린' 일개미 같은 사람들에게 필요한 것이다."[42]

안식일 준수는 또 다른 한편, 물질을 초월하게 해주는 기회가 되기도 합니다. 경제 활동을 전면 중단해 버리는 안식일 준수는 경제의 주권자가 하나님이심을 실천적 삶으로 고백하는 행위입니다. 그것은 하나님의 공급하심에 대한 체험과 더불어 그의 약속의 신실성을 확증받는 기회이며, 자기 힘으로만 살아 보려는 가련한 몸부림에서 벗어나게 해 줍니다.

퇴각을 위한 또 하나의 방법은, 세상일에서 자신을 떼어놓기 위해 일정 시간을 할애하는 것입니다. 예컨대 하루에 한 30분씩 한적한 곳을 산

책하거나, 한 달에 하루 정도 집을 떠나 한거하는 것입니다. 아니면 특별 휴가 기간을 이용해 며칠간 조용한 별장이나 수양관을 찾는 것입니다.

여러 문헌들을 통해서 볼 때, 청교도들 역시 조용한 곳에서 홀로 있는 습관들을 즐겼던 것 같습니다.[43] 오늘과는 비교할 수 없을 만큼 한가로왔던 17-18세기에 그것이 필요했다면 오늘은 얼마나 더 절실하겠습니까? 이런 점에 착안하여 교회들도 기존의 집단적이고 번잡한 기도원 일변도에서 벗어나, 고요하게 침묵과 한하 할 수 있는 새로운 형태의 퇴각 공간들을 구상해 봄직 합니다.

2. 침묵(말과의 상관 관계로서의 침묵)

부제를 "말과의 상관 관계로서의 침묵" 훈련이라 설정했음은, 침묵을 언어와 무관한 독립항목으로 다루므로, 흔히 신비주의자들처럼, 침묵 자체를 일종의 신비의식으로[44] 만들지 않기 위해섭니다. 사실 성경 어느 곳에도 침묵을 경건의 본질로 보는 곳이나, 경건의 단독 항목으로 다룬 곳은 없습니다. 혀의 제어를 경건의 한 형태로 말하기는 하나[45], 은혜의 방편으로서의 성경, 기도, 성례는 여전히 개혁교회의 불변의 고백입니다.

따라서 여기서 우리가 담으려는 침묵의 의미는 일종의 경건의 표면적 현상, 혹은 오늘날 지나치게 강조 혹은 간과되는 침묵에 대해 정당한 자리 매김을 하기 위함입니다.

또 하나의 언어

언어의 구성 요소인 "문자와 소리"를 결여한 침묵을 보편적 의미에서의 언어라고 할 수는 없지만, 언어의 한 기능인 커뮤니케이션의 수단이 된다는 점에서 침묵은 하나의 언어일 수 있습니다. 현대 커뮤니케이션 이론은 구송(口誦) 언어인 말 외에 바디 랭귀지, 이미지 같은 다양한 비성(非聲) 언어에 주목하는데, 종교에 있어선 더욱 그러합니다. 이는 비의(秘意)스러운 종교의 속성상, 오히려 이것들이 구송 언어 이상의 심오하고 절제된 의미를 담아낼 수 있기 때문입니다(그러나 침묵의 지나친 강조가 말씀의 종교라는 기독교 정체성에 손상을 입히거나, 혹은 인격적인 존재인 하나님과의 교통 수단으로서의 언어의 가치가 평가절하 돼서도 안됩니다).

이런 점에서 침묵을 다만 언어, 대화의 반대 개념으로만 보는 것은 너무 구태의연합니다.[46] 소리 언어로 표현되는 기도, 찬양, 감사의 말 못지않게 침묵 역시 신뢰, 안심, 앙망 등 신앙 표현의 한 형태입니다.[47] 하워드 라이스(Howard Rice) 역시 침묵을 최절정의 기도 상태로 묘사합니다.

"고요함에 처할 때, 우리는 기도가 말을 필요로 하지 않는다는 사실을 발견하게 된다."[48]

그는 계속하여, "최상의 기도는 때때로 말이 없는 기도일 때가 있다"는 칼빈의 말을 덧붙히기를 잊지 아니합니다.[49]

또한 침묵은 상호 신뢰의 강한 표현이기도 합니다. 오늘 같이 "말" 중심의 사회 분위기 속에서는 침묵은 반사회적인 것으로 간주되기도 하나, 반드시 많은 대화가 사회의 결속을 강화시키거나 화목한 사회의 증거는 아닙니다. 오히려 많은 말은 인간관계의 불안정감의 증거일 수 있습니다. 오늘 정치계나 사회나 "모든 것을 대화로 풀자"는 슬로건이 난무함에도, 의사는 더 불통되고 있음은 이의 한 반증입니다. 다음의 달라스 윌라드(Dallas Willard)의 지적 역시 같은 맥락입니다.

"우리는 왜 말을 많이 하려는가? 우리는 사람들이 자신을 어떻게 생각하는지 내적으로 불안해하기 때문에 계속 말을 한다… 서로 사랑하는 사람들은 함께 침묵을 지킬 수 있다… 그러나 불편한 사람들과 함께 있을 때 우리는 자신의 모습을 정비하고, 그들의 신임을 이끌어 내기 위해 말을 사용한다. 그렇게 하지 않으면 우리의 장점이 제대로 인정받지 못하고, 우리의 단점이 제대로 이해 받지 못하리라는 염려를 갖게 된다".[50]

『혀를 아름답게 가꾸기』(Beauty Care for The Tongue)의 저자 리로이 쿠프만(Leroy Koopman)은 어설픈 대화보다는 침묵이 오히려 공동체의 조화에 기여할 수 있다는 주장을 내 놓음으로써, 침묵을 단지 고립과 단절로 보길 좋아했던 언어심리학자들의 통념에서 진일보한 입장을 내어 놓았습니다.

"건설적인 침묵은 다른 사람과 더 잘 조화하도록 도와줍니다… 우리는 흔히 대화 만이 사람의 관계를 돈독하게 해 준다고 하나, 오히려 많은 말은 사람과의 관계를 껄끄럽게 하기 쉽습니다… 너무 많은 말은 다른 사람을 초조, 화나게 하고, 노하게 합니다."[51]

침묵은 서로를 탐색하고 자기를 인식시킬 필요가 없을 만큼 친밀하다는 것을 보여 주는 증거입니다. 진정한 친밀감의 공유는 때론 많은 대화를 할 때 보다 말없이 그저 함께 있을 때임을 우리는 경험합니다. 잠잠히 더불어 있는 가운데 이심전심으로 전해지는 서로의 유대감은 언어적 교통이 줄 수 있는 축복 이상의 것을 안겨 줍니다. 침묵이 상호 신뢰의 극치적 표현일 수 있음을 나타내는 다음의 묘사는 인상적입니다.

"침묵 가운데 조용히 앉아 있는 한 노부부를 상상해 보라. 오랜 갈등과 나눔과 대화와 투쟁 후에 그들 부부는 이제 침묵에 이르게 되었다. 더 이상 말이 없어도 서로를 읽을 수 있고 평화를 누릴 수 있다."[52]

정형(定型) 언어의 한계가 인정될 때 침묵은 정당한 지위를 얻게 됩니다(또 하나의 언어로 자리 매김 될 수 있습니다). 언어의 한계에 대한 인식은 칼빈을 위시한 개혁자들의 공통된 인식이었습니다. 수사학자였던 칼빈이 신학을 농락한 스콜라신학자들을 경멸한 것은 언어의 한계성을 인정치 않은 그들의 오만함, 그리고 게르송의 지적대로 입으로 사변화한 때문입니다.[53] 칼빈주의자들이 영성의 신학화를 거부하고 영성을 개인의 고유한 체험 영역으로 남겨 둔 것 역시 신학 언어의 한계를 인식한 때문이었습니다.

"다른 것들을 묘사하듯이 하나님의 임재를 묘사할 수 없다… 하나님에 관해 확증될 수 있는 것이 무엇이든지 간에 상징과 비유로 표현될 수 있을 뿐이다… 하나님에 대한 체험으로부터 솟아 나오는 진리와 실재는 관념적인 용어로만 부분적으로 표현될 수 있을 뿐이다."[54]

모든 종교의 기도에 동원되는 웅얼거림이나, 독특한 언어들은 공통적으로 언어의 한계를 뛰어 넘고자 하는 갈망의 표출입니다. 기독교 내의 소위 방언이라는 것 역시 언어의 한계를 뛰어 넘은 일종의 초 언어입니다. 방언과는 다르지만 아기들의 옹아리 역시 정형화된 기성 언어와는 차별되는 초 언어입니다. 어거스틴은 "유아 언어는 정말 고유하고도 참된 언어이며 따라서 성인들은 그 언어를 해독할 줄 알아야 한다"[55]는 말로서 언어의 범위를 확장시켰습니다.

아이러니 하게도 모든 종교는 언어로 된 경전을 갖고 있으면서도, 동시에 언어를 초월하고자 하는 속성을 갖고 있습니다. 만년에 하나님께 사로잡히는 체험을 했던 중세신학자 토마스 아퀴나스(Thomas Aquinas)의 경우도 아마 같은 범주에서 이해될 수 있을 것입니다.

> "그는 말들과 씨름하면서 평생을 보낸 사람이다… 그러나 그는 죽기 전에 '나는 더 이상 쓸 수 없다. 나는 그 침묵 속에서 나의 모든 글들이 지푸라기 처럼 되는 것을 보았다'고 했습니다."[56]

이러한 경향은 종교 문학에서도 흔한 일입니다. 작가들은 절대자와의 심오한 만남과 은총을 종종 초 언어인 침묵이란 단어로 대신합니다. 한홍자는 김현승 시인의 "삼림의 마음"에 나오는 한 대목인 "나의 언어는 거기서는 작은 항아리, 출렁이는 침묵의 밤과 같이 나의 이 둑을 넘쳐흐르나이다"는 내용을 분석하면서, 침묵을 언어 한계의 수납 행위로 말합니다.

> "작가는 언어의 기능이 기호의 도식성을 넘어 창조적 무한의 세계로 넘어간다. 곧 창조주의 세계를 표현하고자 할 때 언어의 한계를 느끼고 침묵할 수밖에 없다… 초월적인 신의 위대함과 그 섭리를 인간의 언어로는 표현하는데는 한계가 있기 때문이다."[57]

신앙 행위

침묵은 흔히 "배꼽 아래를 보는 사람들"이라는 별명을 가진 13세기의 "헤시챠스트(Hesychast)"들을 연상시키는[58] 수동적 영성 행위로 대변되나, 우리는 다만 신앙훈련의 일환으로 접근하고자 합니다.

침묵은 전능자를 대면한 결과

오늘날 「침묵」은 신구교(新舊敎)를 막론하고, "하나님 임재"를 위한 인기 있는 영성 커리큘럼이 되었습니다. 물론 아직 개신교에서는 극단적인 선호를 나타내진 않지만, 소위 "큐티"(QT) 혹은 "하나님 음성 듣기" 등의 방편으로 사용되고 있습니다.

그러나 우리는 침묵을 반드시 영성수련의 한 방법이라기보다는 하나님 앞에서 피조물이 갖는 경외심의 표출로 봅니다.[59] 누구든지 하나님의 위엄과 전능하심을 경험할 때는 일종의 침묵이 그 사람을 사로잡게 됩니다. 이는 욥(Job)을 비롯해 하나님을 대면한 모든 인물들의 공통된 경험입니다.[60] 따라서 의도적으로 침묵을 훈련하기에 앞서, 하나님 대면에 관심을 갖는 것이 보다 본질적일 것입니다. 개혁주의가 예배를 중시하고 경건 훈련의 근간으로 삼는 이유도, 그것이 죄인을 압도하는 하나님 대면의 장(場)이기 때문입니다. 지존하신 하나님 앞에서의 피조물의 공손함은 무엇보다 언어의 태도, 곧 침묵으로 표현됩니다.

"오직 여호와는 그 성전에 계시니 온 천하는 그 앞에서 잠잠할찌어다".[61] "너는 하나님 앞에서 함부로 입을 열지 말며 급한 마음으로 말을 내지 말라 하나님은 하늘에 계시고 너는 땅에 있음이니라."[62]

그래서 성경은 경건한 자를, '말하기를 더디하는 자'로 지칭하며, 스스로 경건하다 하면서 혀를 제어할 줄 모르는 자의 경건은 헛되다고 규정합니다. 코람데오적 경건은 항상 혀를 재갈먹이는 것으로 나타납니다.[63]

하나님에 대한 신뢰와 안심

불평과 안달은 불신앙과 육신적임의 상징입니다. 반면에 하나님을 잠잠히 바라는 것은 구원과 소망을 하나님께 두는 신앙의 표현입니다.[64] 침묵은 억울한 일을 당할 때도 분노와 원한에 사로잡히는 일없이, 철저하고도 완벽하게 신원해 주실 하나님께 호소하면서 잠잠히 기다리는 신종(信從)의 태도입니다. 믿음의 사람은 "주님 앞에 잠잠히 기다리는 일"의 전문가입니다.[65]

종교의 진실성

침묵은 진실한 종교의 표지입니다. 오른손이 하는 것을 왼손이 모르게 행하는 은밀한 구제, 은밀한 중에 갚으시는 하나님께만 보이려는 은밀 기도 등은 하나님 중심의 참된 경건의 표지입니다. 사람들의 칭찬을 위해 떠벌리는 위선적인 바리새인의 신앙과는 구별되는 종교적 진실성의 한 발현입니다.

충성의 표현

수다스럽고 말만 앞세우는 것이 육체적이고 비진실함의 표지라면, 침묵은 충성스러운 마음의 한 발현입니다. 그래서 성경은 "말과 혀로만 사랑하지 말고 오직 행함과 진실함으로 하라"(요일 3:18)고 말씀하십니다. 그리스도는 아무도 길에서 그의 소리를 듣지 못할 만큼(마 12:19) 침묵의 사람이었습니다. 그는 능욕을 당하여 괴로울 때도 털깎는 자 앞에 잠잠한 어린양 같이,[66] 묵묵히 벧세메스로 향하는 법궤 진 암소같이[67] 잠잠히 십자가를 지심으로, 성부께는 충성을 우리들에게는 사랑을 바치셨습니다. 그리스도의 멍에를 매고 잠잠히 사명에의 길로 가는 성도는 그리스도의 발자취를 따르는 아름다운 모습입니다.[68]

기도

칼빈이 말한대로 침묵은 일종의 기도입니다. 침묵기도는 구송 기도와는 달리 언제 어디서든 은밀히 내적으로 시행할 수 있고, 잠잠히 하나님을 앙망할 수 있다는 점에서 전천후의 기도라 할 수 있습니다. 사실 오늘날 따로 기도 시간을 내기가 어려운 바쁜 현대인들에게는, 기도 대부분이 비구송의 은밀한 침묵 기도여야 할 것입니다. 그렇지 못할 때, 그의 기도 생활은 아마 전무해질 것입니다.

삶의 지혜

삶의 제어

침묵은 사람을 제어하는 방편이 됩니다. 사공이 작은 키로 큰배를 제어하듯이,[69] 사람은 자신의 혀를 길들이므로서[70] 능히 온 삶을 제어합니다. 이렇게 침묵으로 제어된 사람의 삶은 진지하고 통찰력이 있으며, 자신이 원하는 방향으로 용이하게 삶을 이끌어 갈 수 있게 됩니다.

말의 지혜를 배움

침묵은 말의 폐기가 아닙니다. 침묵은 말의 남용에서 벗어나 오히려 말의 가치를 돋보여 내고, 합당하게 말하도록 돕습니다. "때에 합당한 말은 은쟁반에 금사과"(잠 25:11)라 했는데, 우리는 대개 그 합당한 때를 잘 모릅니다. 침묵 훈련은 "우리 자신의 말을 충분히 고려할 수 있는 시간, 그리고 언제 무슨 말을 해야 하는지를 조정할 수 있는 내적 여유"[71]를 갖게 하여, 때에 맞는 언어를 구사하도록 도웁니다.

호흡고르기

우리가 논하는 침묵은 초월, 명상의 핵심 수단이 되는 신비 종교의 그것과는 다릅니다. 신비종교가들에게 있어, 침묵이 우려내는 무시 못할 신비적 매력은 그들로 하여금 침묵을 영성의 핵심으로 부추기게 할 만합니다. 침묵을 근간으로 하는 참선, 요가, 명상 등을 통한 체험이 수련자들로 하여금 종교의 본질에 도달한 것 같은 착각을 일으키게 하는 것도, 로마교 신부들이 참선의 효험에 매료되어 공공연히 "이론은 성경에서 체험은 참선에서"라는 말을 하는 것도 같은 이유에서입니다.

이는 비단 로마교 신부들에게 국한된 것은 아닌듯 하며, 이미 개신교 내에서도 희귀한 현상은 아닌 듯 합니다. 침묵을 하나님과의 연합에 이르는 것으로(The unifying Silence) 보는 한 개신교 목사의 글은 종교다원주의의 전형을 보여주는 듯 합니다.

> "각 존재의 침묵과 침묵이 만나 하나로 연합되는 상태가 침묵의 가장 고귀한 열매 중의 하나이다. 하나님의 침묵과 나의 침묵이 만나 그와 연합되는 신비를 경험하게 된다. 하나님과의 연합이 영혼의 소음 속에서 이루어질 수 없는 것이다. 그래서 침묵은 그리스도의 살과 피처럼 우리를 그와 연합시키는 신비의 언어다."[72]

이것은 그리스도와의 연합을 믿음을 통한 "영적 연합"이라고 규정한 칼빈의 견해와 상치됩니다. 칼빈은 이교적 명상(침묵)을 하나님 발견의 통로로 이용하는데 대해서 명백히 반대 입장을 취했습니다.

"성경적 명상은 하나님 말씀의 중심에서 움직여야 한다. 그것은 하나님의 신비를 뚫고 들어가려는 것이 아니다… 하나님은 신앙과 순종 밖에서는 알 수 없다."[73]

따라서 침묵은 일종의 기도요 경건 생활의 호흡고르기로 이용돼야 할 뿐 그 이상도 이하여서도 안되며, 더구나 그리스도와의 연합, 신인합일등의 원천이 될순 없습니다. 침묵은 경건의 본질이 아닌 다만 기도의 환경일 뿐입니다. 아래의 인용은 침묵의 역할을 적절히 잘 규정해 줍니다.

"침묵 자체가 궁극적인 의미가 있는 것이 아니다. 침묵이 곧 이웃과 하나님을 만날 수 있는 참된 환경이 된다는 것에서 그 의미를 찾아야 한다. 이런 침묵 속에서 하나님의 말씀이 던져질 때 그 말씀은 마음과 성령의 역사가 함께 작용하므로서 하나님의 현존을 체험한다"[74]

영적인 호흡 고르기로서의 침묵은 먼저 마음의 고요함과 평정을 이루는데 유익합니다. 침묵은 우리 심령의 거친 면들을 고르게 해 줍니다. 우리의 거친 성향을 가라앉히며, 마음을 하나님께로 모을 수 있는 고요한 상태로 이끕니다. 침묵과 고요의 상관 관계를 말하는 하워드 라이스 (Howard L. Rice)의 주장은 참고할 만 합니다.

"고요는 우리들 대부분에게 자연적으로 오는 것은 아니다. 우리는 고요할 수 있는 방법을 배워야 만 하며, 이것은 그리 쉬운 일이 아니다… 시편 기자는 우리에게 침묵이 필요함을 깨달았다."[75]

그리고 침묵은 고요함을 숙달하는 한 방편이 됩니다. 혀를 자갈먹이는[76] 침묵이 생각과 욕망까지도 자갈먹일 수 있게 합니다.

오늘 개신교회의 지나친 "말과 소리" 중심의 문화는 고요함과는 거리가 있습니다. 교회나 기도원을 막론하고 거의 소음에 해당되는 무의미한 말의 성찬, 고막을 찢는 마이크로 폰과 전자악기의 굉음은 사람들의 정신을 주도해 버린 지 이미 오래고, 그런 소음에 길들여진 교인들은 더 이상 조용한 예배를 드릴 수 없는 정신 상태가 돼버렸습니다. 그러면서 그들은 오히려 그러한 형태의 예배를 은혜로운 예배라고 생각합니다. 은혜와는 전혀 상관없는 소리의 중독 현상 때문인데도 말입니다.

자기보존과 치유

침묵은 악으로부터 자신을 지킨다는 의미에서 자기보존적 지혜입니다. 침묵은 허다한 죄의 원인이 되며 쉬지 아니하는 악으로서의 혀를 제어하고[77], 하나님과 사람으로 더불어 불화 할 많은 원인들을 제거합니다.

예수님이 악인들 앞에서 털깎는 자 앞의 잠잠한 어린 양 같이 원수들에게 일일이 응수하거나 항거하지 않은 것은, 그들과 더불어 함께 우매자가 될까 함이었습니다. 그리스도의 침묵은 일종의 자기 보존의 지혜였습니다.

"악인이 내 앞에 있을 때에 내가 내 입에 자갈을 먹이리라 하였도다. 내가 잠잠하여 선한 말도 발하지 아니하니 나의 근심이 더 심하도다."[78]

침묵은 발설을 통한 영적 고갈을 예방한다는 의미에서 또 하나의 자기보존적 지혜입니다. 말은 내면의 것을 퍼내는 일이므로 다변(多辯)은 스스로를 고갈시킵니다. 이는 우리의경험에서도 흔히 확인되는 사실입니다. "성경은 잠잠하고 신뢰하여야 힘을 얻을 것"[79] 이라고 말합니다.

또한 침묵은 치유력을 갖는 자기보존적 지혜입니다. 현대 상담심리학에서는 내면의 갈등을 표출시켜 문제를 해결하는 대화 기법이 중시됩니다마는, 모든 경우에 일률적으로 적용할 수는 없으며, 침묵이 다른 한 대안일 수 있습니다. 대화의 해결 방식이 "표출"이라면 침묵은 "덮음"의 방식일 것입니다. 우리는 한 방법을 모든 것에 일률적으로 적용하기보다는, 사안에 따라 표출과 덮음의 방식을 지혜롭게 선용 줄 알아야 하겠습니다. 다음은 침묵의 치유적 측면에 대한 한 은둔자의 경험적 변증입니다.

사막의 은둔자 안토니(Antony)의 제자인, 교부 암모나스(Ammonas)가 말했습니다.

"나는 내게 침묵의 힘이 얼마나 철저하게 치료하는지, 또 얼마나 하나님께 온전한 기쁨이 되는지를 보여 주었다."[80]

침묵을 어렵게 하는 사회 분위기

오늘날처럼 교회 안팎이 침묵을 어렵도록 강요하는 때는 일찍이 없었습니다. 여기에는 지나치게 말을 중시하는 문화가 한몫 했습니다. 한국 사회는 "목소리 큰 사람이 이긴다"라는 유행어가 있을 정도로 말로서 한 몫 보는 사회입니다.

이러한 말 중심의 문화 속에서는 정치판, 교회를 막론하고 말쟁이들이 득세하고, 침묵하는 다수는 항상 소외당하게 마련입니다. 따라서 어느덧 침묵은 불이익을 감수해야만 할 수 있는 용기 있는 일이 되어버렸습니다. 침묵의 용기에 대한 달라스 윌라드(Dallas Willard)의 지적은 비슷한 미국의 형편을 드러내 주는 것 같습니다.

"우리는 왜 말을 많이 하려는가, 우리는 사람들이 자신을 어떻게 생각하는지 내적으로 불안해하기 때문에 계속 말을 한다. 아놀드는 '서로 사랑하는 사람들은 함께 침묵을 지킬 수 있다'고 말했다. 그러나 불편한 사람과 함께 있을 때 우리는 자신의 모습을 정비하고 그들의 신임을 이끌어내기 위해 말을 사용한다. 그렇게 하지 않으면 우리의 장점이 제대로 인정받지 못하고 우리의 단점이 제대로 이해 받지 못하리라는 염려를 갖게 된다. 말을 하지 않을 때 우리는 자신이 사람들에게 어떤 모습으로 나타날 것인지를 하나님께 맡긴다… 그러므로 침묵에는 용기가 필요하다."[81]

그런데 역설적으로, 이렇게 말이 난무하는 사회가 되었음에도 의사소통은 더 불통되었다는 사실입니다. 말은 더 이상 커뮤니케이션에서 절대적인 지위를 점하기 어렵게 되었고, 아예 언어 자체에 대한 신뢰성까지 도전 받게 되었습니다. 어쩌면 이는 언어 남용의 사회가 직면해야 할 당연한 귀결일지 모릅니다.

대화는 더 이상 마음과 마음을 이어주는 진정한 의사소통의 도구가 되지 못하고, 책략과 계교와[82] 위선[83]의 도구로 전락해 버렸습니다. 이제 굳이 대화의 남은 사명을 찾는다면, 겨우 정보 전달의 의미밖에 남지 않았습니다.

플라톤의 전 작품에 해당되는 「대화」편은 드라마 형식을 띠고, 각 작품의 등장 인물이 대화를 나누는 내용으로 전개되는데, 이 대화는 단순한 말의 오감을 넘어선 인간의 자기반성의 표현임을 보여주며, 지껄임과 진정한 언어로서의 사유의 언어를 구분 짓습니다.[84] 본래 「대화」 (dialogue)는 "통해서"(dia)라는 단어와 "말"(logue)이라는 단어가 복합되어 이루어진 것으로, 인간이 말을 통해서 서로 이해하고 표현한다는 의미입니다.[85] 이런 점에서, 오늘 넘쳐나는 대화 속에서도 서로의 진면목을 파악할 수 없음은 그만큼 진정한 대화는 없다는 뜻이 아니겠는지요.

그 중 교회가 특히 말많은 집단으로 비쳐지고 있는 것은 유감스럽습니다. 이는 여러 이유 중에서, 기독교인들이 전도를 지나치게 "말" 중심으로 이해 한 때문이 아닌가 합니다. 달라스 윌라드 역시 전도를 중시하는 기독교 교리, 그리고 전도는 말로써 해야 한다는 생각이 기독교를 말많은 종교로 만들었다고 지적합니다.

> "흔히 복음을 전할 때 말의 역할이 지나치게 강조된다. 이 말이 이상하게 들릴지 모르나 사실이다. 침묵, 그리고 진정한 경청은 우리 신앙의 강력한 증거가 되기도 한다. 기독교 복음 전도에 있어서 큰 문제점은 사람들에게 말할 기회를 주지 않고, 끊임없는 잡담으로 하나님에 대한 확신이 결여된 사랑없는 마음을 드러내면서, 군소리 없이 그것을 듣도록 강요한다는데 있다."[86]

그러나 예수님은 전도를 많이 하셨음에도 성경이 "아무도 길에서 그 소리를 듣지 못했다"[87]고 한 것을 보면, 그 분은 흔히 말하는 수다쟁이는 아니셨음이 분명합니다.

기독교는 말씀의 종교이지 시끄러운 말의 종교는 아닙니다. 바울은 철학자들과 상대하여 복음을 전할 때 변증적이어야 했기에, 한 때 아덴 사람들에게서 말장이라는 별명을 얻었지만,[88] 그는 실상은 말이 시원찮은 사람이었습니다.[89] 그리고 그는 복음의 능력이 말의 지혜에 있지 않고 하나님의 능력에 있음을 확신한 사람이었습니다.

우리는 지나친 혀 중심의 전도에 대해 생각해 봐야겠습니다. 복음 광고의 무분별한 남용은 오히려 그 가치를 떨어뜨립니다. 물론 복음의 핵심을 분명하고 확신 있게, 그리고 열심히 전해야 한다는 것은 아무리 강조해도 지나치지 않습니다만, 결코 복음을 싸구려로 만들어서는 안되겠습니다. 예수님은 진주를 돼지에게 던지지 말라는 경고로서 복음의 남용을 경계시켰습니다.

현대광고 이론은 지나친 광고는 소비자를 식상케 하여 오히려 등을 돌리게 만든다 하여, 호기심을 유발시키는 간접적인 "이미지"광고를 장려합니다. 물론 전혀 생소한 곳에서는 할 수 있는 한 많이 노출시키는 집중적인 대량 광고가 효과가 있습니다. 그러나 이미 생소하지도 않을 뿐더러 흔하게 늘려 있는 곳에서는 물량적인 광고로는 효과가 없으므로 보다 효율적인 접근을 모색해야겠습니다.

소음 공해에 시달리는 현대인들에게 언어의 남용은 일종의 소음공해로 까지 여겨지면서 말많은 사람이나 단체에 대한 기피현상을 낳았고, 그 대상에 교회가 포함되었음은 심히 유감스럽습니다. 이러한 현대인들의 성향은 "조용한 종교"에 대한 선호로 나타나고 있습니다. 사람들은 설교중심의 개신교 예배보다는 침묵적인 불교의 참선이나, 로마천주교의 관상 같은 것에 끌리고 있는 것 같습니다. 사람을 살리는 언어가 그 남용으로 인해 지겹고 피하고 싶은 대상이 되어 버린 것입니다.

물론 우리는 이러한 현대인들의 기호에 영합하고자 설교, 전도의 열정을 조금도 누그려뜨려서는 안될 것입니다. 말에 대한 우리의 자성 역시 전도의 열심을 재고하자는 것이 아니라 오히려 복음 전도의 효율성을 극대화하기 위해섭니다. 분명하고 조리 있게 복음을 말할 수 있는 능력과 함께, 허공을 때리는 소모적인 혀놀림보다는 성령의 증거가 나타나는 전도를 하자는 말입니다.

침묵에 대한 유의 사항

침묵의 이유를 설명함

평소 말을 많이 하던 사람이 갑자기 말수를 줄일 때, 거기에 대한 설명이 없다면 사람들은 오해하기 쉽습니다. 그러한 갑작스러운 침묵은 주위 사람들을 당혹스럽고 불편하게 만듭니다. 그러므로 침묵할 필요가 있을 때는 주위 사람들에게 납득이 가도록 어떤 식으로든 이해를 구하는 것이 좋습니다.

사랑에서 나와야 함

침묵은 그 사람의 무뚝뚝하고, 내성적인 기질의 표출이어서는 안됩니다. 자기 중심적 대화가 안되듯이 침묵 역시 타고난 자신의 과묵한 성품의 표현이어서는 안됩니다. 그러한 무뚝뚝함은 무례로 비쳐지고 상대방을 거북하게 합니다. "사랑의 침묵"에 대한 어거스틴(Augustine)의 권고는 귀기울일 만 합니다.

> "입을 다물려거든 사랑으로 침묵하라. 말을 하려거든 사랑으로 말하라. 남을 바로잡아 주려거든 사랑으로 바로잡아 주라. 용서하려거든 사랑으로 용서하라. 그대 마음 저 깊숙한 곳에 사랑의 뿌리가 드리우게 하라. 이 뿌리에서 선외에 무엇이 나올 수 없거니."[90]

주관적인 사색에 흐르지 않도록 함

퀘이커교도들을[91] 비롯한 종교다원주의자들은 인간 내면에 하나님을 발견하는 빛이 있으며, 침묵을 통해 그것이 가능하다고 합니다. 따라서 저들은 예배에 성경이나 설교보다는 침묵이 주도하도록 합니다. 그러나 기독교의 침묵은 빛을 찾기 위한 주관적인 사색이나 내면 세계로의 여행이 그 목적이 아닙니다.

침묵

침묵은 오직 홀로 있는 자의 고립된 언어가 아닙니다. 침묵은 자기 내면만을 주시하는 탈사회적인 언어가 아닙니다. 침묵은 세상을 외면하고 인간사의 모든 관심을 끊어버리는 신비주의의 언어도 아닙니다.
침묵은 삶의 현장성이 박탈되고 정지된 죽음의 언어가 아닙니다.
침묵은 다만 비성적(非聲的) 사회 언어일 뿐이며,
소리 말의 한계를 극복한 또 하나의 실존적 언어입니다.
침묵은 냉담한 단절이 아니라, 사람 사이에서 자신을 하나님 앞에 두려는 거룩한 몸부림인 동시에 하나님 앞에서 사람에게로 향하는 내면(內面)의 언어입니다.
침묵은 사람과 하나님 그 어느 한 쪽에만 머물어 버리려고 하는 우리의 치우친 경향성에 대한 항거요, 사람들과 하나님 사이를 곡예하듯 넘나드는 정교한 영적 예술입니다.
또한 침묵은 영적 전투를 외면한 겁쟁이들의 함구(緘口)가 아닙니다. 침묵은 제어할 수 없는 악의 원천을 다스린 영적 전사의 개선가 입니다.
침묵은 들리는 소리도 없으나, 날은 날에게 말하고 밤은 밤에게 말하듯(시 19:2), 일종의 영음(靈音)이요, 비어(秘語)요. 귀에 인(印)침 받은 자들에게만 들려지는 거룩한 언어입니다. 그러므로 침묵은 세상의 언어인 동시에 하나님의 언어요, 혼자 만의 언어이고 동시에 공동체의 언어요, 침묵은 치열한 영적 전투 속에서 토해 내는 승리의 언어요, 또한 신령하고 비밀스러운 영어(靈語)입니다

3. 순간을 위하여

"쉬지 말고 기도하라"[92], "자든지 깨든지 주와 동행하라"[93] 등의 성구는 신앙의 지속성을 요청하는 말씀들입니다. 이러한 지속성은 경건에 있어 매우 중요한 요소 입니다. 칼빈이 많은 영향을 받았던 루터와 동시대의 개혁자였던 에라스무스(Erasmus)역시 "경건의 지속성"을 경건의 중심부와 연관지웠습니다.[94]

그런데 우리는 대개 이러한 지속성의 요구에 제대로 부응하지 못합니다. 이는 근본 우리의 나태함에서 비롯되기도 하지만, "지속성"은 곧 "순간성" 문제로 귀결된다는 단순한 수학 원리를 간과해 온 때문이기도 합니다.

즉 우리는 지속성의 문제를 생각할 때, 선(線)이 점(點)의 집합이라는 수학의 기초를 염두에 두지 않습니다. 중간 중간 점 하나씩 만 찍어 주면 그 점은 스스로 확장되어 절로 선이 될 것이라는 순진한 생각을 합니다. 이런 낙관주의는 신앙에 그대로 적용되어, 간헐적인 경건생활만으로도 경건을 지속적으로 유지할 수 있다는 낭만적인 생각을 하도록 만들었습니다. 예컨대 새벽기도를 드리고, 때때로 큐티나 하면 그것이 하루의 나머지를 책임져 줄 것이라고 생각하는 것입니다.

그러나 우리의 경험은 그 점의 파장이 너무 미미하여, 다음 점까지의 공간을 메꾸기에는 충분치 못하다는 것을 항상 확인 할 뿐입니다. 점의 연속적 이어짐만이 선을 구성할 수 있듯이 매 순간의 영성 구현만이 지속적인 경건을 가능케 한다는 사실을 확인시켜 줄 뿐입니다. 만일 하나님의 은혜를 배제시킨 채 단순히 이 논리대로만 확장해 간다면, 순간을 붙잡지 않고서는 한 시간, 하루를 붙들 수 없을 뿐더러 나아가 평생을 붙들 수 없게 된다는 극단적인가정까지 도출해 낼 수 있을 것입니다.

이러한 극단적인 가정을 반드시 따를 필요는 없다 해도, 기독교 영성에서 순간의 중요성을 놓치는 것은 신앙생활의 큰 불행이며, 사단(Satan)의 미혹 중 하나라는 점을 놓쳐서는 안될 것입니다. 1980년대 한국대학생선교회를 통해,『영적 자기진단과 치료』(Sidetracted in the Wildernedd)라는 저서로 한국에 잘 알려진 마이클 웰즈(Michael Wells)는 같은 원리를 설파합니다.

> "사탄이 우리를 패배시키기 위해 할 수 있는 유일한 길은 우리의 순간을 앗아가는 일이다. 그는 우리에게 과거를 되 생각나게 하므로 순간을 자기 것으로 만들고 미래에 대한 불안과 염려를 갖게 하므로 우리의 순간을 도적질한다… 순간을 뺏으려는 악마의 계략은 우리에게서 어떤 한 순간을 뺏아 가려는 것이 아니라 우리 인생 전체를 앗아가는 결과를 가져오게 되는 것이다."[95]

"순간의 영성"의 의미

「순간의 영성」은 생겼다 멸하고, 멸했다가 생기는 찰나생멸(刹那生滅)·찰나무상(刹那無常)의 불교적 찰나 개념을 쫓는 것이거나, 순간적으로 온 세상을 밝히는 마이스트 에크하르트의 "영혼의 불꽃" 개념도 아닙니다. 또한 이는 순간적 종교 희열만을 쫓는 신비주의의 추구도 아니며, 임박한 종말주의자들의 그것과도 다릅니다. 우리의 「순간의 영성」은 신앙의 현재성과, 그 현재성이 곧 지금 이 순간에 구현된다는 평범한 이해에서 출발합니다.

시간을 지나치게 과거, 현재, 미래로 토막내어 그 연속성을 단절시킨 블록화 된 시간 개념만으로는 신앙의 지속성에 대한 완전한 이해를 가질 수 없습니다. 이렇게 토막낸 시간 개념은 중요한 신앙의 주제들을 대개 과거 완료형의 사건으로 귀결짓게 합니다. 전진해 가는 현재는 계속 미래와 과거를 생성시키는데, 이 모두를 현재라는 단어 속에 뭉뚱그려 넣어 그 개념을 모호하게 만들었고, 그 결과 삶의 현재적 치열함을 약화시켰습니다. 이런 현재의 안이함과 모호성에서 건져 주는 것이 바로 이 "순간" 개념으로, 현재에 대한 책임 의식을 분발시킵니다.

이 순간의 영성은 성경에서 "주인이 혼인집에서 돌아와 문을 두드리면 곧 열어 주려고 기다리는 종(從)의 모습에서"[96] 극적으로 묘사되는데, 이 보다 더 순간의 치열성을 요구받는 상황은 없어 보입니다. 그러나 마이클 웰즈는 한 술 더 떠 두려울 정도의 위협적인 어조로, 순간을 영원에로까지 연관지웁니다.

> "하나님께서는 찬란한 과거와 관계없이 지금 이 순간에 우리 한 사람 한 사람과 순간 순간 교제의 시간을 갖기를 원하신다.[97] 승리는 한 순간의 역사이다. 한 순간 순간이 영원한 승리에의 참여가 되거나 영원한 실패에의 참여가 된다는 것이다… 그러므로 내가 결론을 내릴 수 있는 사실은 나는 순간에의 존재라는 것이다. 중요한 모든 것은 순간이다."[98]

순간을 좌시하게 만든 데는 여러 가지 이유가 있을 수 있겠지만, 그 중 하나가 "영적 성숙"이나 "영적 전투"에 대한 의미 왜곡 때문이 아닌가 합니다. 즉 신앙 승리는 일정 단계에 오르기만 하면 절로 쟁취될 수 있다는 생각이, 자신을 "순간"의 의무에 진지하게 연루시키기보다는 일정한 수준의 신앙 단계에 오르려는 시도만을 하도록 만드는것입니다. 이 점에 있어서도 마이클 웰즈의 주장은 단호합니다.

"육적인 그리스도인은 신자의 삶을 실패의 삶에서 승리의 삶으로 나아가는 계단을 오르듯이 단계적인 것으로 잘못 생각한다. 그가 어떤 선한 행위를 한 가지 할 때마다 한 계단 오르게 된다고 생각한다. 어떤 잘못을 범하거나 실수하면 한 계단 내려갔다고 생각한다. 갈라디아서가 가르치는 진리는 그렇지 않다. 우리가 선택해야 하는 것은 육체의 생각을 쫓느냐 영의 생각을 쫓느냐 하는 것이지 승리하는 삶으로 올라가야 하는 여러층의 계단이 아니다. 각 순간마다 내가 육(the flesh) 안에 있느냐, 성령(the Spirit) 안에 있느냐가 중요한 것이다. 순간의 현재 상태가 영원한 실패냐, 영원한 승리냐를 결정하기 때문이다."[99]

아무리 새벽기도를 하고 철야기도를 했어도 순간의 부주의나 영적 방심을 허용하면 실수하고 시험에 듭니다. 이는 다윗, 베드로의 경험에서도 동일하게 발견됩니다. 마귀는 항상 어떤 거창한 싸움을 걸어오는 것이 아니라 사소한 틈(chance)을 탑니다.[100] 위대한 개혁주의자 아더 핑크는 다윗과 베드로의 실패를 순간의 방심 탓으로 돌렸습니다. 다음은 존 플레블(John Flavel)부터 인용한 그의 글입니다.

"우리의 마음을 깨어 지키는 일은 산아래서 이스라엘이 아말렉과 싸우는 동안 모세의 손을 치켜든 채로 있는 것과 방불하다(출 17:12), 모세의 손이 무거워 내려지자 마자 아말렉이 이겼다. 당신은 다윗과 베드로가 그들의 마음을 깨어 지키는 일을 잠깐 몇 분 중단하므로 얼마나 통한의 밤낮을 보내야 했는지를 알것이다."[101]

순간을 좌시하게 하는 또 하나의 요인은 "변화"의 시제(時制) 왜곡입니다. 사람들은 대개 변화를 현재와는 아무 상관없는, 이미 상황 끝의 과거 완료형으로 보려는 유혹을 곧잘 받습니다. 그 결과 매 순간의 영적 투쟁에 대해 느슨한 태도를 갖게 됩니다. 물론 칭의적이고 선언적인 의미에서는, 누구든지 그리스도 안에 있으면 이미 새사람이라는 사실은 의심의 여지가 없지만,[102] 변화는 단지 완료되고 정지된 결과만이 아닌 진행형이기도 하다는 사실 역시 놓쳐서는 안됩니다.[103]

> "쉬지않는 기도 : 매 순간 속사람으로 기도하도록 하라. 얼마 후 당신은 일을 하면서도 이렇게 할 수 있게 된다… 너무 오랫 동안 마음이 흐트러져 있는 채 있지 마라… 영혼의 눈으로 그리스도를 응시하라."[104]

순간의 영성을 위한 실천 방법들

예수 이름 부르기

한 마디로 할 수 있는 「예수 이름 부르기」는 순간의 영성을 구현하기에 용이합니다. 동방정교회의 전유물이 되어 있는 「예수 이름 부르기」는 웬지 생소하고 비복음적으로 보이지만, 이것은 성경이 "예수 그리스도의 이름을 부르는 자"[105]로 정의한 성도의 정체성에도 일치합니다. 그리고 이것은 "주의 이름을 부르는 자에게 구원을 주시겠다는"[106] 약속에 대한 신실한 반응이요, 그 이름의 권세를 믿는 성도들의 특권입니다. 이처럼 예수 이름 부르기는 동방정교회의 독창적인 창작물일 수만은 없는 성경적 근거를 갖고 있으며, 오래 전에 청교도들에 의해 "특별 기도" 라는 명칭으로 사용되기도 했습니다.

> "이 기도는 하루 중 정해진 시간에 드려졌다. 이 기도문들에는 기도할 때, '예수' 라는 이름이나 '사랑' 이라는 말을 계속해서 반복하므로써 기도하는 사람의 정신을 집중케 하는 구절이나 단어들이 포함되었다. 이러한 기도들은 내적 탄식과 신음만으로 충분할 수 있다는 암시까지 주고 있다."[107]

순간의 영성을 위한 「예수 이름 부르기」는 일할 때나 틈날 때, 언제 어디서든 가능합니다. 특별히 위급한 상황에서 하나님의 도움을 필요로 하거나, 죄의 유혹에 직면할 때 유용할 수 있습니다.

이러한 목적 외도, 「예수 이름 부르기」는 마음을 그리스도께 집중시키면서 자아에서 떼어놓으므로 자기 집착, 열등감, 몰입, 비판 등에서 벗어나게 하는 효과가 있습니다. 보스톤(Boston) 대학에서 일단의 사람들을 하루에 수분씩 "예수 기도"를 시킨 결과 괄목할 치유효과를 얻었다는 임상보고는 이의 한 반증입니다.[108]

「예수 이름 부르기」는 그 자체로 기도일 수 있으며, 머뭇거림이나 준비 없이 언제든지 시작할 수 있는 잇점이 있습니다. 그리고 한 호흡으로 할 수 있기에 장문의 기도가 빠질 수 있는 지성, 논리의 덫에서 건짐을 받아, 기도의 생명인 "단순함"을 놓치지 않을 수 있다는 점도 잇점입니다.

그러나 이 「예수 이름 부르기」가 모든 기도를 대체하거나, 하나님과의 유일한 교제 방편이 될 순 없습니다. 이는 지정의의 통합적 영성 원리에 어긋날 뿐 만 아니라, 무엇보다 기도가 주문(呪文)으로 전락할 수 있기 때문입니다. 다만 이것은 충분한 기도의 환경을 갖지 못한 바쁜 일상 속에서 유익합니다.

「예수 이름 부르기」의 방식에 있어서도 꼭 동방정교회의 "예수 기도"[109]의 형태일 필요는 없으며, 복음서나 시편의 한 구절로 대신할 수도 있습니다. 복음주의 교육신학자 리쳐즈 로렌스(Lawrence O. Richards) 목사는 주기도문의 내용을 사용할 것을 권고합니다.[110] 또한 다만 「예수 이름 부르기」로 그치지 않고, 그 뒤에 짧은 고백이나 간구를 덧붙일 수 있습니다.

예수 앙망

순간의 영성을 위한 또 하나의 실천 방법으로 「예수 바라보기」를 제안합니다. 이는 단순히 어린아이가 어머니를 바라보듯이 그리스도를 앙망하는 것입니다. 이는 "예수를 바라보라"[111], "여호와를 앙망하라"[112]는 등의 말씀에 함의된 그대로, 시선을 그리스도께 고정시키는 중단 없는 주목(注目)을 의미합니다. 사실 이것은 훈련 이전에 하나님을 향한 성도의 당연한 자세이며, 그리스도에 대한 끊임없는 신뢰와 애정의 표현입니다.

이런 점에서 그리스도를 바라보는 일은 더할 나위 없는 복음적인 방식입니다. 영국의 청교도 리차드 박스터와 동시대 인물인 아이작 암브로스(Isaac Ambrose)는 깨알같은 작은 글씨로 900여 쪽에 달하는 『Looking Unto Jesus』라는 방대한 책을 저술했는데, 제목 그대로 예수 그리스도를 바라보는 일과 그것의 중요성만을 장황하게 서술했습니다.[113]

기독교 영성은 내면 성찰이나 자기 직시가 아닙니다. 또는 대상을 주시한다는 허울은 가지나 사실은 자기 투영에 지나지 않는 철학적이고 종교다원적인 것과는 다른, 나 밖의(out of me) 예수 그리스도를 바라보는 것입니다. 불뱀에 물려 죽어가던 이스라엘 백성이 구원을 받기 위해 놋뱀을 쳐다보았듯이[114] 예수 그리스도를 바라보는 것입니다. 찰스 스펄전(C. H. Spurgeon)이 "땅 끝의 모든 백성아 나를 앙망하라 그리하면 구원을 얻으리라"[115]는 설교를 듣고, 단지 그리스도를 바라보므로 회심을 경험할 수 있었던 것처럼, 단지 그리스도를 바라보는 것이 기독교 영성의 핵심이며, 구원과 성화 모두가 여기에 의존합니다.

기독교는 그 사람의 문제가 무엇이고 얼마나 그의 문제가 복잡한지, 또한 그가 어떤 성향의 사람인지에 대해서 크게 괘념치 않습니다. 기독교 신앙은 인간 자신과 씨름하는 것이 아니라 근본 예수 그리스도와 씨름하고, 그 분만을 바라봅니다. 그리고 그분을 바라보는 것을 통해 모든 것을 해결받습니다. 일반 정신 치유학에서는 정신병을 치료하기 위해 그 사람의 과거를 추적하고 억압된 잠재의식 등을 상관하지만, 기독교는 과거는 불문에 붙이고(다만 참고 사항으로 삼고), 현재 살아 계신 예수 그리스도를 바라보므로 치유를 받습니다. 뒤엣 것은 잊어버리고 앞에 있는 푯대만을 바라보는[116] 복음의 원리 그대로입니다. 비록 문제는 인간에게서 비롯됐지만 그 해결은 오직 그리스도로부터 온다고 믿는 것입니다.

이는 일반은총으로서의 과학적이고 인간적인 방법이 필요 없다는 말이 아니라, 인간에게 있어 절대절명의 필요는 오직 예수 그리스도라는 말입니다. 기독교 영성은 이 원리 위에 건설됩니다. 칭의도 구원도 성화도 오직 그리스도를 바라보는데서 옵니다. 모세의 얼굴에 씌워진 광채가 시내산에서 40일간 하나님과 대면한 결과로 말미암았듯이[117], 우리의 거룩함 역시 거룩 자체이신 그리스도를 바라봄에 의존합니다.

이처럼 그리스도를 바라보는 일은 우리 신앙의 출발이요 완성입니다.[118] 무명의 그리스도인이 쓴 「행복한 그리스도인」이라는 책에서 그리스도를 바라보는 일의 중요성을 다음과 같이 기록합니다.

> "만일 주인 되신 그리스도를 위해 말할 용기가 나지 않는다면 당신 영혼에 바다 물결이 밀려오듯 기쁨이 넘칠 때까지 당신 존재의 깊은 곳으로부터 생수의 강이 흐르는 것을 발견하게 될 것이다(요 7:38). 당신은 아주 자발적이고도 자연스럽게 그리스도를 증거하게 될 것이다. 이것이 바로 시편 기자가 '저희가 주를 앙망하고 광채를 입었으니' (시 34:5) 라고 말했을 때 생각하고 있었던 것이 아닐까."[119]

또한 그리스도를 바라보는 일은 죄에 대한 적극적인 대처방법이기도 합니다.[120] 바라봄을 일종의 몰두로 산정(算定)하고, 이를 통해 죄를 극복하는 것입니다. 곧 선에 몰입하므로 악에의 관심을 박탈하는 것입니다. 일견 심리학적으로도 타당해 보입니다. 청교도들은 죄를 대처하는 보다 적극적인 방법으로 이 "몰두"의 방식을 채용했습니다.

"어린아이로 더러운 과자를 순순히 버리도록 하게 하는 가장 효과적인 방법은 그에게 사과나 귤을 주는 것인 것처럼 사단의 유혹에서 영혼을 가장 안전하게 지키는 방법은 그 마음이 더 사랑스럽고 만족스러운 대상에 몰두하도록 하는 것이다"[121]

위대한 청교도 존 오웬(John Owen) 역시 다음과 같이 덧붙입니다.

"그리스도와 자주 교제하라. 즉 그의 사랑스러움을 깊이 생각하고 그의 존재의 햇살 아래 머무르며 그가 주려고 준비하고 계신 선물과 은혜로서 당신의 영혼을 새롭게 하라 그러면 당신은 자신 안에 '영생하도록 솟아나는 샘물' (요 4:14)을 갖게 될 것이다. 우리의 감정이 이러한 것들로 가득차고, 채워지고, 사로잡혀 있다면… 죄가 어떻게 우리의 영혼에 접근할 수 있겠는가?"[122]

제 6 장

마음을 위하여

1. 개혁주의 영성에 있어서의 마음의 위치와 역할

마음이라는 뜻의 헬라어 'καρδια'와 'νουν'는 때론 정서와 열정의 대명사 역할을 하기도 하고 때론 생각과 동일시되기도 하며[1], 때론 온 정신적인 상태나 생각의 방법을 의미하기도 합니다. 이 외에도 분별 있는 이해, 진실, 의지, 애정 등 지정의(知情意)의 의미를 다 아우른 복합적인 용어로 사용됩니다.

칼빈 역시 마음의 기능을 복합적인 동시에 부분적 것으로 보았습니다. 그는 마음을 정신과 육체의 신비한 통일체인 인간이 의존되어 있는 본질적인 부분으로 본 동시에," 전통적인 인간성의 기능들 중 한 부분들과 동일시" 했습니다.[2] 그는 때때로 마음을 "애정 또는 영혼의 지적(知的)인 부분"[3]으로 정의했다가, 또 다른 경우에는 "천상의 가르침으로 교육받고 난 다음 내적으로 새로워지게 하는 법이 위치한 곳"[4]으로 정의했습니다.

칼빈이 이처럼 마음에 다양한 의미를 부여한 것은 그가 마음을 다만 지성 혹은 정서의 기능적 작용이 있는 곳만이 아니라, 이 모든 것을 포괄하며 신앙이 생생하게 체험되는 곳으로 이해한 때문입니다. 칼빈에게 있어 믿음이란 복음적 역사에 대한 단순한 지적 동의가 아니었습니다. 그에게 믿음이란 머리보다는 마음을 그리고 이해보다는 애정을 포함하는 것이었습니다.[5]

흔히 사람들이 지나치게 칼빈의 이지적인(理智的) 면만 보거나 혹은 후기의 칼빈 초상화가 풍겨내는 날카로운 인상에 의거해, 그를 차고 메마른 주지주의자로 매도한 것이 얼마나 오류인가 함은, 마음을 중시하는 이런 그의 태도와 스콜라주의(Scholasticism)에 대한 경멸, "기독교의 어리석음"[6]에 대한 인식 등을 통해서 엿볼 수 있습니다.

전인(全人)이 의존된 생명의 원천

칼빈은 마음이 동원되는 곳에 전존재적 의미가 살아난다고 보았습니다. 이는 칼빈의 전기 작가 부스마(William Bouwsma)가 「칼빈의 시편 119:98 주석」을 인용한 내용에서 잘 나타납니다.

> "하나님에 관한 가르침들을 차갑게 철학화 하지 않고 진지한 애정을 갖고 이러한 가르침들에 자신을 내어 맡긴 다윗은 칼빈에게 이러한 지식의 본보기를 제공해 주었다. 이것이 머리로서가 아니라 존재 전체로 무엇을 안다는 것의 의미를 완전히 드러내 주는 것이다."[7]

여기서 칼빈은 머리의 지식인 "철학적 지식"과 전 존재적인 지식인 "마음의 지식"을 구분하므로서, 사변적인 주지주의에 대한 경멸을 나타냈고, 전 존재성을 결정짓는 중추로서의 마음의 위치를 부각시켰습니다.

또한 마음은 지식 만 아니라 영혼과 육체의 생명이 의존되어 있는 곳이며 빛과 어두움, 생명과 사망이 교차하는 곳입니다. 하늘의 은혜와 능력이 머무는 곳인 반면, 사용 방향에 따라 마음은 간음, 살인 등 온갖 악의 원천이 되기도 합니다.[8]

이러한 생명의 원천인 마음은[9] 기독교 영성에서 제일 먼저 주목받아야 할 부분입니다. 이를 소홀히 하고선 신앙생활이 제대로 될 수 없습니다. 하늘의 은사를 맛보고 은혜의 비췸을 얻어야 하는[10] 이 중요한 곳을 육신의 생각들이 난무하도록 아무렇게나 방치할 수 없습니다. 신앙생활의 어려움은 많은 경우 마음에 대한 무관심에서 옵니다.

16세기 청교도 목사 피터 모펫(Peter Moffat, 1570)이 "당신의 샘을 깨끗이 하는 것보다 당신의 마음을 깨끗이 하는 데에, 당신의 양떼를 먹이기 보다 당신의 마음을 먹이는 데에, 당신의 집을 지키는 것 보다 당신의 마음을 지키는 데에 주의를 기울이라"[11]고 말한 것도 같은 맥락입니다. 아더 핑크(A.W.Pink)는 인간의 마음에 대한 책임을 회피하려고 하는 것을 마귀적이라고 까지 말했습니다.

> "사람들은 그들의 마음의 상태에 대해 책임이 없으며, 별들의 운행을 바꿀 수 없는 것처럼 그들의 마음을 변화시킬 수 없다고 사람들을 부추기려고 하는 것이 마귀이다."[12], "모든 일 중에 마음의 일이 가장 어렵다. 헐렁하고 부주의한 정신으로 종교적 의무를 해내는 것에는 큰 수고가 들지 않는다. 그러나 당신 자신을 하나님 앞에 두고, 헐렁하고 헛된 공상들을 끊임없고 진지한 그에 대한 관심 관심에 묶는 일에는 뭔가 대가를 지불해야 한다."[13]

머리와 가슴의 종교

흔히 사람들은 냉철한 지성의 상대 개념으로 "마음"을 많이 말하는데, 이는 "마음"을 정서의 상징으로 보기 때문입니다. 그래서 따뜻한 사람이 되려면 반지성주의로 나가야 하고 예지(叡智)가 번뜩이는 지성의 사람이 되려면 냉철한 사람이 돼야 한다고 생각합니다. 이런 선입견이 마치 "마음"과 "지성"을 나눌 수 있는 것처럼 둘을 대립적으로 놓았습니다.

그래서 고도의 지적 탐구력을 요구받는 자연과학자들은 정서적 행위인 음악, 미술, 문학 같은 예술 분야에 둔감한 것이 당연시되는 반면, 주로 정서를 바탕으로 일하는 예술가들은 지적 논리를 요구하는 자연과학에 서툰 것을 당연시합니다. 그러다 혹 두 가지 모두에 능숙한 사람을 보면, 예컨대 공학도가 피아노를 연주하고 음악가가 논리학이나 수학에 재능을 보이면 아주 특출하게 생각합니다.

물론 이는 어느 정도 사람마다 타고난 적성과 개인차에서 비롯되기도 하지만 고등학교부터 문과(文科), 이과(理科)를 갈라 학문을 지나치게 이분화 하는 교육 제도 탓이기도 합니다. 이러한 이분법은 신앙세계도 그대로 통용되는 듯 하며, 교인들을 곧잘 지성적인 신자와 감정적인 신자로 양분해 버립니다. 그러나 실상 지성과 마음(정서)은 상반적인 관계가 아니라 상호 보완적입니다. 하나님은 본래 인간을 "지정의"의 균형 잡힌 인격으로 창조했습니다. 그러나 타락 후 균형을 잃었고, 개인의 기질과 편향성에 의해 그 쏠림이 더욱 심화된 것 뿐 입니다.

그러나 하나님은 은혜롭게도 다양한 기회와 훈련들을 통해 상호보완할 수 있게 하셨습니다. 치밀한 사고를 가진 수학자는 정서적인 활동을 통해 지적 예민성을 기름지게 하고, 예술가는 지적이고 논리적인 훈련을 통해 그의 예술성을 더욱 구성감 있게 합니다.

마찬가지로 기독교가 지성을 우위로 한다 해서, 중요한 은사인 마음의 기능을 등한시하진 않습니다. 이는 전인적 영성 원리에도 위배됩니다. 칼빈은 믿음의 정의에서 "머리와 가슴의 연합"을 강조했습니다.[14]

개혁자들은 하나님과 믿음에 전인적으로 불탔던―단지 감정적 열정만이 아닌―사람들이었습니다. 18세기 미국의 청교도 조나단 에드워드(Jonathan Edwards)는 당대의 차갑고 말라빠진 주지주의 신앙을 비판하면서, "진정한 신앙은 머리의 종교가 아니고 가슴의 종교라야 한다. 진정한 덕과 거룩은 머리 보다 심장에 그 자리가 잡혀야 한다"고 한 것도 같은 맥락에서 이해될 수 있습니다[15]

지정의(知情意)를 유기적으로 아우름

흔히 심리학자와 철학자는 인간을 논할 때 "인격론적" 혹은 "존재론적"으로 접근하는 경향이 있습니다. 전자는 인간을 주로 인격적 차원에서 접근하며, 그 주된 요소로 "지정의"(知情意)를 들며, 후자는 인간을 주로 "마음(혹은 영혼)과 육체"를 가진 존재로 이해하며, 지정의는 "마음"에 포함시켜 버립니다. 그리고 인격론적 입장이든 존재론적 입장이든 유기체인 "지정의"를 하나 하나 독립적으로 구분 짓기가 어렵습니다. 더군다나 지정의가 마음에 귀속되는 동시에 육체와도 연관되는 후자의 입장에선 더욱 그러합니다.

이러한 유기체적 인식은 역시 칼빈에게서도 발견됩니다. 그는 "지정의"의 계층구조를 인정하면서도, 인간성을 구별되는 부분들로 분석하기를 거부했습니다. 그는 심지어 "인간을 영혼과 육체로 구별하는 것마저

미심쩍게 여겼습니다."[16] 이는 인간을 포괄적 관점에서 보는 그의 입장 때문입니다.

오늘 일부 영성 이론은 사람을 전인적, 통합적 관점에서 보지 않고, 지정의를 개별적으로 분리시켜 한 부분을 지나치게 강조하거나, 혹은 지나치게 인간을 영, 육으로 구분시켜, 그의 "영"이 어떻다느니 "육"이 어떻다느니 하면서 인간의 전인성과 유기체성을 훼손시킵니다. 감정의 문제는 홀로 감정만의 문제가 아니고 지성과 의지의 연관성 아래서 된 전체 마음의 문제입니다. 따라서 마음이란 단지 지성이나 의지만도 아니고, 그리고 정서나 감정의 대신 만도 아닙니다. 마음이란 이해, 진실, 의지, 따뜻함, 애정 등 지정의(知情意)의 포괄적인 의미 외에 모든 내면적인 것들의 총체입니다.[17]

오늘 감정행사의 미숙함, 태도의 경직됨, 지나치게 비판적으로 되는 것은 근본 인간의 죄성에서도 기인하지만, 우리의 심화된 편향성 때문이기도 합니다. 성숙한 영성은 지정의의 균형을 유지합니다. 사물에 대해 지성적인 분별력을 가지면서도 냉정하고 경직되지 않습니다. 불가피하게 사람을 "판단"[18]해야 할 경우에도, 그것이 "비난"[19]으로 흐르지 않도록 판단에 온기가 깃들어 있습니다. 그리고 기쁜 일, 슬픈 일을 만날 때에도 지나친 도취에 빠지는 일없이 적절히 분출하고 통제할 줄 아는 능력을 갖습니다.

형식적이고 습관적인 것에 대한 상대 개념

형식적, 습관적인 종교에 대한 상대 개념으로서의 "마음 종교"를 말하고자 합니다. 마음은 신 구약 종교개혁의 중심 주제였습니다.[20] 예수님이 가장 신랄하게 정죄한 죄는 마음이 담기지 않은 외식이었으며, 저 유명한 7화(禍)[21]는 외식에 관한 죄입니다. 이는 미중생한 자들을 향한 것일 뿐 아니라, 하나님의 자녀이면서도 형식적인 신앙에 머무는 자들을 향한 책망이기도 합니다.

"하나님을 올바로 섬기기 위해서는 오직 외면적인 덕들을 다 갖추었다 하더라도 불충분하기 때문에, 우리들의 마음이 하나님께 드려져야 한다. 사랑이 우선돼야 한다"[22]는 칼빈의 말 역시 같은 맥락입니다. 칼빈에게 있어 믿음이란 복음적 역사에 대한 단순한 지적 동의가 아니었습니다. 믿음은 "머리보다는 마음을, 그리고 이해보다는 애정을" 포함하는 것이었습니다. 칼빈이 믿음의 위치를 마음에 둔 것은 참된 지식의 내면성을 시사한 것이었습니다.[23] 다음의 칼빈의 정의는 이 논증을 더욱 확고히 해 줍니다.

> "그리스도에 대한 지식은 말의 가르침이 아니라 생명의 가르침이다… 그리스도에 대한 지식이 우리의 전 영혼을 사로잡고, 우리 마음 가장 깊숙한 곳에 자리를 발견하고 거하게 되어야만 참으로 우리가 받아들인 것이다. 이 지식이 우리의 마음속에 들어와서 우리의 일상 속에 침투해야 한다."[24]

개혁주의 영성학자 하워드 라이스(Howard Rice)가 칼빈을 인용해, 거짓과 구별되는 성령 역사로서의 참된 신앙의 표지로, 마음의 신앙을 말한 것 역시 같은 조망입니다.

> "믿음은 우리에 대한 하나님의 선하심을 굳게 또 확실하게 아는 지식이며, 이 지식은 그리스도 안에서 값없이 주신 약속의 신실함을 근거로 삼은 것이며, 성령을 통해 우리의 마음에 계시되며 우리의 가슴에 인 쳐진 것이다. 믿음은 거짓과는 확연히 구별되는 진리를 포함하

고 있으며, 따라서 마음도 마땅히 여기에 포함돼야 한다."[25]

청교도 토마스 왓슨(Thomas Watson)이 정의해 준 경건의 본질 역시 동일합니다.

"경건은 내적인 것이다. 경건은 주로 마음속에 있다. '할례는 마음에 할지니'"(롬 2:29). 이슬은 잎사귀에 달려 있고 수액은 뿌리에 숨겨져 있다. 도덕론자의 종교는 온통 잎사귀에만 있는 것으로서 외면적인 것들이다. 그러나 경건은 영혼에 뿌리 내린 거룩한 수액이다. 고대 갈대아어로 '내 속'이라는 것은(시 51:6) '마음속 비밀한 곳'으로 해석된다"[26]

신비의 여지를 남김

칼빈은 마음을 지정의의 유기체로 보면서도 지정의를 초월하는 그 무엇으로 말하기를 주저하지 않았습니다. 다음은 마음을 인위적으로 분석, 통합하려는 시도를 하지 않은 칼빈의 태도에 관한 글입니다.

"지식의 기존 체계와의 불연속성, 부정합, 모순돼 보이는 것 끼리에 대해서까지 억지로 짜 맞추려는 노력을 하지 않았고… 모든 것이 일정한 체계 안에서 통일을 이루어야 한다는 생각도 없었습니다."[27]

이런 칼빈의 태도는 믿음 한 가운데 위치해 있는 신비, 인간 이성의 한계에 대한 자각, 신학의 인위성과 불완전성에 대한 인식, 그리고 인간 경험의 모순된 실재들에 대한 그의 개방성에서 나왔습니다. 그리고 이런 칼빈의 신학 태도는 신비에 대한 담론을 열어 주었습니다. 하워드 라이스 역시 칼빈의 이러한 입장과 일치합니다.

"스스로를 칼빈주의자들이라고 부르는 칼빈의 많은 추종자들은 한 가지 잘못을 범했다. 이들은 정확한 교리에 대한 동의로서의 믿음과 신뢰하기가 매우 힘든 상황에서도 하나님을 신뢰할 수 있도록 해주는 하나님의 사랑에 대한 강한 감정적 반응으로서의 믿음 이 둘을 분리시켜버렸다"[28]

그는 계속하여 믿음의 합리성에만 매달리는 어리석음을 질타합니다.

"우리는 우리가 믿는 것을 이해해야 한다. 그렇지 못할 경우 우리의 믿음은 의미없는 헛소리가 되고 만다. 그러나 합리성만으로는 충분치 않다…믿음은 마음으로 파악될 수 있는 어떤 것에 제한되어서는 안된다. 그렇지 못할 경우, 믿음은 지적 동의를 구하는 언어적 공식으로 전락할 수 있다."[29]

이 외에도 신비에 대한 담론을 열어주는 또 한 가지 가능성은 완전히 이해할 수 없는 인간 마음의 불가해성 입니다. 심리학과 두뇌과학의 발달에도 불구하고 마음과 인격, 영혼과 인격의 관계, 그리고 육체와 마음의 관계 등 마음의 실체에 대한 미진한 규명들은 사람들을 겸손하게 했고, 그러한 겸손은 모든 것을 파헤치겠다는 인간의 오만과 불필요한 호기심을 접고 신비를 겸허히 수용하도록 만들었습니다.

종교다원주의의 경계

신학과 심리학의 결탁으로 현대인의 마음은 온갖 잡다한 신학 실험장이 되고 있으며, 이는 종교다원주의를 파생시킨 한 원인이기도 합니다. 개혁주의가 마음을 중시하지만 성경을 넘어서는 지나친 강조여서는 안 됩니다. 성경이 마음을 생명의 원천이라 했음은 마음이 영혼과 믿음의 좌소라는 점에서이지, "뭐든지 마음먹기에 달렸다" 는 종교다원주의의 통념에 대한 동의는 아닙니다. 마음의 강조가 하나님의 말씀을 넘어 구속 신앙의 절대성을 훼손시켜서는 안됩니다.

지성 절대주의도 우려되지만, 오늘날 지나치게 마음(감성)을 중시하는 일부의 풍토는 18, 9세기 낭만주의의 부활을 보는 듯 합니다. 성경 말씀보다는 자유로운 감성의 흐름을 좇아 거기서 나오는 느낌과 생각들을 하나님의 뜻으로 단언해버리는 모습들은, 자기 마음의 생각 따라 예언한 거짓 선지자들을[30] 연상시킵니다.

타락한 인간의 마음은 믿을 만한 것이 못됩니다. 성경은 만물 보다 거짓되고 심히 부패한 것이 인간의 마음이라고 말합니다.[31] 개혁자들이 마음을 중시했으면서도 마음과 감정에 대한 맹목적인 신뢰를 주진 않았음은 이러한 마음의 부패성을 간파한 때문입니다.

기독교를 지나치게 마음 문제에 천착(穿鑿)시킬 때 생기는 또 하나의 문제는 외부 세계에 대한 모든 관심을 차단한 채 오직 내면 지향적인 종교로 나아가게 한다는 점입니다. 이는 하나님의 우주론적 통치와 신앙의 역사성을 좌시하게 하고, 기독교 신앙을 개인의 내면 체험과 동일시 해버리는 신비주의로 전락시킵니다.

신비주의는 흔히 외면적인 것을 내면의 영성을 위한 방편으로 삼습니다. 예컨대 노동의 목적을 생산이나 재화 획득에 두기보다는 주로 기도에 몰입하기 위한 방편으로 삼습니다. 그리고 그들은 항상 우주 보다 광활한 내면 세계를 강조하고, 내면 세계의 여행을 우주 탐사를 능가하는 영웅적인 모험으로 찬양하면서 신비주의의 정당성을 확보하려 합니다. 영성신학자 달라스 윌라드가 지적하는대로 믿음이 이렇게 마음만의 문제로 축소될 때, 진리는 생명력을 잃게 됩니다.

"기독교의 관습에 있어서 가장 기만적인 것들 가운데 하나는 실제로 모든 문제는 우리의 내면적 감정, 이념, 신념 그리고 의도라고 생각하는 개념이다. 무엇보다도 구원을 삶에서 분리시킴으로써 우리에게서 하나님에 관한 생명력 있는 진리들을 박탈해버리고, 몸으로 하여금 죄를 방어할 수 없게 만드는 것은 바로 인간 심리에 관한 이같은 실수에 기인한다"[32]

개혁주의는 내면의 영성과 외면의 영성 모두를 중시합니다. 이는 하나님은 기도, 묵상 가운데서만 역사 하시는 것이 아니고, 일상적 삶의 현장 속에서도 주권적으로 역사 하시는 분이기 때문입니다. 그리스도를 명실공히 보이는 세계와 보이지 않는 세계의 왕으로 모시려는 개혁주의 신자들은 이 둘 중 어느 한 쪽도 소홀히 할 수 없습니다.

하나님과 사람의 일터인 마음

인간의 마음은 하나님의 중생 역사와[33] 인도가 이루어지는 하나님의 일터입니다.[34] 그리고 그러한 역사(役事)들은 대개 성령의 새롭게 하심과[35] 조명[36]으로 됩니다. 헬라어 $\kappa\alpha\rho\delta\iota\alpha$, $\nu o \upsilon \nu$, $\nu o \eta \mu \alpha \tau \alpha$(마음)가 함의한 "비췸을 받는 장소"란 뜻 그대로, 마음의 모든 덕목은 하나님의 비침에 기인합니다.

하나님의 거룩한 빛 앞에서 노출되는 인간의 비천함은 스스로를 겸비케 하고, 독생자를 통해 나타난 하나님의 사랑의 광채는 그의 마음에서 죄와 어둠을 몰아냅니다. 이러한 점들 때문에, 기독교 영성은 하나님 의존적인 것으로 규정되며, 인간이 주도하고 인간 스스로의 가능성을 바탕으로 한 여타의 인격 수양이나 심리 요법과 구별됩니다.

동시에 마음은 인간의 일터이며 인간 몫의 영역이기도 합니다. 이는 믿음이 초자연적인 하나님의 일이면서도 인간 편에서 예측 가능한 발달적 측면을 갖고 있다는 점 때문입니다. 트리니티(Trinity)대학의 기독교 교육학 교수 페리 다운즈(Perry G. Downs)는 동일한 견해를 피력합니다.

"믿음은 부분적으로는 인간적인 현상이므로(즉 하나님으로부터 온 선물이지만 인간이 발휘하는 것이므로) 사람들이 자신의 믿음을 경험하는데 전인적인 관점이 필요하다. 믿음은 전인을 포함하기 때문에 전체적인 발달 환경 안에서 이해돼야 한다."[37]

신본주의를 표방하는 개혁주의는 전통적으로 "인간의 일", "인간 중심" 등의 용어에 대해 상투적인 거부감을 나타내므로 그런 주제들에 대해 원활한 논의가 되지 못했는데, 이는 신본주의, 인본주의를 너무 편협하게 가른 때문이 아닌가 합니다. 16세기 인문주의가 곧 무신론주의가 아니었듯이, "인간적인 일"의 시도가 곧 신본주의의 훼파는 아닙니다. 이는 개혁주의 변증학자 코넬리우스 반 틸(C .Van Til)이 기독교 교육에 있어 인간 중심의 커리큘럼 운운한데서도 잘 나타냅니다.

"사람은 하나님을 위해 존재하지만, 피조 세계의 다른 것들은 인간을 위해 존재한다. 그러므로 이런 의미에서 커리큘럼은 인간 중심이 돼야 한다. 이렇게 될 때만 그것이 하나님 중심이 된다."[38]

다시 본론으로 돌아와서, 믿음의 발달 이론은 성경은 물론[39], 발달심리학에도 상당 부분 빚지고 있음을 일러두고자 합니다.[40] 이러한 믿음의 발달적 측면은 전인(全人)의 균형 있고 조화로운 성장을 요구하며, 이를 위한 정당한 방법들의 사용을 배제하지 않습니다. 페리 다운즈는 기독교

교육의 완성을 생각과 행동의 조화로운 발달로 보고자 했습니다.

"기독교 교육이 효과를 거두려면, 영적 성장에서 정신이 하는 역할을 제대로 이해해야 한다. 교회는 생각의 방법이 하나님 백성이 되는 중요한 일면이 된다고 평가해야 한다. 우리는 생각과 행동의 관계에 관한 성경의 명령을 따르며, 기독교인의 삶에서 인식적인 것과 의지적인 것 모두를 중시해야 한다."[41]

우리는 그리스도의 십자가에 대한 믿음이 결코 마음의 역할을 좌시하지 않게 한다는 것을 기억할 필요가 있습니다. 우리는 "하나님이 우리의 마음을 변화시켜 우리의 모든 생각이 그리스도께 복종할 수 있을 때까지 마음, 이성, 의식을 사용해야 합니다".[42]

돌봄을 필요로 하는 마음

"오직 믿음"의 종교개혁 원리가 마음 수양의 필요성을 없이하지 못합니다.[43] 전인적 영성의 관점에서 육체를 보양하듯이 마음도 보양할 필요가 있습니다. 육체의 한 부분이 약할 때 거동을 조심하고 음식, 약, 운동으로 보양하듯이, 마음과 심리상의 문제가 있을 때 상응하는 조치를 취하는 것은 당연합니다.

그러나 대개 사람들은 마음의 문제는 오직 영적인 차원으로만 해결해야 할 것으로 생각하며, 특히 보수적 신앙인 일수록 더욱 그러합니다. 즉 은혜만 받으면 마음은 저절로 건강해질 것이라는 단순한 생각을 합니다. 아마 이러한 생각의 저변에는 은혜의 지위를 높이려는 생각과, 기독교 신앙을 마음의 문제로 격하시키는 종교다원주의적인 것에 대한 경계심 때문일 것입니다.

그러나 마음은 중생, 믿음 같은 초자연적인 역사가 발생하는 특별 은총의 영역인 동시에, 인간 존재의 보편성이 지배하는 일반 은총의 영역이기도 합니다. 그렇다고 이것이 일반은총에 대한 특별은총의 장악을 부정하고 특별은총과 일반은총을 평행 구도 속에 두려는 것이거나, 혹은 영적인 것과 자연적인 것의 적대성을 주장한 바울, 루터적 가르침을 부인하자는 것도 아닙니다. 이는 다만 마음이 영적인 좌소인 동시에 보편적인 심리 현상이 작용하는, 그러면서 둘이 상호 영향을 끼치는 영적 · 일반적 돌봄을 모두 필요로 하는 곳임을 말하려는 것입니다.

이렇게 마음의 이중적 필요가 요구되는데도 우리는 여전히 "마음"을 영적인 돌봄의 대상으로만 한정하려고 합니다. 우리는 육체에 어떤 돌봄이 필요할 때는 별반 신학적 의식 없이 곧 잘 배려를 합니다. 예컨대 배고프면 밥을 먹고, 아프면 약을 먹고, 피곤하면 쉬기도 합니다. 그리고 누가 이렇게 육체를 보양(保養)한다고 해서 아무도 육체주의니 인본주의니 하면서 신학적 비판을 가하지 않습니다. 그러나 유독 마음을 돌보는 일에 대해선 껄끄럽게 여기며 다른 잣대를 갖다 댑니다. 인간 존재의 한 부분으로서의 마음을 돌보는 일인데도 말입니다.

마음의 일반적 돌봄에 대해선 예수님도 그 필요성을 인정하셨습니다. 예수님은 제자들에게 영적 안식 외에 또 다른 휴식이 필요하다는 것을 아셨습니다. 복음 전도에 수고하고 돌아온 제자들을 향해 "한적한 곳에 와서 쉬어라"[44]고 종용하신 말씀은 그것의 필요성에 대한 인정입니다. 기독교인이라고 해서 심신이 피곤할 때 다만 기도로만 그것을 풀어야만 되고, 다른 형태의 휴식을 도모하는 것은 비신앙적이라고 말할 순 없습니다.

감정의 문제 역시 마찬가지입니다. 만약에 누가 분노의 감정에 휘둘

리려고 할 때, 마음을 다스리는 노력을 한다고 해서 비판할 수 없습니다. 육체적으로 병든 자가 기도와 함께 의술을 병행하듯이, 정서적 약점이 있는 사람들은 하나님께 기도하면서 그 부분에 대한 돌봄과 배려가 필요합니다. 위장이 약한 사람이 섭생(攝生)에 주의하고, 간 질환자가 술 담배나 무리한 활동을 자제하는 것처럼 혈기, 분노를 잘하는 사람은 감정 관리에 주의하고, 조바심을 잘 하는 사람은 마음을 느긋하게 하기를 힘써야 합니다.

마음은 여전히 이전의 구습을 좇으면서 하나님께 구한다고 해서 마음이 바로될 수는 없습니다. 습관적으로 불평, 미움, 분노를 발하면서 마음의 평안을 간구하는 것은 비합리적이고 미신적이기까지 합니다. 이 같이 서로 반대되는 감정들은 심리적으로 서로 공존할 수 없습니다. 이는 마치 위장병을 가진 자가 병 낫기를 구하면서 계속 폭음 폭식을 하는 것과 같습니다. 건강한 심령을 위해 기도, 말씀 같은 영적 방편들의 사용과 함께 은혜가운데 고요하고 평안한 마음을 유지하려고 힘써야 합니다.[45]

담겨지는 곳

마음의 생각은 스치고 지나가 버리는 것이 아니라 마음속에 흔적과 자취를 남기고, 그것이 축적되어 우리의 성향과 인격이 됩니다. 누가 "시간은 흘러 소멸돼 버리는 것이 아니라 차곡 차곡 쌓여 역사를 이룬다"고 했듯이, 생각 역시 그러합니다. "새가 머리 위로 나를 수는 있어도 머리 위둥지를 틀지 못하게 하라"는 루터의 말처럼, 스쳐 지나가는 일시적인 나쁜 생각까지야 통제할 수 는 없지만, 그것이 고착화되어 우리의 성향이 되게 해서는 안됩니다.

나쁜 생각은 둥지를 틀지 못하게 하고 선한 생각은 습관화하여 그것이 우리의 성향이 되도록 해야 합니다. 이런 점에서 우리는 마음의 "저장과 출고"의 원리를 말할 수 있습니다. 창고에 쌓은 곡식을 꺼내 오듯이 선이든 악이든 내면에 쌓은 대로 꺼내 오게 마련입니다. 우리 마음이 쉽게 악에 굴복되고, 의도대로 마음을 통제하지 못하는 것은 지속적으로 거룩한 생각들을 축적하지 못한 때문입니다. 예수님께서 "마음에 쌓은 선으로 선을 내고, 쌓은 악으로 악을 내며, 마음에 가득한 것을 입으로 말한다"[46]고 한 말씀 그대로입니다.

17세기 청교도 C.W. 구르날(1660)도 같은 취지의 말을 합니다.

"물이 입구까지 가득 차서 한 번 만 펌프질을 해도 물이 쏟아져 나오는 그런 우물은 거의 없다. 마찬가지로 일반적으로 마음도 그렇게 영적이지 못하며(우리가 세상적인 화제에 대단히 조심함에도 불구하고), 그 마음을 끌어올리고 고양시킬 그 어떤 것이 없다면 하나님께 자유스럽고 자연스럽게 향하지는 못한다. 은혜의 샘은 보통 너무도 깊어서 한 번의 펌프질만으로는 마음이 기도하는 기분이 들도록 하지 못한다."[47]

한 두 번의 간헐적인 거룩한 생각, 이 따 끔씩 주를 찾는 것으로는 밖으로 길어 낼만큼의 충분한 원천이 되질 못합니다. 지속적으로 주와 교통하며 거룩한 생각으로 채워진 사람만이, 내어 올 것이 가득한 창고와 같습니다. 이런 사람은 억지로 경건한 분위기를 연출할 필요도, 기도하기 위해 새삼 마음을 추스릴 필요도 없습니다. 솟는 샘처럼 언제 어디서나 그 흘러남이 자연스럽습니다.

그런데 우리는 마음에 쌓은 것도 없이 밖으로 내 놓으려고 만 합니다. 마음에는 거룩이 없는데 입으로는 거룩을 말하고, 마음에는 사랑이 없는

데 입으로는 사랑을 말하려고 합니다. 이렇게 하니 모든 것이 연기(演技)를 하는 것처럼 남의 옷을 빌려 입은 것처럼 부자연스럽습니다.

이는 오늘날 기독교 신학이, 인간을 지나치게 하나님과의 관계 속에서만 이해하려는 "관계론적 영성"에 치우친 나머지, 담겨지는 존재로서의 "존재론적 영성"을 좌시한 데서 온 하나의 결과가 아닌가 합니다. 칼빈의 인간 이해는 관계론적, 존재론적 개념을[48] 모두 수용한 포괄적인 것으로 보입니다. "존재"와 "관계"는 함께 수용될 수 없는 상반된 것이 아니라, 상호 작용 속에서 함께 수용됩니다. 지속적인 하나님과의 교제(관계)는 그 자체로 습관이 되고(존재), 반대로, 형성된 교제의 습관은(존재) 하나님과의 교제(관계)를 쉽게 만듭니다. 습관을 쫓은 예수님의 기도 생활은 그 좋은 예입니다(눅 22:39). 그의 기도생활은 지속적인 하나님과의 교제(관계)인 동시에 형성된 습관(존재)이기도 했습니다.

2. 마음 훈련

마음을 지키고 다스림

이 주제를 말하면 흔히 사람들은 동양 종교나 마인드 콘트롤(Mind Control) 등을 떠올리고, "오직 믿음"만을 강조하는 기독교 영성과는 거리가 있는 것으로 간주해 버립니다. 그러나 성경은 마음은 생명의 원천이며, "모든 주의를 다 기우려 지켜야 할"(keeping with all keeping) 대상으로 말합니다.[49] 존 오웬(John Owen)을 비롯해 위대한 청교도들은 마음을 지키고 다스리는 것에 대해 지대한 관심을 기울였습니다.[50]

존 플레블(John Favel)은 '심장(마음)과 몸'의 관계를 '거룩(마음)과 영혼'의 관계에 비유하여, "전체적인 몸의 상태는 심장의 건강과 활력에 달려 있고 사람 전체의 영원한 상태는 그 영혼(마음)의 상태가 선한가 악한가에 달려 있다"[51]고 했고, 아더 핑크(Arthur Pink)는 "마음은 우리 책임영역의 중심에 있으며, 마음을 개선하고 지켜야 한다는 당위성을 부인하는 것은 인간의 책임을 포기하는 것이다"[52]는 말로서 마음의 극단적인 중요성을 부각시켰습니다.

존 오웬(John Owen)은 한 걸음 더 나아가 마음을 지키는 것을 하나님의 마음에 합하며, 인생의 목표에 도달하는 것으로까지 말했습니다.

> "마음을 지키는 일에 모든 것이 달려 있다. 마음을 지키게 되면 우리 삶의 모든 과정이 하나님의 마음에 따라 일치가 될 것이며 우리 삶의 목적은 그를 따라 하나님을 즐거워하는 것이 될 것이다. 이것을 무시해 버린다면, 이 지상에서는 순종을 이 후에는 영광을 잃어버린 생활이 될 것이다."[53]

청교도들은 일치되게, 외적인 봉사나 업적 보다 마음을 지키고 다스리는 것을 일생 일대의 책임으로 여겼습니다. 그들의 종교는, 종교적인 일들이 다만 일과성 이벤트로 끝나고 종교의 의무가 단지 겉으로 드러나는 업적으로만 가늠되는, 작금의 기독교 현실과는 너무도 다릅니다.

생각을 다스림

"생각"의 문제를, 앞의 "지성"(영성의 향도로서의) 부분에서 다루지 않고 여기서 따로 다루는 것은, 생각을 단순한 지성과는 구별 지우려는 의도 때문입니다. 앞서 말한 "지성"은 외부로부터 정보를 수용하고 그것을 분석, 판단하는 기능적 차원에 가까웠다면, 여기서 말하는 마음의 생각은 올바르게 사유하고 도덕적인 의지 결정을 하며, 정신의 도덕적 상태의 총체로서의 생각의 태도와 방법[54], 그리고 생각의 결과로서의 사상, 정서, 갈망, 소원[55], 사랑[56] 까지 아우릅니다.

이렇게 지성과 생각을 구별지우는 것은 학자들에게 있어 그리 생소한 것은 아닌 것 같습니다. 페리 다운즈(Perry G. Downs) 역시 지식의 창고로서의 지성과 사고 방식으로서의 지성을 구별합니다.

"발견 학습은 사람들로 하여금 다른 사람들의 개념의 창고를 채우는
것 이상의 일을 하기 위해서 정신을 사용하도록 가르친다."

그리고 그는 "만일 우리가 주위의 삶과 실체에 대해서 하나님과 같은 방법으로 생각하지 않는다면, 과연 어떤 의미에서 우리 자신을 기독교인이라고 생각할 수 있을 것인가"[57]라고 말하면서, 교회 교육의 최종 목적인 삶의 변화는 마음이 변화되므로 성취되며, 그 마음의 변화는 단지 신앙적 정보를 획득하는 것으로서가 아니라 기독교인답게 생각하는 것에서 온다고 했습니다.

그러면 하나님과 같은 생각, 성경적인 사고방식이란 무엇인가? 이는 하나님을 따라 생각하는 "수납적인 사유"(Receptivity Principle of Thought)입니다. 신학적인 표현으로 하면 "계시의존 사색"[58] 혹은 "순환적 추론"입니다(Circular Reasoning). 이는 코넬리우스 반 틸(C. Van Till) 교수가 무신론적 사유를 인간 스스로의 독립적인 사유(思惟)로, 유신론적 사유(思惟)를 하나님 사유(思惟)의 수납으로 규정한데서 분명해집니다.

"기독교 혹은 유신적 문화는… 수납적인 사유(思惟) 원리에 의해 콘
트롤 된다. 이런 수납을 갖지 못한 자는 구원을 받지 못하며 인간 문
화도 갖지 못한다"[59]

그는 "생각"을 하나님 자녀와 세상의 자녀를 가르는 분수령으로, 유·

무신론을 가르는 기로로, 순종과 반역의 갈림길로 보았습니다.

그리고 생각은 단지 하나님과 사람을 향한 내면적 태도에 국한되지 않고 전 삶의 흐름을 주도합니다. 아더 핑크 역시 생각과 삶의 긴밀성을 역설합니다.

"만일 우리 마음속에 불경건과 교만, 탐욕, 적의, 불순한 욕망이 거주하게 된다면 우리 생활의 전 흐름은 이러한 악으로 크게 오염될 것이다."[60]

이렇게 삶의 흐름을 주도하는 "생각"은 당연히 모든 인간 관계에도 결정적인 영향을 미칩니다.[61] 어떤 심리학자가 「노년의 이혼」이란 한 방송 프로그램에서, "이혼의 원인 중 많은 경우가 마음을 다스리지 못한 때문이라고 하면서, 이혼의 해결책 역시 다른데 있지 않고 부부가 마음을 다스리고 생각을 바꾸는 것에 있다"고 했습니다. 이는 "생각"은 결코 인간 내면에 국한 된 일이 아님을 새삼 일깨워 주는 말입니다.

감정을 다스림

마음이라는 단어 $καρδια,\ νουν,\ νοηματα$는 정서와 열정의 대명사와 같으며, 이런 마음의 감정적 속성은 통제와 훈련의 당위성을 요청합니다. 특별히 신앙을 감정과 동일한 것으로 여기며, 말씀보다는 감정 따라 신앙이 좌지우지되는 현시대에는 더욱 그러합니다. 사람들은 감정의 기복 따라 천국과 지옥을 경험하며, 쉬 사단의 미혹 아래 떨어지기도 합니다. 일찍이 개혁주의자들은 이러한 감정적 신앙의 부작용을 알고 성도들에게 경계심을 고취시켰습니다.[62]

"감성에 대한 개혁주의의 거부는 다음과 같은 의도를 가지고 있다. 이 것은 열성적인 감정을 추구하며 예수와의 친밀한 느낌을 충성의 궁극 적 평가 기준으로 삼는 잘못된 경건들로부터 벗어나려는 것이다… 마 음이란 이러한 잘못된 인도의 위험으로부터 자유롭지 못하다."[63]

루터 역시 믿음이 아닌 감정적인 느낌에서 뭔가를 확증하려는 자들에 대해 경고하면서, 하나님이 나를 사랑한다는 것을 느낌으로 확인하려고 하지 말고, 오직 믿음으로 받아들일 것을 권면 했습니다.[64] 여기서도 예외 없이 그의 "오직 믿음"의 신학은 확인됩니다.

반대로 감정을 무조건 부정적으로 보는 경향 역시 경계해야 합니다. 희노애락은 인간의 본능입니다. 성경 어디에고 감정을 죄악시하거나 부정적으로 말하는 곳은 없습니다.[65] 올바른 감정 표현은 하나님께 영광을 돌리는 수단이 되고, 사람을 건강하게 하고 교제의 좋은 방편이 됩니다.

칼빈은 감정 표현을 천박하게 보고, 감정을 엄금하는 스토익(Stoic) 철학자들을 경멸했습니다. 그는 "사용은 하나 즐기지는 않도록 한다"는 어거스틴의 신조를 스토아주의(Stoicism)에서 나온 것으로 보았으며, 그는 모든 인간성을 내던져 버리고 마치 목석처럼 곤경의 때나 번영의 때나, 슬픈 때나 기쁜 때나 동요가 없어야 한다고 주장하는 스토이시즘을 비웃었습니다.[66] 그리스도의 감정은 그의 인간성의 본질적인 부분이었습니다. 그 분은 자신과 다른 사람들의 행·불행에 기뻐하고 슬퍼하는 적극적인 감정 반응을 보였습니다. 우리는 신앙에 있어 지나친 감정주의는 경계하되, 경건한 신앙이란 곧 감정을 느끼거나 표출할 줄도 모르는 것으로 오도하는 일 역시 없어야겠습니다.

노동

　마음이 행동을 이끌기도 하지만 반대로 마음이 행동의 영향을 받는다는 고전적인 심리학 이론에 근거하지 않더라도, 노동을 마음을 다스리는 도구로 삼는데 어려움이 없음은, 마음과 행동이 상호 유기적으로 영향을 미친다는 전인성 원리에 의해서입니다. 노동은 복잡한 의식을 단순화시키는 일종의 정지(整地) 역할을 합니다. 어거스틴은 창세기 2:15절, 「여호와 하나님이 그 사람을 이끌어 에덴 동산에 두사 그것을 다스리며 지키게 하시고」라는 말씀을 해석하면서, 노동을 단순한 문화 명령 이상의, 정신의 단련 혹은 경건의 방편으로 보았습니다.

> "육체 노동이야말로 인간 지성활동을 보완할뿐더러 수덕 생활 그 자체에 불가결한 요소이다. 노동은 육체의 단련이며, 정신의 단련도 된다. 인간은 자기의 어느 한 부분만으로는 자기를 완성하지 못한다."[67]

　신비주의자들이 노동을 경제나 재화의 목적보다는 오직 기도의 방편으로 삼은 점은 지나친 감이 있으나, 노동이 경건의 한 방편일 수 있음을 타진해 준 점은 긍정할 만 합니다. 우리 개신교는 노동이 하나님을 영화롭게 하고 공공의 선에 기여한다는 목적성 때문에, 노동을 하나님의 소명, 예배로까지 격상시키나, 기도의 방편으로까지는 끌어올리지 못하는 것 같습니다. 그러나 옛날 청교들에게 있어 노동과 경건은 분리될 수 있는 것이 아니었습니다.

> "청교도들에겐 영성과 일이 철저히 통합되어 있었습니다… 청교도 리차드 박스트(Richard Baxter)에겐 열심 어린 육체적, 정신적 노동은 유혹을 저항하게 하는 수도자적 기술이었습니다."[68]

　유명한 영성작가, 리차드 포스터(Richard J. Foster)는 그의 "기도"란 책에서 기도에 몰입하지 못하는 한 할머니의 얘기를 통해, 노동이(뜨개질) 자연스런 기도몰입의 안내자가 될 수 있음을 말합니다.

"기도하겠다는 부담감 없이 단순히 뜨개질에만 몰입하므로, 자연스럽게 기도에 몰입하게 된다."[69]

꼭 뜨개질이지 않아도 좋습니다. 밭에서 고추잎을 따고 톱질을 하며 페퍼로 나무결을 문지르는 중에, 마음은 추스려지고 자연스럽게 기도에로의 진입을 꾀할 수 있습니다. 과거 사막의 수도사들은 갈대 잎으로 상자를 만들면서 기도에 몰입했다고 합니다. 수도원에서 생산되는 대부분의 제품들은 수도자들이 이런 기도의 과정에서 생겨난 산물들이었습니다. 오늘 오직 기도만 하는 곳으로 되어 있는 개신교 기도원을, 노동과 더불어 마음을 수련하는 수도적 기도원 형태로 변환시켜 볼만 합니다. 영성 신학자 고든 맥도날드(Gordon MacDonald)는 정통 기독교인은 아니지만 간디(Gandhi)를 예로 들면서, 간디의 평온함의 원천을 그의 "물레질"에서 찾았습니다.

"그의 전기를 읽거나 그의 삶을 그린 영화 '간디'를 본 사람들은 그가 간직한 정신의 평온함에 크게 감명을 받았다고 말한다… 그는 죽음과 질병이 만연한 인도의 도시에서 가난에 찌든 사람들 가운데 서서 사람들을 어루만지고, 희망의 말을 건네며 인자한 미소를 짓는다. 그러나 다음날 그는 왕궁과 정부 청사에서 그 시대의 가장 머리 좋은 사람들과 협상을 벌이고 있다… 그가 이 두 극단에 있는 사람과 환경의 간격을 어떻게 메꿀 수 있을까 하는 의문이 든다… 아마 그 대답은, 간디가 손쉽게 작동할 수 있는 도구인 물레를 좋아했다는 사실에서부터 풀어야 할 것이다. 간디는 공적 활동을 마치고 초라한 집에 돌아가면 많은 인도인들의 풍습대로 마루 바닥에 앉아 양모로 그의 옷을 만들기 위한 실을 잣는 단순한 노동을 자주 했던 것으로 보인다. 간디의 물레는 그의 삶에 있어서 무게 중심을 유지케 하는 것이었다."[70]

마음으로 사물(事物)을 대함

사람이 비판적이고 차갑게 되는 것은 근본적으로 죄 때문이지만, 지나치게 냉철하고 지성적인 성향탓 도 있습니다. 지적이고 냉철한 사람은 아무래도 사물을 대함에 매사가 논리적이고 분석적이어서, 그렇지 않은 사람에 비해 사무적이고 의례적이기 쉽습니다. 이러한 사람의 삶에는 아무래도 온기와 여유로움이 없으며, 사람들에게 호감을 주기도 어렵습니다. 따라서 이런 사람들은 의도적으로 덜 지성적이 되고 마음의 사람이 될 필요가 있습니다.

물론 사람의 마음을 주관하시는 분이 하나님이시기에,[71] 은혜를 받으면 냉정한 사람도 온기 있는 마음의 사람이 될 수 있습니다. 그러나 이러한 이유로, 따로 마음을 쓰는 훈련이 불필요해지지는 않습니다. 이는 하나님과 사람에 대해 마음을 다하라는 성경의 요구때문이기도 하거니와,[72] 지정의의 균형 잡힌 영성을 위해서도 필요하기 때문입니다.

마음의 사람이 돼야 할 또 하나의 이유는 좋은 인간 관계를 갖기 위해서입니다. 복잡하고 포괄적인 존재인 인간은 지성적 접근만으로는 서로 간에 원만한 인간 관계에 이를 수 없습니다. 오늘 인간 관계들이 그렇게도 쉽게 파탄 나는 것은 상대방을 지적인 분석 대상으로 삼고, 서로에게 너무 옳고 그름의 잣대만을 들이대기 때문입니다. 단순한 지성 놀음(playing)에는 접근을 불허하는 문학, 예술의 경우에서 시사받을 수 있듯이, 비할 수 없이 복잡한 인간을 단순히 지성일변도로 접근하려는 것은 너무도 단순하고 낭만적인 생각입니다.

차가운 지성만으로는 사물에 대한 정당한 이해도, 성숙한 인간 관계도 이룩할 수 없습니다. 더욱이 신앙에 있어, 지정의의 균형을 이루지 못하게 될 때, 그 신앙은 차갑고 말라빠진 주지주의의 덫에 걸려, 영적 생명력을 잃어버리고 맙니다.

제 7 장

일상을 위하여

1. 일상의 생활 영성

중세의 수도원 영성이 소수를 위한 분리적 은둔적 영성이라면, 종교개혁적인 영성은 모두를 위한 일상적인 영성입니다. 소수만을 위한 반일상적 영성은 성경적인 영성이라고 할 수 없으며, 이는 삶의 통합을 추구하며 모든 것에 그리스도가 왕 되게 하려는 개혁주의 신앙원리에도 일치하지 않습니다. 칼빈 역시 소수만을 위한 수도원적 영성의 오류에 대해 동일한 비판을 나타냅니다.

"칼빈은 수도원제도가 다수 그리스도인들에 의도된 삶을 살기 위해 다만 몇몇 사람들만이 세상으로부터 벗어나 있으며, 수도원제도가 다수 그리스도인들의 충성의 대체물이 되고 말았다고 믿었다. 수도원은 다른 사람들과 더불어 사는 삶을 거부함으로서 하나님과 함께 하는 삶을 추구하는 것 같았다. 칼빈은 영혼의 훈련들을 세상 속에 있는 하나님의 모든 백성의 삶에 접목시키려 했다."[1]

청교도들은 일상의 경건인들이었으며, 이러한 생활 영성은 사실 개신교의 전통입니다. 그들은 중세 수도원의 일과(日課)를 가정으로 옮겨와 가정을 수도원화했습니다. 수도원 일과로서의 수차례의 예배와 노동, 묵상은 아침저녁의 가정 예배와 일터에서의 기도로 바뀌었습니다. 실제로 칼빈은 가정과 크리스쳔의 일상적 삶을 수도원적 경건의 대치물로 여겼습니다.[2] 이러한 생활 영성의 신학적 바탕은 종교개혁자들의 성속(聖俗)의 구분 폐지이며, 예배뿐만 아니라 삶의 모든 현장이 거룩하게 되는 소위, "성속(聖俗)의 구분없는 성(聖)"의 구현이었습니다.

그러나 그 이상과는 달리 오늘의 현실은 정 반대로 되어버렸습니다. "성속(聖俗)의 구분없는 성(聖)"의 외침 아래 오히려 속(俗)이 성(聖)을 압도해 버려, "성속(聖俗)의 구분없는 속(俗)"으로 되어 버렸습니다. 모든 삶의 현장에서 하나님께 응답하려는 좋은 취지가 결과적으로는 정반대의 현상을 낳은 것입니다. 이는 전 삶의 거룩화를 위해선 정형화된 경건을 능가하는 비상한 은혜가 필요한데, 오늘의 개신교는 별 준비 없이 이 목표에 도달하려 했기 때문입니다.

일상의 생활 영성을 위해서는 무엇 보다 지속적인 하나님과의 교통이 필요하며, 이런 교통의 지속성을 위해선 "한 손엔 연장을 한 손엔 병기를 잡게 했던" 느헤미야 처럼[3] 일과 기도의 겸업(兼業)이 필요합니다. 이러한 겸업을 통해 "일상적인 체험들을 기도로 바꾸며, 생활의 일상적인 체험에서 하나님을 발견하고, 생활의 일상적인 체험을 하면서 내내 기도하게 됩니다."[4] 명실공히 일속에서 기도하고 기도하면서 일하는, 마침내 일과 기도의 일체화를 실현하게 됩니다.

이를 위해선 노동에 대한 새로운 개념 형성이 필요합니다. 앞서도 말했지만 우리 개신교는 노동을 다만 하나님의 소명, 축복, 재화(財貨) 획득에 목적을 두었을 뿐 경건의 방편으로까지는 확대하지 못했습니다. 노동이 기도의 방편이 될 때 만 비로소 노동과 기도가 화해하며, 일과 기도를 대립관계에 놓는 일도 일을 위해 더 이상 기도를 희생시키는 일도 없게 되어, 명실공히 일상적 영성에 도달하게 됩니다.

이러한 기도와 합일된 일상은 하찮은 일까지도 거룩한 성업으로 만들어 성(聖)과 속(俗)의 구분을 없앱니다. 그리고 루터가 말한 "노동의 신적 소명"(Calling)이 의미하는 바, 부엌에서 밥을 짓고 마당을 쓰는 것도 거룩한 성업이 되는 것입니다. 나다니엘 마더(Nathanael Mather)가 사소한 일들의 가치로움을 역설한 다음의 말은 청교도들의 일상적 영성의 의미를 잘 표현합니다.

"하나님의 은혜는 '모든 행위를 영성화 한다'; 남편의 아내, 자식 사랑 같은 가장 단순한 행동들까지도 '은혜로운 행위들이 되고', '먹고 마시는 행위들은 복종이 되고', 금후 하나님 보시기에 큰 인정을 받게 된다."[5]

2. 전 삶적인(Whole life) 영성

영성의 포괄성 원리는 신앙생활을 교회 안에 만 국한시키지 않고 교회 밖의 문화, 사회, 정치 등 전 삶을 망라하며, 그러한 다양한 삶의 경험들이 영성을 풍부하게 합니다. 이런 다양한 국면의 경험들은 신앙의 단조로움을 막아줄 뿐 아니라, 또한 단조로움을 극복하고자 은사주의, 신비주의 같은 불건전한 사조들에 눈돌리지 않게 해줍니다.

이러한 삶의 전반에 대한 관심과 참여는 우주적인 하나님 주권을 신봉하는 개혁 교인들에게 신학적으로도 정당성을 확보해 줍니다. 오늘날 해비타트, 기윤실, 호스피스 같은 자원봉사를 통한 사회 참여는 선행일 뿐만 아니라, 영성을 풍성하게 해 주고, 하나님의 주권을 확장시키는 문화 소명에의 응답도 됩니다.

일부 영성 훈련들이 세상과 단절한 채, 개인적인 명상이나 수도를 하면서 은둔하는 것은 삶의 포괄성을 믿는 개혁주의 영성에 위배됩니다. 그것들이 때때로 필요하기는 하지만 그 자체로 일관하거나 그것을 영성의 목적으로 삼을 수는 없습니다.

3. 봉사의 영성

자기 구원의 불확실성으로 인해 일생 구원 문제와 씨름해야 하는 로마교적 영성과는 달리 개신교는 그리스도의 속죄가 하나님을 완전 만족시켰다고 믿기에, 하나님이 더 이상 우리에게서 취해낼 것이 없다고 믿습니다. 이렇게 구원을 위해 더는 하나님과 협상할 것이 없는 성도는 모든 역량을 인간을 향한 봉사에 쏟아야 한다는 것이 종교개혁, 특별히 루터(M. Luther)의 사상입니다.[6] "하나님 앞에서(Coram Deo) 의롭다 칭해진 그리스도인은 이제 이것을 세상 속의 사람 앞에서(Coram Mundo) 바른 행위를 통해 표현하면서 살아가게 되는 것입니다."[7] 봉사에 대한 루터의 다음의 정의는 그 같은 그의 생각을 압축하고 있습니다.

"하나님의 은혜가 그 사람에게 임하여, 하나님으로부터 끊임없이 흘러와서 그 사람을 채우고 나면, 그것은 넘쳐서 다른 사람에게로 흘러가게 된다. 결코 그 사람 하나에게만 담겨져 머무르게 되지 아니한다. 사회선의 적극적 참여자가 되게 하는 루터적 근거는 의인은 "하나님을 위해 바칠 것이 없으므로 이웃에게로 향한다는 주장 때문이다"[8]

나아가 크리스천의 봉사는 하나님을 계시하는 방편이 된다는 점에서 역시 중요합니다. 하나님은 사랑이심을 설교로 전도로 뿐만 아니라 일상의 사랑을 통해 나타내야 합니다.[9] 크리스천의 조건 없는 베품, 끝없는 용서와 이타적인 사랑은 값없이 주시는 하나님의 사랑을 죄인들에게 증거 해 주어, 그들을 하나님께로 이끄는 계기를 만듭니다. 성도들이 말로는 하나님의 사랑을 말하면서도 자기 중심적이고 탐욕적인 삶의 방식은 죄인들에게 하나님 사랑을 증거하는데 가장 큰 장애물이 되고 있습니다.

4. 영성과 복음 증거

대개 영성을 전도와 연결 지울 테면, 영성이 강한 자는 그 탁월한 투쟁성으로 복음 증거를 잘 할 수 있다는 것으로 귀결되고, 영성은 다만 복음 증거의 효율성을 높이는 요소쯤으로 간주됩니다. 그러나 여기서 영성을 복음 증거와 연관 지우는 것은, 다만 효율성같은 지엽적인 차원이 아닌 기독교 영성의 본질과 관련되기 때문입니다.

우리는 기독교의 핵심 사항을 말할 때, 항상 인간은 잃어진 죄인이며 하나님은 그 잃어진 죄인을 찾아 구원을 베푸시는 분이라는 것 그리고 그러한 하나님의 구원 동기는 바로 아가페적인 사랑이라고 말합니다. 그리고 죄인이 그러한 복음을 듣고 믿을때, 구원은 성취된다고 말합니다.

따라서 기독교인이 되는 복음을 듣는 것의 여부에 달려 있으며, 복음 증거는 기독교 정체성을 구현하는 중차대한 일이 됩니다. 이 같은 이유 때문에 기독교인에게 있어 복음증거는 선택의 여지가 없는 부득불한 일이 되는 것입니다(고전 9:16).

반면에 율법주의나 종교의 목적을 자아 완성에 두는 수덕적인 기독교는 복음전도가 영성의 핵심에 자리하지 못할 뿐만 아니라, 그같은 고행스러운 기독교는 누구에게나 권할 만한 것이 되지 못합니다. 오늘 유행하는 영성 훈련들이 전도에는 전혀 무관심한 채, 소위 하나님 체험이나 자아 완성같은 것들에 목적을 두는 것은 진정한 기독교 영성과는 거리가 있습니다.

제8장

기독교 체험을 위한 변증

1. 복음의 재발견

우리의 비판자들은 일치되게 정통 기독교의 단점으로 건조증을 들면서, 이를 극복하기 위해선 정통 신앙에 만 매달릴 것이 아니라, 신비주의나 종교다원주의와도 손잡아야 한다고들 말합니다. 그러나 도움을 구하러 애굽으로 내려가는 자에게는 화가 있을 뿐이며[1], 우리는 다만 종교개혁의 유산에서 그 대안을 찾을 뿐입니다.

단언컨대 영적 빈곤의 올바른 타개는 오직 복음의 발견으로만 가능합니다. 루터가 그렇게 자주 "낙원에 입성한 듯 한 경험"이라 일컬었던 자신의 "탑경험"은(Tower Experience)[2] 신비주의나 수도원적 영성을 통해서가 아니라, 중세 암흑기 동안 감춰져 왔던 "오직 믿음"이라는 복음의 재발견을 통해서였습니다. 이는 루터 개인의 이신칭의 교리를 확립하는 계기가 되었을 뿐 아니라, 종교개혁주의의 전통이 되고 있습니다.

우리의 문제는 비판자들의 말대로 캐캐묵은 16세기적인 유산을 붙들고 있기 때문이 아니라, 오히려 그 반대로 개혁자들이 물려준 "오직 믿음, 오직 은혜, 오직 성경"의 순수 복음을 상실한 때문으로 진단됩니다. 현대 기독교인들은 이구동성으로 "새 술은 새 부대에" 라는 경구를 들먹이며, 21세기적 은혜를 받으려면 21세기적인 새로운 뭔가가 있어야만 하다고 야단들이지만, 무엇보다 필요한 것은 순수 복음입니다.

오늘날 "오직 믿음"의 교리는 기독교 입문시에나 필요한 통과 의례쯤으로 간주될 만큼 사람들에게 곡해되고 있으며, 루터 당시나 지금이나 이 교리를 제대로 이해하는 이가 드문 것 같습니다. 누구나 이 복음을 제대로 발견하기만 한다면 밭에 감추인 보물처럼 기쁨이 되고, 영생하도록 솟아나는 샘물이 될 것입니다. 따라서 신앙의 건조증 문제를 해결하려면 무엇보다 바울적이고 루터적인 "참된 복음을 듣는 것"[3]이 시급합니다.

복음이 천지에 편만한 것 같지만 사실 진정한 복음은 희귀하며, 복음을 이미 다 알고 있다고 생각하는 사람들 중에도 다수가 그렇지 못한 것으로 판명되고 있습니다. 바울과 루터가 외쳤던 순수한 "오직 믿음"의 복음은, 심리주의와 결탁되어서는 "신념화" 되고, 율법과 결탁하여서는 "신인협동화" 되고, 신비주의와 결탁되어서는 "경건주의화" 되면서 성도들은 교회로부터 참된 복음적 위로를 받지 못한 채 신음하고 있습니다.

2. 신앙의 회복

하나님께로 돌아가는 길, 혹은 신앙 회복의 길이 오직 그리스도 뿐임은[4] 영원 불변의 진리입니다. 이는 최초의 회심 때뿐만 아니라 일상의 신앙 굴곡에서도 동일하게 적용돼야 합니다. 대개 사람들이 처음에 개종할 때는 "오직 믿음" "오직 그리스도" 만을 외치는 듯 하다가, 나름대로 신앙의 경륜이 쌓이면 처음 붙들었던 그러한 교리에 대해서는 관심이 시들해지고, 신앙의 좌절을 극복해야 될 경우, 믿음과 은혜를 의지하기보다는 회개, 금식 같은 자신들의 의무 사항들을 챙기는 것에 더 관심을 가집니다.

물론 그런 것들이 영적 회복에 필요한 지침들이긴 하나, 핵심에는 도달하지 못하는 것들입니다. 자의적인 노력들은 하나님께 이르는 본질적인 방편이 못될뿐더러, 오히려 방해가 될 수 있습니다. 하나님께 나아가는 유일한 방도는 초보자, 경륜자를 막론하고 오직 하나님의 사랑과 예수 그리스도의 공로를[5] 믿는 길 외는 없습니다.

경건주의자들이나 종교다원주의자들은 소위 하나님께 도달하기 위한 인위적인 방법들과 통과 의례들을 고안해 냈습니다. 관상과 명상은 필수요목이 되었고, 성화, 묵주, 십자가 같은 상징물들이 마치 영매(靈媒)처럼 이용됩니다. 그러나 하나님께로 가는 것은 그런 인위적이고 미신적인 방법으로 되는 것이 아니라 오직 복음을 듣고 믿음으로서 입니다. 설사 누가 그런 방법으로 하나님을 만나는 체험을 했다 하더라도 신뢰할 수 없습니다. 루터가 "그리스도 없이 체험하는 하나님은 악령"이라고 말했듯이, 이런 것들은 모두 성경의 보증을 받을 수 없는 것들입니다. 하나님은 오직 그리스도 안에서 자신을 계시하시며,[6] 하나님의 참된 사랑 역시 그리스도를 통해서 나타났습니다.[7] 이렇게 그리스도를 통해 만나는 하나님만이 우리를 어둠에서 빛으로 이끌어 냅니다.

따라서 복음주의자들에게는 신앙의 반전(反轉)을 꾀하는데 복잡하고 많은 절차적 준비가[8] 필요치 않습니다. 근심으로 얼굴을 흉하게 한 체 자책의 밤을 보낼 필요도[9], 성소(聖所)로의 진입로를 닦는데 시간을 들일 필요도 없으며, 시간의 경과와 점진성을 요구받지도 않습니다. "나는 너의 허물과 약함을 위하여 십자가에 달렸다", "나는 너 같은 죄인의 구주로 왔다"는 그 분의 약속을 믿을 때 회복됩니다. 이는 일시에 반전되는 획기적인 변화입니다. 그분의 의를 힘입어 죄인에서 의인으로, 진토에서 하늘로, 거지에서 왕자로 일순간에 상승됩니다.

이러한 복음적인 회복 원리는 인간이 정교하게 만든 모든 절차들을 철폐해 버렸습니다. 위대한 이신칭의 교리를 낳게 한 루터의 "탑 경험" (Tower Experience)은 당시에 로마교가 하나님 체험을 위해 만든 "정화, 조명, 합일" 같은 단계들을[10] 무효화 시켜버렸습니다. 그럼에도 불구하고 오늘 종교다원주의에 세뇌 당한 일부 개신교회들이 소위 하나님 체험을 한답시고, 루터가 500년 전에 쓰레기통에 버린 것들을 다시 꺼내어 쓰고 있으니 실로 안타깝습니다.

믿음의 회복과 확신은 내 결단이나 힘씀과 고행같은 내 행위에 근거하지 않습니다. 만일 신앙의 확신이 나의 행위에 좌우된다면, 잠시 후 내 행위의 쇠락과 함께 확신도 쇠락하고 맙니다. 물론 순종이 확신을 더하는 방편일 수도 있지만[11] 이는 이미 확보한 확신에 확신을 더하는 것일 뿐입니다. 회복의 원천은 나 아닌 나 밖의 그리스도께 있으며, 믿음의 확신은 오직 완전하신 그리스도의 공로를 믿음으로서 입니다. 우리 다 같이 19세기 스코틀랜드의 청교도 호라티우스 보나르(Horatius Bonar)의 권면에 귀기울입시다.

"잠시라도 속아 이 은혜에서 멀어졌다면, 지체없이 그곳으로 돌아가십시오. 당신이 처음에 했던 것과 같이 다시 그곳으로 향하십시오. 잃어버린 화평을 찾기 위하여, 처음에 화평을 얻었던 곳으로 돌아가십시오. 당신의 영적인 삶을 처음부터 다시 시작하고, 즉시 그 안식처로 가십시오. 죄가 넘친 곳에 은혜도 더욱 넘치게 하십시오. 잃어

버린 화평을 당신의 감정이나 경험이나 증거로부터 새롭게 얻어낼 목적으로 그런 곳들로 돌아가지 마십시오. 곧바로 하나님의 값없는 사랑으로 돌아가십시오. 처음에 화평을 그 안에서 찾았으니, 끝까지 그 안에서 화평을 찾을 수 있을 것입니다. 당신의 확신이 여기에서 시작되었으니, 여기가 시작과 아울러 끝이 되게 하십시오."[12]

3. 은혜

은혜(Gratia) 라는 라틴어의 뜻은 아무 이유나 조건이 없다는 뜻으로, 이를 하나님의 은혜에 적용시키면 아무 조건이나 이유 없이 베푸시는 하나님의 자비를 뜻합니다. 하나님은 인간에게 값없이 은혜를 베푸시며, 죄인이 그것을 받아들일 때 은혜는 그의 것이 됩니다.[13] 그러므로 죄인들에게 있어 가장 긴요한 일은 조건 없이 베푸시는 하나님의 은혜의 부요함을 아는 일입니다.

그런데 역사적으로 이러한 은혜의 부요함이 제대로 증거 되지 못한 때가 많았습니다. 은혜의 복음은 왜곡되게도 그 위에 인간의 행위가 첨부되어 나타났습니다. 로마 천주교, 알미니안주의, 18세기 경건주의는 은혜를 받기 위해 인간이 해야 할 세목들을 만들었고, 신자들에게 참된 은혜에 이르는 길을 차단시켰습니다. 특히 1970~80년대 한국에 소개된 무디(D.L Moody), 토레이(R. A. Torrey)신부의 "성령세례를 받는 방법" 등의 글들은 하나님의 은혜를 받기 위해선 뭔가를 해야 한다는 생각을 한국 개신교인들에게 고착화시켰습니다. 오늘도 많은 교회들이 죄인을 위해 하나님이 이루신 위대한 은혜의 역사를 들려주기보다는, 은혜를 획득해 내기 위해 인간이 해야 할 의무들을 가르치기에 더 몰두하는 듯한 인상을 줍니다.

성경 어느 곳에도 은혜를 받기 위해 무엇을 하라고 우리에게 요구한 곳은 없습니다. 하나님은 아무 조건 없이 "목마른 자들은 돈 없이 값없이 와서 포도주와 젖을 사라"[14]고 초청하십니다. 이는 하나님의 은혜를 사기 위해 지불할 만한 가치로운 것이 우리에게 전무한 때문이기도 하지만, 우리에게 아무 대가없이 말 그대로의 은혜를 입혀주시려는 의도 때문입니다. 이 순전한 은혜만이 죄인을 살리고 광야 같은 심령에 샘이 솟게 합니다. 이처럼 기독교 영성은 인간이 하나님을 위해 해야 할 것을 따지지 않고 죄인을 위해 베푸신 하나님의 은혜를 아는데서[15] 시작됩니다.

그리고 은혜는 비단 구원의 원리로서만 그치지 않고, 그리스도인들이 모든 것을 취하고 누리는 삶의 원리가 되기도 합니다. 청교도들은 그들이 가진 부를 자신들이 힘쓰고 애쓴 대가로 보기를 거부했습니다. 그들은 사람들이 열심히 노력한다고 모두 부자가 되는 것이 아니며, 아무리 노력해도 가난한 사람은 가난하며 오직 하나님의 은혜로만 부자가 된다고 믿었습니다. 이러한 사상이 청교도 부자들로 하여금 아무도 자신들의 부를 자기 노력 탓으로 돌리고 교만할 수 없게 했으며, 부에 대한 청지기 의식을 고쳐시켰습니다.

4. 안식

하나님 앞에 선 모든 죄인들에겐 저주와 진노밖에 내릴 것이 없으며, 이런 진노의 자녀들에게 안식이란 있을 수 없습니다. 유대인들은 오늘까지도 자신들을 유일한 하나님 사랑의 대상이요 여호와의 선민이라 자처하지만, 예수 그리스도가 없는 그들에게 여호와는 소멸하는 불이요, 진노의 신일 뿐입니다. 다만 다른 것이 있다면, 그들은 일찌기 하나님의 은혜를 입은 언약의 백성이기에 그리스도께로 돌아올 때까지 하나님의 특별한 보호를 입고 있다는 점일 것입니다. 하나님의 사랑은 오직 아들을 통해서 나타났기에 아들 밖에서는 예외없이 누구에게도 그느 오직 심판의 신일 뿐입니다.[16] 이는 그리스도의 십자가만이 하나님의 진노를 누그러뜨릴 수 있는 유일한 피난처가 되기 때문입니다.

따라서 "수고하고 무거운 짐진 자들아 다 내게로 오라 내가 너희를 쉬게 하리라"[17]고 당당하게 초청할 수 있는 분은 오직 예수 그리스도 밖에는 없으며, 그 초청을 받아들이는 자에게는 죄사함과 참된 안식이 주어집니다. 죄인의 안식은 오직 그리스도 자신이 이루신 십자가 외에 인간의 공로나 행위는 전혀 고려된 바 없습니다.

세상의 모든 종교와 윤리는 받아내야 할 은총에 상응하는 인간의 의무들을 나열하기에 급급하여,[18] 우리의 일상적 경험 역시 수고한 만큼의 보상만을 기대하도록 가르칩니다. 꼭 불교 신자가 아니더라도, 인과응보의 율법적 정신은 세상 사람들의 삶의 원리가 되고 있으며, 이렇게 의무와 책임에 매인 인간에게 진정한 안식이란 있을 수 없습니다.

오직 유일하게 복음만이 이러한 정신과는 반대되게, "아무런 대가없이 자비를 베푸시며… 인간이 할 수 없는 모든 것을 대신 해주시고… 은혜로 구속해 주시는 하나님"[19]을 선포합니다. 이 복음은 인간을 얽어 맨 모든 족쇄를 풀어주었고, 미증유의 새로운 세계를 열어 주었습니다. "일한 것이 없이 하나님께 의로 여기심을 얻는"[20] 복음의 약속은 죄인들에게 말할 수 없는 위로와 든든한 보장이 되며, 이러한 보장은 자신의 연약함에도 불구하고 흔들림 없는 초월적 안식으로 이끕니다. 다음의 호라티우스 보나르(Horatius Bonar)의 글은 신앙을 하나님과 인간의 합작쯤으로 여기는 인본적 기독교를 정죄합니다.

> 믿음은 애씀이 아니고
> 안식입니다.
> 믿음은 하나님의 사랑과
> 용서를 이끌어 내고자
> 뭔가를 행하고,
> 어떤 좋은 것을 느끼려는
> 이전의 보잘것없는
> 모든 노력들을
> 포기하는 것입니다.[21]

5. 평안

하나님의 진노 아래 있는 죄인에게 근본 평안이란 있을 수 없습니다. 그리고 평안은 우리 자신으로부터나 우리 마음의 태도를 바꾸는 것에서도 결코 나올 수 없습니다. 그럼에도 불구하고 절망적으로 평안을 갈구하는 죄인들은 신비주의의 실행이나 나름대로의 인위적인 방법들을 동원하여 그것을 만들어 내려고 합니다. 그 결과 때때로 그들 나름대로 뭔가 유사한 체험들을 하나, 그들이 맛보았다고 하는 평안이란 대개 근거가 불분명한 일종의 마약 같은 것에 불과합니다.

죄인에게 있어 평안은 무엇보다도 하나님을 바로 아는데서 옵니다.[22] 여기서도 역시 마이스트 에크하르트(Meister Eckhart)의 초지성을 통한 '하나님 앎' 같은 것과는 다르게, 지성이 중요한 역할을 합니다. 성경이 하나님과 그의 보내신 자를 아는 것을 영생으로 정의한 것도(요 17:3) 같은 맥락입니다. 여기서 하나님을 안다함은 "하나님은 사랑"임을 아는 것이고, 이 사랑은 독생자를 통해 나타난 하나님의 거룩한 사랑임을 아는 것입니다.

그런데 대개 신자들은 이 진리를 놓치고 있습니다. 평안을 얻지 못하는 이유를 엉뚱하게도 자신의 미지근한 태도나 열심 없는 탓으로 돌리고, 평안을 얻기 위해 자신들의 의무와 책임에 더욱 매진합니다. 그 결과 일시적인 평안을 얻는듯 하기는 하나, 열심과 순종이 식어지면 어느새 평안은 사라지고 끝없는 자책과 방황에 빠집니다.

호라티우스 보나르(Horatius Bonar)는 평안은 하나님을 바로 아는데 있으며, 하나님께서 성경을 쓰신 목적을 이러한 하나님 지식을 제공하기 위함이라고 말합니다.

> "하나님은 자신을 알리실 목적으로 한 책을 쓰셨습니다; 그리고 죄인이 그가 찾고 있는 안식을 발견할 수 있는 것은 이러한 하나님의 속성에 대한 계시 안에 있습니다. 하나님 자신은 우리 평안의 기초입니다; 그의 계시된 진리는 이 평안이 우리에게 도달하는 통로입니다; 또한 그의 성령은 '하나님에 정통하라, 그러면 평안하게 된다'(욥 22:21) 같은 것에 대한 그 진리의 위대한 해석자입니다… 하나님은 그가 은혜롭지 않다고, 그는 우리의 행복에 관심없다고, 그는 우리를 용서할 의도가 없다고 말하셨다면, 우리에겐 평안과 소망이 없습니다. 그런 경우 하나님을 아는 우리의 지식은 우리를 불행하게 만들 뿐입니다. 우리의 입장은 믿고 떠는(약 2:19) 귀신의 지식과 같을 것입니다; 그리고 우리가 그러한 하나님을 알수록 우리는 더욱 떨게 될 것입니다."[23]

평안은 이러한 하나님 사랑에 대한 지식을 바탕으로, 그 사랑의 실체인 독생자 그리스도를 믿어 하나님과 화목될 때 실제적으로 그의 것이 됩니다.[24] 루터는 자신의 갈라디아서 주석에서 "그리스도에 대한 믿음으로 말미암아… 은혜, 평안, 죄사함, 구원, 영생이 우리에게 주어지며, 부합과 자격 있음의 공로로 인해서 주어지는 것이 아니다"[25]고 말했습니다. 보나르(Horatius Bonar) 역시 평안은 믿음을 통한 그리스도와의 연합으로 얻어지는 은총이요, 그리스도의 피로 이룬 화평을 자신의 것으로 삼는 자에게 주어진다고 했습니다.

"우리가 '그를 영접하고' 혹은 '그의 이름을 믿은' 결과는 죄를 알지 못하신 그분이 소유한 것과 같은 종류의 양심 상태와 평안을 우리 안에 갖게 되는 것입니다… 그는 그의 십자가의 피로 화평을 이루셨고, 실로 그는 우리의 화평이십니다. 우리가 이것을 알게 되고, 그를 우리의 평화로 삼자 마자, 우리는 단지 평안이 아닌 그가 여기서 '나의 평안'이라 부르는 것의 참여자가 된다."[26]

나를 주의 것으로 바꾸어 주신 주님

"주 예수 그리스도시여
주님은 나의 의로움이시나
나는 주님의 죄일 뿐입니다

주님은 나에게 속한 것을
손수 맡아 주시고
주님께 속한 것을
나에게 주셨습니다

주님은 주께 있지도 않은 것을
손수 맡아 주시고
내게 있지도 않은 것을
나에게 주셨습니다."

마르틴 루터 [27]

이러한 평안의 확실한 체험에도 불구하고 우리는 때때로 율법이 우리의 연약함을 틈타 양심에 죄의식과 낙망을 주고, 평안을 뺏어 가려는 것을 경험합니다. 그때마다 우리는 다음에 루터가 했던 방식대로, 복음을 다시 견고히 붙잡으므로 평안을 지켜내야 합니다.

"오 율법이여 그대는 내 양심의 왕국으로 기어 올라와서 양심을 지배하고 죄로 책망하며 내게서 내가 그리스도에 대한 믿음으로 말미암아 갖고 있는 내 마음의 기쁨을 앗아가고 나를 절망에 빠뜨림으로써 모든 소망을 잃고 철저하게 망하게 하는구나. 이것은 그대의 직무를 넘어서는 것이다. 그대의 한계를 지켜서 육에 대해서만 그대의 권능을 행사하고 나의 양심은 건드리지 말아라. 왜냐하면 나는… 복음으로 말미암아 의와 영원한 생명, 그리스도의 나라에 참여하도록 부르심을 받았기 때문이다. 그리스도의 나라에서 나의 양심은 쉼을 누리며, 거기에는 율법은 없고 죄사함과 평안과 평온함과 기쁨과 건강과 영원한 생명 만이 있다."[28]

6. 신비와 신비주의

신비에의 갈망에 대해 어떤 이들은 단지 합리성으로만 만족할 수 없는 인간 본성의 경향으로 보려고 합니다. 그러나 이러한 이해는 인간 존재에 대해 영적인 고려 없이, 단순히 심리학적이고 철학적으로 접근한 것입니다. 또 어떤 이들은 신비 추구를 인간이 하나님을 찾는 갈망의 한 표현이라는 보다 긍정적인 견해를 내 놓기도 합니다. 그러나 인간의 신비 추구는 아무리 이런 저런 고상한 핑계로 포장한다해도, 하나님 종교를 신비로 대치하려는 죄적 성향에 지나지 않으며, 신비라는 베일로 포장된 어둠의 추상성의 유혹에 지나지 않습니다.

따라서 이런 신비 추구는 하나님께로 이끄는 것이 아니고, 오히려 하나님으로부터 멀어지게 할 뿐입니다. 자연인 최고의 지성적 행위인 철학으로 하나님을 찾아갈 수 없듯이, 고도의 심오함으로 치장한 신비 역시 영적인 하나님 종교와는 상관없는, 단지 육신적인 심오함일 뿐입니다.

이런 신비에의 갈망은 사람들의 취향에 따라 각 각 종교, 초능력, 염력, 선(禪) 같은 것들에 심취하도록 합니다. 기독교에 발을 들여놓는 사람들 중에도 마술사 시몬처럼[29], 순전히 이런 신비에의 호기심 때문인 사람들이 적지 않습니다. 이들은 오랫동안 교회에 출입하면서도 정작 구속 신앙에 바탕한 복음적 기독교에 귀의하지 못하고 늘상 신비적 현상만을 쫓아다니면서 마치 그것이 신앙인 줄 착각합니다.

신비의 이런 난맥상은 자연히 다음과 같은 질문들을 던지게 합니다. 신비는 과연 영적이고 종교적인가, 교회 안에서 신비를 쫓는 사람들이라도 기독교인이 아닐 수 있는가 하는 등 등 입니다. 이것을 알려면 먼저 신비를 구분해서 볼 수 있는 안목을 기를 필요가 있습니다. 『신비주의 철학』의 저자 강영계 교수는 신비를 크게 중세적인 "신비주의" 와 일상의 "신비"를 구별합니다. 전자는 철학적 신비주의 같은 본격적인 신비주의라 할 수 있고, 후자는 삶의 다양한 국면에서 일상적으로 경험할 수 있는 [30], 주로 감성적 차원의 신비입니다. 그리고 마지막으로 그리스도인들이 경험하는 복음적 체험으로서의 신비를 들 수 있습니다.

일상적 신비

이것은 본격적인 신비주의라고 명명할 수는 없는, 삶 속에서 누구나 우연히 경험하게 되는 일상적인 신비 체험들입니다. 이런 것들은 그 사람의 특별한 신비성이나 종교성과는 상관없는 소박하고 일상적인 것들입니다. 하늘에 아름답게 펼쳐진 형형색색의 아름다운 구름이나 무지개를 보거나, 호젓한 밤 나무에 걸린 달을 볼 때, 혹은 엄마 품에 안긴 아기들의 천진난만한 모습을 보거나, 아름다운 사진이나 음악 등을 감상할 때 느껴지는 그런 류의 신비입니다.

이런 신비 체험은 소박하고 일상적이나, 때론 사람 마음을 극적으로 바꾸어 놓을 만큼 강력한 치유력을 발휘하기도 합니다. 예컨대 『Peace in the Heart』라는 책에 나오는 일화처럼, 적개심에서 상대방을 죽이려고 권총을 품고 있던 어떤 사람이, 환 한 달밤 길옆에 피어있는 하얀 월계수 꽃을 보고 살인할 마음을 버리게 된[31] 그런 류의 경험일 것입니다.

신비주의

비로소 신비주의라고 명명할 수 있는 본격적인 신비주의에 해당되는 것들입니다.

문학 신비주의[32]

이는 언어가 가진 신비와 연관지어집니다. 인간 사고에 미치는 언어의 영향력을 생각할 때, 문학은 그 어떤 것보다 사람을 움직이는 가장 강력한 매체일 수가 있으며, 거기다 문학의 주된 역할로서의 감성적 발분은 자연스럽게 신비적 체험으로 이끕니다. 따라서 문학에 매료된 경험을 가진 사람들은 어느 정도 문학신비주의자일 가능성이 농후합니다. 저들은 "말씀을 송이 꿀 보다 단 맛"[33]으로 경험한 다윗의 경우처럼 짧은 시구 하나, 문장 하나에 희비를 체험합니다. 저들은 마치 경건한 신앙인 이라도 되는 양 돈이나 명예 따위는 안중에도 없으며, 문학을 위해서라면 가난, 고행의 가시밭길도 마다 않습니다. 이들에게 삶을 유지시켜주는 것은 더 이상 밥이 아니라 문학입니다.

이들에게 있어 문학은 당연히 문학 이상입니다. 자신들의 고통과 좌절을 문학을 통해 극복할 뿐 아니라 삶의 의미와 목적도 오직 문학에서 발견합니다. 이들에게 문학은 구원 그 자체이며, 문학의 주제 역시 인간 구원으로서의 문학입니다.[34] 따라서 이들은 의식적 무의식적으로 종교다원주의의 첨병노릇을 할 수밖에 없습니다. 너무도 강렬하게 저들의 영혼을 사로잡아 버린 '인간 영감'(inspiration)의 문학 정신이, 감히 '성령으로 영감된'(Being moved by the Holy Ghost) 하나님 말씀을 뛰어 넘으려는 만용을 부리게 하는 것입니다.

카타르시스 신비주의

이는 주로 예술, 문학을 통한 신비적 감성 체험인데 여기서는 음악으로 한정하고자 합니다. 몰아로 이끄는 격렬한 락(Rock)에서부터 낭만적인 R&B, 그리고 명상적인 뉴 에이지(New Age) 음악에 이르기까지 그 범위는 다양합니다. 이러한 음악의 카타르시스(Catharsis) 기능은 오늘날 치료의 한 분야로까지 등장하고 있으며, 종교와 결탁해서는 마치 은혜

자체인 것처럼 그 지위가 격상됩니다.

이것의 영향력은 무당 종교에서부터 기독교에 이르기까지 널리 확산되어 있습니다. 특별히 기독교 예배에서 음악의 카타르시스적인 역할은 성령의 역할을 대신하려는 경향까지 갖습니다. 빠르고 강한 비트와 낭만적인 R&B를 넘나들며 정교하게 연출되는 복음성가 연주는 사람들의 정서를 자유자재로 콘트롤하면서 카타르시스시킵니다. 그리고 그러한 카타르시스는 마치 진정한 은혜인 것처럼 왜곡되고, 종교의 주된 기능이 그것에 있는 것처럼 오도하여, 결과적으로 성령 역사에 대한 분별력을 약화시킵니다. 이렇게 학습된 결과는 은혜 아닌 것을 은혜로, 또 진정한 은혜는 은혜가 아닌 것으로 배척하는 두려운 결과를 낳게 됩니다.

자연 신비주의

"자연 신비주의"는 앞서 말한 일상적이고 소박한 체험으로서의 감성적인 자연의 신비 체험과는 구분됩니다. 여기서 말하는 자연 신비주의는 자연에 인격을 불어넣는 '자연신학적인'(Natural Theological) 신비주의로, 본격적인 신비주의라고 할 수 있는 것입니다. 예컨대 18세기 불란서 문학가 볼테르(Voltaire)가 어느 날 아침, 일출의 신비한 광경에 압도당해 하나님 앞에 엎드려져 "나는 믿습니다"라고 고백했던 그런 류의 경험이며[35], 뉴톤(Issac Newton)이 자연의 신비에 매료되어 내겐 성경과 설교가 더 이상 필요 없다고 부르짖게 한 그런 류의 체험일 것입니다. 또한 나무, 새, 짐승들을 형제 자매라 부르며 자연과 신비적 교감을 나누었던 성 프란시스의 경험도 같은 류에 속할 것입니다.

앞서 말한 소박하면서도 일상적인 자연적 신비 체험은 정서순화와 치유력을 갖다 주는 긍정적인 역할을 하며, 성령의 통제 아래서 바로 쓰면 유용합니다. 그러나 이런 자연신학처럼 그것이 성령의 통제를 벗어나, 계시와 동일시되거나 우위에 설 때, 그것은 일종의 "자연신비주의"가 되며, 복음적 신앙과 대치됩니다. 즉 자연계시가 특별계시를 대신하고, 자연이 갖다주는 추상적인 신비 경험이 참된 하나님 개념을 대신하게 됩니다. 그리하여 그는 자연의 낙관주의에 주저앉혀지고 결국 그리스도를 필요로 하지 않게 되는 자리까지 나아가게 되는 것입니다. 루터 역시 이 점을 간파하여 "자연계시는 경건하게 하는 것이 아니라 오히려 유해하고 우둔한 자가 되게 한다"(롬 1:21)는 주장을 한 것입니다.[36]

철학적 신비주의

철학적 신비주의는 플라톤에서 유래하며, 이 플라톤 신비주의의 도구는 명상입니다. "지식을 사랑한다"는 의미의 「philosophia」는 사실상 이들에겐 초지식을 의미합니다. 철학자들에겐 인간 지식으로 오를 수 있는 산은 너무 밋밋했기에[37], 그들은 명상을 통해 "하늘을 침범해 엿보고자 했습니다".[38] 그러므로 사실상 플라톤주의자들은 초월적 명상가들이었습니다. 그들의 이데아(Idea)는 초이성의 세계였고, 거기에 도달하기 위해선 이성의 눈을 감고 명상해야만 했습니다.

모든 욕심을 초탈한 채 명상에 몰입하는 철학자들의 경건함은(?) 하나님께 떼쓰는 천박한(?) 기독교인들보다 훨씬 세련되고 고상해 보이기까지 하며, 아마 그래서 사람들은 고상한 철학적인 기독교인들이 되고싶어 하는 것 같습니다. 그러나 "철학은 그 정향(定向)이 신학과는 달라서 추상적인 신 개념에 관심 할"[39] 뿐이며, "철학자들의 기도라는 것 역시 사람들 사이의 교통도 하나님과의 교제도 아니며, 그들이 말하는 신 역시 인간의 자기 완성을 위한 수단으로써의 신 일 뿐입니다."[40]

따라서 그들이 아무리 고상하게 하나님과의 기도를 논하고 신비체험을 말한다 하더라도, 인격적인 관계를 이룰 상대방을 갖지 않기에 그들은 결코 기독교인일 수 없습니다. 가장 고상한 종교적 행위로 보이는 명상이란 것도 결국 자기 내면 세계로의 고독한 여행일 뿐입니다. 이렇게 명상을 통해 직접 하나님께 도달하려는 플라톤적 신비주의는 "인간을 찾아오시는 하나님"의 복음을 부인하고, 필연적으로 성육신하신 중보자를 필요 없게 만듭니다. 이러한 철학적 신비주의는 중세 기독교를 변질시킨 주범이었을 뿐 만 아니라 오늘 종교다원주의의 모판이 되고 있습니다.

이데아(피안) 신비주의

이데아(Idea)는 모든 사람들이 꿈꾸는 "이상" 세계의 상징입니다. 물론 이것은 근본 플라톤 개념이지만, 사람들이 공통적으로 꿈꾸는 피안의 세계라는 점에서 다만 플라톤적인 것으로만 한정될 순 없습니다. 사람들의 종교와 취향에 따라 그것은 극락, UFO, 4차원 세계 등으로 다르게 표현될 수 있습니다. 종종 기독교인으로 자처하는 몽상가들이 꿈꾸는 천국도 이와 비슷한 범주에 속할것입니다. 이들에게 천국은 성경에서 말하는 그리스도가 왕 노릇 하는 세계가 아닌 자신이 바라고 꿈꾸는 하나의 이상 세계일 뿐입니다.

이러한 이데아는 사람들로 하여금 현실을 초월하게 하는 힘이 되기도 하고, 또는 현실에 끌어들여져 어떤 이상향을 구현하는 견인차가 되기도 합니다. 명상, 참선, 최면 등은 그것을 위한 일종의 도구들입니다. 그러나 이러한 4차원적 정신 세계의 체험은 결코 성경이 말하는 영적인 체험일 수 없으며, 단지 자기 내면에 투영된 자기 객관화에 지나지 않습니다. 따라서 이런 신비 체험들은 복음과 하나님 나라를 왜곡시키고 오히려 하나님으로부터 멀어지게 할 뿐입니다.

이적 신비주의

초자연적인 이적을 통해 하나님의 신비를 체험하려고 하는 신비주의 형태입니다. 이들은 하나님은 능력이시기에, 그가 임재하는 곳에는 반드시 표적과 기사가 나타난다고 믿습니다. 바알(Baal) 선지자들과 대결하던 엘리야(Elijah)의 제단에서처럼, 오순절 마가(Mark)의 다락방에서처럼, 하나님이 임재하시는 곳에는 반드시 불과 바람과 표적의 역사가 있다고 믿습니다. 따라서 이들은 표적과 이적을 보지 못하면 도무지 믿지 못하며 끊임없이 이적을 쫓아다닙니다. 그리고 표적을 볼 때 흥분을 일으키고 일시적으로 믿음을 갖는 듯 하며, 대단한 헌신을 흉내내기도 합니다. 그러나 마치 가시떨기에 뿌려진 씨처럼, 그것들은 늘 일시적인 것으로 그치고 맙니다. 이들은 불행하게도 진정한 믿음은 한 번도 경험하지 못한 채, 늘 회의와 방황 속에서 삽니다. 예수님 당시 유대인들이 그랬듯이, 그들에게 있어 예수 그리스도는 언제나 의혹케 하는 자일 뿐입니다(요 10:24).

기독교는 이적을 위한 종교가 아닙니다. 예수님은 마술사도 아니며, 이적을 행하는 것이 그의 오신 목적도 아닙니다. 또한 그의 이적은 우리로 따라 행하도록 일종의 모범을 보여주신 것은 더더욱 아닙니다. 예수님의 이적은 자신의 하나님 됨을 알리는 일종의 자기 계시였습니다. 그

이적을 통해 자신이 죄인을 구속하러 온 하나님의 그리스도이심을 세상에 나타내고자 했던 것입니다.[41]

예수님의 표적의 목적을 이해하고 그의 오심을 통해 '이미 계시가 완성됐다고 볼 대, '과연 오늘날에도 표적과 기사가 필요한가' 라는 질문에 대해선 당연히 부정적입니다. 설사 누가 표적과 이적을 경험했다 하더라도 그것이 반드시 하나님의 능력 혹은 임재의 증거라는 보증은 없습니다. 오히려 그러한 것들은 참된 은혜의 방편으로서의 말씀과 믿음을 떠나도록 미혹하고, 하나님의 구원 경륜을 왜곡시킬 가능성이 있습니다.

우리는 이런 자들에게 "우리가 성경을 펼치면 삼위 하나님께서 우리에게 오신다"[42]는 개혁주의 잠언과, "그는 인격으로 우리에게 내려오지 않고 복음에서만 내려오신다"[43]는 루터의 말을 들려 줄 필요가 있습니다. 그리고 당시에 이적과 표적을 구하는 자들에게, 악하고 음란하다고 꾸짖으신[44] 예수님의 책망은 이들에게도 여전히 필요한 것으로 보입니다.

고난 신비주의

이는 고난을 신비 체험의 수단으로 삼는 신비주의 형태입니다. 고난 신비주의자들은 이타적인 선행과 희생을 최고의 신앙 덕목으로 삼습니다. 이들은 몸은 비록 고달프지만 그 고난 속에서 최고의 보람과 희열을 느낍니다. 이 신비주의는 여타의 신비주의와는 다르게 항상 이타적인 모습으로 나타난다는 점에서 독특하며, 또한 가장 덕스러운 모습을 띠고 있기에 신비주의로 잘 인식되지도 않습니다. 이런 사람은 "애니어그램(Enneagram)"의 두 번째 타입인 "순교자 콤플렉스"(혹은 메시아 콤플렉스) 유형에[45] 가까워 보이며, 주위로부터 곧잘 천사라는 말을 듣습니다.

그들이 만일 기독교인이라면 그리스도를 위한 고난에 자신을 연루시키기를 좋아하며, 자신이 주님을 위해 고난 당한다는 사실에서 큰 위로와 기쁨을 얻습니다.

그들의 신비체험은 너무도 강렬하여, 세상을 능히 멸시하고 십자가를 질 수 있게 합니다. 오상(五傷)의 흔적을 갖고 일생 고난을 즐기며 살았던 성 프란시스(St. Francis), 일생 맨발로 다니며 거지 생활을 했던 한국의 프란시스 이현필, 그리고 평생 폐결핵으로 고생하면서도, 무분별하고 몰아적인 사랑으로 온갖 비난과 찬사를 한 몸에 받았던 이용도 목사 등의 경우가 이에 해당될 것입니다.

물론 고난이 갖다주는 신비적 희열은 때때로 모세처럼[46] 진정한 신앙의 발로일 수도 있지만, 그것을 일상적으로 좇을때 부지불식간에 신비체험을 고난과 희생의 대가로 인식하게 하여, 복음적 은혜에 이르는 장애물이 될 수 있습니다. 복음적 은혜 체험은 허물과 약점 투성이인 죄인임에도 불구하고, 전혀 우리의 공로 없이 의롭다 해 주시는 하나님의 선언을 받아들임으로서 체험되는 은혜로서 획득적인 성향인 고난의 신비주의 체험과는 전혀 다릅니다.

이제까지 살펴본 대로 신비는 인간에게 카타르시스와 삶의 쇄신과 활력을 갖다 주기도 하며, 때론 그 체험이 너무 극적이어서 삶의 일대 전기를 마련해주기도 하나, 많은 경우 기독교 신앙과는 전혀 관계가 없는 것일 수 있습니다. 따라서 신비를 추구하거나 체험하는 것은 신앙심의 발현도, 그의 영성의 진실성을 증거해 주는 것도 아니며, 오히려 육신적이고 반복음적이며 적대적이기까지 합니다.

이는 그것들이 공통적으로 하나님께로 이르는 유일한 길인 그리스도의 필요를 부정하거나 최소한 약화시키고, 그것으로 신앙을 대신하고 싶은 음흉한 유혹을 일으키기 때문입니다. 이 점에서는 요한 웨슬레(John Wesley), 벤자맨 워필드(B. B. Warfield)같이 서로 전혀 상반된 신학 입장을 가진 신학자들까지도 일치된 견해를 나타냅니다.

"기독교의 다른 모든 원수들은 사소한 것들이다. 그러나 신비주의는 가장 위험한 원수이다. 신비주의는 기독교에 치명상을 입히는 것이다."[47], "우리는 신비주의자이든지 기독교인이든지 할 수 있을 뿐이지, 결코 그 둘 다일 수는 없다. 그 둘 다 이려고 하는 가정은 대개 기독교로부터 벗어나는 것이다."[48]

세속주의는 세상 그대로의 모습을 쓰고 나타나는 투박하고 솔직한 인본주의라면 신비주의는 경건을 가장한 음흉한 인본주입니다. 나는 세월이 갈수록 교회 내에서 가장 경계해야 할 자들은 세속적인 교인들보다 경건을 가장한 신비주의자들이라는 것을 절감합니다. 속화된 교인은 그 실체가 드러나기에 누구에게나 경계심을 일으키지만, 신비주의자는 가장 경건한 모습으로 포장되어 있기에 누구든 쉽게 속을 뿐 아니라, 자기 스스로도 속게 되니 참으로 악랄하고 무서운 해독이라 아니할 수 없습니다.

복음적 신비 체험

건전한 신앙 체험으로서의 복음적 신비 체험을 말하고자 합니다. 이 신칭의의 복음을 깨달으면서 천국 입성을 경험한 루터(Martin Luther)의 탑경험(Tower Experience),[49] 루터의 로마서 서문을 듣는 중에 가슴이 뜨거워지는 체험을 한 존 웨슬리(John Wesley),[50] 이사야의 복음을 듣는 중에 경험한 스펄전(C. H. Spurgeon)의 회심의 은혜[51] 등이 모두 여기에 속합니다. 이것은 내가 하나님께로 몸부림쳐 다가가고, 나의 의로움이나 덕성, 완전함에 의해 획득되는 신비주의 체험과는 달리, 죄인임에도 불구하고 하나님의 사랑과 용납을 받아들임으로서 체험하는 복음적 신비입니다. 이는 종교개혁 영성의 특성으로서의 이신칭의적 체험이라고 할 수 있습니다.[52]

그러나 개혁주의 영성은 이러한 건전한 신비 체험까지도 반드시 필요한 것으로 보지 않으며, 진정한 신앙이란 오직 믿음에 근거한 초신비적인 것으로 봅니다. 체험보다 믿음을 더 중요시하며, 체험을 뛰어 넘는 "오직 믿음"의 신앙을 가장 성숙한 신앙으로 간주합니다.[53] 복음주의자 도날드 블레쉬(Donald Bloesch)의 다음의 글은 루터적인 "오직 믿음"의 의미를 각성시키는 좋은 글로 보입니다. 이것을 인용하는 것으로 신비주의에 대한 장을 마감하고자 합니다.

"신앙은 신비적인 축을 가진다. 그러나 신앙은 신비적 경험에 근거하는 것이 아니라 오히려 신앙의 기초는 이 신비적 경험 안에서 이를 통하여 사람을 만나시는 하나님의 말씀이신 것이다. 신앙은 신비적 교제가 아니라 그리스도께 대한 개인적인 확신이다…영적 생활의 높은 차원에서는 신앙이 경험적 지지를 대신하여 결국에는 절대적 신뢰의 형태를 띠게 된다. 그러므로 기독교신앙은 좁은 의미에서 신비적이라기보다는 초신비적인 것으로 여겨져야 한다. 그 이유는 높은 수준의 신앙은 하나님 임재를 느끼는 것이기보다는 적나라한 신뢰로 특정 지어지기 때문이다…그는 우리의 영적인 경험으로 파악할 수 있는 분이 아니라 그 분께서 이 경험 안에서 혹은 이 경험 없이도 사람에게 오실 수 있는 분이시다."[54]

제9장

개혁주의 영성과 문화

삶 저변에 천착되어 있는 문화는 우리로 하여금 더 이상 삶과 문화를 따로 구분 지어 생각할 수 없도록 만들었습니다. 특별히 삶의 통합성을 지향하는 개혁주의 영성은 기도, 말씀, 예배 같은 제의(祭儀)는 물론, 당연히 문화까지 아우르도록 고무합니다. 이런 이유로 개혁주의는 항상 신학 외에 문학, 예술, 과학, 정치 등 삶 전반에 광범위한 관심을 가져 왔습니다. 헨리 미터(Henry Meeter)의 『칼빈주의』, 아브람 카이퍼(Abraham Kuyper)의 『스토운 강좌』, 프란시스 쉐퍼(Francis A. Schaeffer)의 『기독교 영성관』같은 저술들은 그런 관심의 반영들입니다.

그런데 오늘 영성 수련이나 이론들은 지나치게 신학, 심리학 등에 의존된 감이 있으며 여타의 문학, 음악, 미술 같은 것은 소수 전문가들의 영역이 되거나, 아니면 레저나 취미 활동같은 삶의 양념 정도로 자리 매김된 채 생활 속에서 제대로 의식화되지 못하고 있습니다. 특히 문학과 음악은 기독교를 위시해서 모든 종교와 삶에 근착되어 있는데도 더욱 그러합니다.

원시 샤머니즘에서 고등 종교에 이르기까지 기도, 주문(呪文) 같은 제의는 이미 나름의 예술 장르를 형성하고 있으며, 일상으로서의 문학과 음악은 삶의 애환과 그 궤를 같이 합니다. 사랑하는 자의 죽음 앞에서 그 기막힌 슬픔을 운율 섞인 독백으로 토하는 과정에서 슬픔은 어느 정도 객관화되고, 하나의 문학으로 승화됩니다. 사투리 진한 이웃 아저씨의 감칠맛 나는 걸죽한 입담은 인간미와 향수가 묻어나는 한편의 문학이 됩니다.

그러나 이러한 일상으로서의 소박한 문화가 20세기 말 종교다원주의의 등장과 함께 거의 종교적 지위로까지 격상되면서(동시에 종교는 문화로 전락함), 문화는 복음적 기독교의 경계 대상이 되었고, 급기야 "영적 전쟁은 곧 문화 전쟁이다"는 슬로건을 내 거는 상황까지 이르게 되었습니다.[1]

포스트모더니즘이 추구하는 신비적이고 초월적인 주제는 세속화된 종교를 대치하려는 경향을 띠고 있으며, 구원으로서의 문학이 말해지고, 문화 사역자들은 어슬픈 종교가 이상의 권위를 입고 나타납니다. 명상 음악, 향기요법 등은 단순한 취미나 문화생활의 수준을 벗어나 유사종교의 모습을 하고 있으며, 나아가 대중문화 전반이 서서히 종교적인 성향을 띠고 소비자를 유혹하고 있습니다.[2]

이런 시대에 개혁주의 영성은 문화에 대해 지나치게 경계적 혹은 낙관적인 일방적 태도를 버리고, 당대의 문화와의 관계를 끊임없이 검토하면서 문화 비평자로서의 역할뿐 만 아니라, 개혁주의 이상으로서의 문화 변혁자의 위치에까지 도달해야 할 것입니다.[3]

그러나 여기서는 그런 광범한 논의들은 지양하고, 다만 주제를 문학, 음악, 자연으로 한정하여, 소박하게 기본적인 신앙 관심사들과 연관지어 논하고자 합니다.

1. 문학과 영성

"성경이 문학은 아니지만 문학 이상으로 문학적이다"는 루이스(C .S. Lewis)의 말 대로[4], 성경은 상징, 은유, 직유, 제유, 환유 등으로 가득차 있는 문학의 보고입니다. 성경을 엄중한 하나님의 계시로 신봉한 청교도들 역시 "문학으로서의 성경"에 대한 인식을 갖는데 어려움이 없었습니다[5]. 문학은 하나님의 계시, 구원, 신앙 같은 성경의 중심 교리를 포함하여 전체 성경의 표현 양식이 되고 있습니다. 본격 문학으로서의 시가서(詩歌書) 외에도 선민의 무지에 대한 이사야의 비사[6], 다윗에 대한 나단 선지자의 책망[7], 예루살렘을 향한 예수님의 탄식[8], 가나안 여인에 대한 예수님의 은유와 여인의 응대[9] 등은 신학적 문학의 정수입니다.

그리고 기독교 신학의 발달 역시 단지 철학, 논리학 만 아니라 문학에도 상당 부분 빚지고 있습니다. 『고백록』,『천로 역정』,『실락원』 등은 딱딱한 신학을 문학으로 풀어 낸 훌륭한 신학적 문학 작품들입니다. 이렇게 성경 자체가 문학이요, 기자들이 언어의 예술가였다는 사실이 인정됨에도, 우리는 그 동안 성경 본문의 역사적 측면과 신학적 측면에만 천착하여, 예술적 측면을 등한히 해 왔다는 점을 인정하지 않을 수 없습니다[10].

혹자는 성경을 너무 무겁게 보아 성경을 단지 계시와 구원의 책으로만 보기를 좋아해, 문학과 연관시키는 일 자체를 불경스럽게 여깁니다. 이는 아마도 성경 영감론에 대한 엄격한 믿음이 성경에 대한 문학적 접근을 용납할 수 없었기 때문이 아닌가 합니다. 아래의 지적도 같은 비판을 담고 있습니다.

"대부분의 성경 독자들이 성경이 유기적 영감으로 기록되었다는 사실을 고백하면서도, 성경 기자가 언어의 예술가였다는 사실을 쉽사리 인정하려 들지 않는다… '성경을 하나님의 말씀으로서 소중히 생각하는 기독교 신자들이 너무 성경의 신학적인 내용에만 종종 골몰하여 성경의 예술적 특색을 깨닫지 못하고 있기' 때문이다."[11] 흔히 우리는 성령이 성경의 저자라는 사실을 말 할 때, 성경 기록자들이 계시를 무덤덤하게 현대 기자들의 중립적 관점에 의해 기록한 것으로 생각하여, 자기가 하려고 하는 이야기를 곡진하고 실감나게 하기 위해 온갖 언어적 장치를 사용한 탁월한 예술인이었다."[12]

신약의 다수 서신서들을 기록한 바울이 문학가였음은 당대의 유행한 시를 자유자재로 인용한 것을 통해 알 수 있습니다.

"아레오바고에서 그가 한 연설에서… 시인 아라투스(Arat)의 교훈시 파이노메아(Painomena)의 내용 중 '우리가 그의 소생이다' 라는 그의 시 5행 첫 부분을 그대로 인용하였다. 바울은 그 때 "너희 시인 중에도 어떤 사람들의 말과 같이…'[13]라고 하면서 청중들의 객관적 지식에 호소했다. 신의 성품을 지닌 인간이라는 이 문장은 300년 이상이나 아테네 사람들의 의식 속에 머물러 있어 철학적으로 교육받은 가말리엘의 제자 바울은 그의 해석을 어느 정도 공통적인 대화의 밑받침으로 제시할 수 있었던 것이다."[14]

우리는 바울로 부터 자신이 철학과 말의 지혜를 버렸다는 것을 들을 때, 그의 문학성까지 버린 것으로 생각해서는 안됩니다. 바울에게 문학은 아카데믹한 인용이 아니라 복음을 이해하고 증거하는 태도 그 자체였습니다. 바울은 복음의 권면을 할 때나, 참 지혜로서의 그리스도의 십자가를 고조할 때조차 그는 문학적이었습니다.[15]

이처럼 성경이 문학적이며 성경 기록자들이 문학가들이었다면, 이를 읽고 해석하는 자들 역시 문학적 소양을 요구받음은 당연합니다. 문학으로서의 성경을 이해하기 위해 비유, 상징, 은유, 직유, 아이러니 같은 문학적 공개념을 갖는 것은 당연합니다. 그런데 오늘 많은 경우 성령의 감동으로 기록한 성경은 성령으로만 깨달을 수 있다는 생각에, 오직 기도와 믿음으로만 성경을 이해하겠다고 덤빕니다. 그리고는 성경 기자들이 성경을 기록하기 위해 씨름한 수고의 일부분도 성경을 이해하는데 드리지 않습니다.

> "성경 기자가 언어의 직공이었다면, 성경 해석자들은 어찌해야 하는가. 성경 기자가 소리의 층과 의미의 층을 유기적으로 연결시켜 핵심적 의미를 강화하는 기법을 사용하고 있는데 해석자가 이를 알아 차릴 줄 아는 눈이 없다면 어떻게 되겠는가… 특별히 소리의 층이 의미 전달의 핵심 채널이 되고 있다면, 이를 알아 차리지 못하는 것은 본문의 의미를 놓치는 결과가 되고 만다."[16]

우리는 성경을 해석할 때 문자적,[17] 역사적 씨름과 함께 문학적 씨름도 필요로 합니다. 건전한 교회의 표징 중 하나인 올바른 설교는 정당한 성경 이해 위에서 이루어집니다. 성경을 해석하기 위한 신학적, 언어학적 이해 없이, 나름의 주관적인 해석에 치우칠 때, 소위 우스꽝스러운 "영해"(靈解)가 난무하게 됩니다. 이는 대개 깊은 신학 지식은 차치하고라도 기본적인 문학적 소양만 가져도 피할 수 있는 오류들입니다.

쉬운 예로, 물이 포도주로 바뀐[18] 내용을 설교하면서, "물이 포도주로 변화된 것은 물을 항아리 아구 까지 가득 채운 때문이며, 우리도 변화되려면 이처럼 기도의 양, 연단의 양이 차야 한다"는 식의 설교는 하지 않을 것입니다. 이 본문의 촛점은 루터가 말한 대로, 죄인을 순간적으로 변화시키는 "그리스도의 중생의 능력"을 말함이지, 물을 아구까지 채우고 안채우고가 관건이 아닙니다.

또한 예언서를 해석할 때, 문학적 상징성은 간과된 채 경직된 여자적(餘字的) 추적만 함으로 오류에 빠지기도 합니다. 한 때 물의를 빚었던 다니엘서의 "이레" 계산법이나[19], 계시록의 "짐승의 표"[20]에 대한 여자적(餘字的) 해석으로 생긴 이단시비는 깊은 신학적 문제보다는 사실 상징에 대한 문학적 이해 부족 때문입니다.

> "성경기자가 특정 이미지를 함축 의미가 담긴 상징으로 사용하고 있는데, 이를 알지 못하고 외시 의미에만 집착한다면 본문의 의미를 제대로 이해할 수 가 없는 것이다. 성경 기자는 성경 본문을 함축 의미의 본문으로 구성하였는데, 해석자가 단어들의 외시 의미와 산술적 합산으로만 이해한다면 이는 본문을 왜곡할 수 있는 것이다."[21]

성경에 대한 문학적 접근은 지성 위주의 경직된 이해에서 나아가 성경을 보다 탄력성 있게 보도록 합니다.

> "현대 그리스도인은 상상력을 거부하고 오직 이성논리 만을 중시하고 있다. '오늘날에는 모든 것을 신학화하려고 한다. 신학적 개념과 개요가 성경 기자들의 상상적 대담함을 대신하고 말았다'(리런드 라이컨, 상상의 승리 p.59), 그러나 진리는 오직 우리의 이성이나 지성을 통해서만 전달되는 것은 아니다. 때로는 이미지나 상징과 은유를 통해 전달되기도 한다. 어찌보면 현대기독교의 약점은 모든 것을 신학화하는데 있는지 모른다."[22]

이성과 논리 중심의 사고는 성경 단어를 추적할 때 다만 여자적(餘字的), 문법적 접근으로만 끝나게 합니다. 그러나 명실공히 성경해석은 그

문자 뒤에 감추인 상징, 문화까지 읽어 낼 때, 비로소 그 목적에 도달합니다. 하나님은 지성적이면서도 감성적이고 논리적이면서도 예술적이십니다. 그는 그의 계시 속에 딱딱한 신학교리만 담으신 것이 아니라 부드러운 문학적 감성까지 담으셨습니다. 다만 우리의 이성 중심적인 경직성이 이를 느끼고 보지 못하게 할 뿐입니다.

> "우리의 하나님은 상상력이 뛰어나신 하나님이시다… 그는 실로 이미지를 만드시는 분이시다… 구약의 많은 부분이 시나 묵시로 이루어졌다는 사실을 기억하라. 이것은 모두 상상력의 산물이다. 더욱이 주님은 비유로 하나님 나라를 설명하셨다. 주님은 상징을 좋아하셨으며, 상상력을 동원하여 스토리를 만드시길 즐기셨다."[23]

솔로몬, 다윗, 욥 같은 인물들은 모두 문학성이 뛰어난 사람들이었고, 박학(薄學)의 땜쟁이 존 번연(John Bunyan) 역시 청교도 문학의 정수인 천로역정을 쓸 만큼 문학적이었습니다.

문학이란 전문가들의 전유물이 아닌 문학자이신 하나님의 감성을 부여받은 모든 그리스도인들의 천부적 은사이며, 이런 은사를 계발하여 영성을 더욱 풍성하게 하는 것은 그리스도인들의 의무요 특권입니다. 우리는 칼빈이 몽테규(Montaigu)대학에서 문학을 전공했고, 아브람 카이퍼(Abraham Kuyper)가 1855년 레이텐(Leiden) 대학에 신학과 더불어 문학을 배우기 위해 입학했다는 사실을 전해들을 때[24] 문학은 그들에게 있어 신학작업을 완숙하게 해 준 바탕이었음을 짐작케 됩니다.

2. 음악과 영성

성경은 문학적인 동시에 음악적입니다. 송영, 시가서, 묵시 문학 속에 녹아 있는 운율은 이미 그 자체로 훌륭한 음악입니다. 아기 예수 탄생에 대한 천사의 고지(告知)[25], 마리아의 노래[26], 한나의 기도[27], 어린양에 대한 찬양[28]은 이미 그대로 문학이고 음악입니다.

찬송이라는 이름이 최초로 붙여진 그리스도와 그 제자들이 부른 "찬미"(마 26:30)의 희랍어「휨네산테」(umnhsante) 역시 유대교의 "할렐루야 노래" 혹은 유월절에 부르는 시편 113편, 114편인 것으로 알려져 있는데[29], 초대기독교 음악은 성경 말씀에 운율을 붙인 문학(가사) 의존적인 음악이었습니다. 이는 고대 그리이스 음악에서도 보편적이었습니다.[30]

주후 57년 경 쯤 바울이「골로새서 3:16」절에서 언급한 시(詩篇), 찬미(신구약에 바탕을 둔 Canticum), 신령한 노래(그리스 기원의 문학적인 노래) 등의 열거에서 보듯이, 당시의 기독교 음악은 순수 성경의 유대교적인 것과 문학적이고 감각적인 그리스적인 것의 통합으로 나타납니다. 이런 유대-그리이스적 음악은 감각적 자극을 부정하고 순전히 정신적인 것만 추구하는 육체 부정적인 신플라톤주의(Neo-Platonism) 음악에서 건져주었고, 교회 음악의 발전에도 기여했습니다.[31] 바울은「고린도전서 14:9,11,16」절의 말씀에서, 신비적이며 상징적인 극단의 금욕주의를 배척하고, 예배에서 발원하는 공동체 정신을 강조하여 소리 높여 하는 기도나 찬미를 권하고 있습니다.[32]

이렇게 음악적인 측면에서 보더라도, 육체를 가진 인간은 순수하게 정신적인 것만 추구할 수 없다는 사실을 알게 됩니다. 그리고 이는 그 때나 지금이나 고도의 영적인 찬송만을 고집하며 감각적인 것, 예컨대 오

르간이나 피아노 사용까지도 일체 배제시키는 극단적인 편견을 버리게 합니다.[33]

그리고 고대는 물론 초기 바로크(Baroque)에서 바흐(Bach)에 이르기까지, 교회음악은 문학에 예속되고 말에 지배되던 음악에서 점차 독립적이 되고 선율 자체가 메시지화 됩니다.[34]

"해당된 가사 부분의 순 기악적 연주는 성악과 동일한 가치의 것으로, 가사가 실제로 노래 불리어졌던 것으로 해석되었습니다."[35]

이는 다윗의 수금 연주가 사울의 악신을 축출한 것처럼[36], 음율 자체가 하나님께 대한 찬양일 수 있음은 물론, 치유까지도 가능한 완전한 음악일 수 있음을 증명했습니다.

그리고 음율의 메시지화는 나아가 사상의 도구화로까지 이어집니다. 이는 루터와 칼빈이 주도한 종교개혁이 유럽의 새로운 음악 탄생과 함께 이루어졌다는 하비 콕스(Harvey Cox)의 지적에서도 나타납니다.

"바흐의 합창곡과 회중 찬송은 당시 종교개혁의 메시지가 일반 대중 교인들에게 전달될 수 있었던 중요한 통로 역할을 했습니다… 사실 당시 바흐는 마틴 루터의 모든 글을 소유하고 있었다. 펠리칸은 그 책에서 바흐는 항상 악보에 '예수의 도우심'이라는 말을 적는 것으로 시작해 '오직 하나님께 영광을'이라는 말을 적는 것으로 작품을 완성했다."[37]

문학(가사) 의존적인데서 독립적인 위치를 차지한 음악은 언어의 제약을 뛰어 넘은 활발한 상상력 그리고 화성학, 대위법의 발달과 함께 고전주의, 합리주의, 낭만주의 등이 탄생됐고, 이 과정에서 이미 종교다원주의는 싹텄습니다.[38] 가사 없는 비명시(非明示)의 그늘에 온갖 잡다한 사상들이 숨어들었습니다. 언어가 명시된 가사(歌詞) 음악은 문자적인 명백한 표현 때문에 피아(彼我)를 구분하기가 쉬웠지만 비명시의 그늘에 숨어드는 반기독적인 음악들은 찾아내기가 어렵습니다.

오늘날 유행하는 음악 치료, 태교 음악, 영성 훈련들에서 도입하는 명상 음악, 신비주의 음악 같은 것들이 이런 점에서 우리에게 경계심을 갖게 합니다. 이것들은 천박하거나 말초적이지도 않고, 강한 비트의 "락"(Rock) 처럼 파괴적이지도 않으며, 정서를 순화시키고 마음을 평화롭게까지 합니다.[39] 그러나 이러한 음악적 낙관주의는 인간의 비참성을 못 보게 하고, 더 이상 그들에겐 십자가에서 비참히 죽은 그리스도의 구속 교리 따위는 불필요한 것으로 여기게 합니다.[40]

그리고 또 하나 경계할 것은 가사는 기독교적인데, 음률은 세속적이고 반기독적인 이중성을 띤 음악입니다. 이것은 단지 가사가 기독교적이라는 이유만으로, 사람들로 하여금 일말의 의구심 없이 그것을 받아들이게 한다는데 심각한 문제가 있습니다. 가사만 그럴듯하게 포장하여 세속적, 다원주의적 음률을 담아 교회 음악이라고 내 놓은 것들은 전문가들조차 쉽게 분별하기 어렵습니다.

근자에 대중 음악을 하던 사람들이 교회에 많이 유입되면서, 그들 나름의 신앙고백적인 가사에다 곡을 붙인 복음성가들이 많이 나오는데, 멜로디만 들어서는 유행가인지 성가인지 구분이 안갈 정도로 말초적입니다. 이는 왜 복음 성가나 CCM이 미국이나 일본의 술집 같은데서 유행하는지에 대한 답변이 되기도 합니다.

복음성가가수들이 토해 놓는 비후성(鼻喉性)의 교태적인 발성은 마치 술집 무대에서 노래부르는 3류 가수를 연상시키며 전기기타, 키보드, 드럼 등 전기증폭을 통해 내는 비자연음의 파괴적인 음질은 사람들의 감성을 말초적이고 폭력적이게 합니다. 고급 문화를 선도하던 교회가 소위, 불신자들과의 접촉점을 찾는다는 구실로, 저급한 대중음악을 교회로 끌어 들여 영성을 오도할 뿐 아니라, 세상의 질시를 자초하고 있습니다. 송영으로서의 거룩한 찬송이 예배를 달구기 위한 분위기용으로 전락되고, 작곡자의 의도는 전혀 무시된 체, 빠른 4분의 4박자는 무조건 "Rock"으로, 느린 곡은 "R&B"로 모조리 리메이킹 되어 버립니다.

한국 교회의 세속화는 많은 부분 교회 음악의 속화에서 기인된다고 해도 지나침이 없을 것입니다. 교회는 이제 더 이상 거룩한 강단을 연예인들의 굿판으로 만들지 말아야 할 것입니다. 모두(冒頭)에 진술했듯이 음악이 전혀 감각적인 것을 배제하고 정신적인 것만을 추구하는 신플라톤적인 경향으로 흘러서도 안되지만, 오늘 같이 관능적이고 세속적인 음악 형태 역시 경계해야 합니다.

동시에 음악의 엘리트화, 귀족화 역시 경계합니다. 루터의 만인 제사장주의로 성직자, 평신도의 구분이 철폐됐지만, 교회음악에서 다시 그 구별이 나타났다는 비판이 일 정도로 종교개혁 직후의 교회음악은 예술적 음악과 회중 음악으로 양분되었습니다.[41] 다음은 그같은 음악의 양분화에 대한 지적입니다.

> "교회음악의 그러한 경향은…. 교양과 무교양에 의한 인문주의의 정신, 귀족적 순열에 따라서 예배공동체를 새로이 분리하는 경향에 불과하다… 성서의 말씀에서 시작되어 예배를 내적으로 관찰하는 대신 인문주의와 르네상스 안에서 정신생활의 이상을 바라보는 심미적 태도가 나타났다."[42]

오늘도 소위 엘리트로 자처하는 수준 있는(?) 교회들은 "교회의 수준은 성가대에 의해 결정된다"는 원리에 충실하려는 듯이, 일반인이 알아듣기 힘든 소위 고급(?) 성가곡들을 사용하므로 타 교회와의 차별화를 도모합니다. 이는 아마도 "어려운 것은 수준 있다"는 일반의 편견에서 비롯되지 않았나 싶습니다. 그러나 하나님의 은혜는 결코 어렵지 않습니다. 기독교의 하나님 이해는 그리스도의 성육신을 통해 누구나 이해될 수 있었듯이, 교회 음악 역시 고도의 지적 사색을 필요로 하는 것이어서는 안됩니다. 하나님의 은혜는 결코 쉽다고 천박하지 않으며, 심오하다고 어렵지 않습니다. 은혜는 남녀노소, 유 무식의 모든 차등을 철폐시키고, 그리스도 안에서 모두를 하나로 융해시킵니다.

이미 우리 교회 안에는 신학적으로 검증되고, 누구나 친숙하게 부를 수 있는 고전적인 550여의 찬송곡이 있습니다. 언제 어디서 불러도 은혜가 되는 곡들입니다. 이런 것들이 단지 너무 고답적이고, 단조롭다는 이유로 외면 당하고 있으며, 그 중 단 한번도 불려지지 않은 것들도 상당수를 차지합니다. 그러면서 한편, 음악적으로 신학적으로 전혀 검증되지 않은 유행가와 다를바 없는 천박한 음악들이 무차별적으로 교회 안에 유입되고 있음은 심히 우려할 만한 일입니다.

그리고 지나친 찬양 위주의 예배 역시 예배의 본말을 전도할 위험이 있으므로 경계해야 합니다. 이는 예배와 삶에서 찬양의 중요성을 평가절하시키려는 것이 아니라, 말씀 중심의 종교개혁주의 원리에 충실하자는 의미입니다. 오늘날 세계적으로 유행하는 미국 남침례교단에서 시작된 "찬양과 경배"[43]는 말씀 선포를 약화시킨다는 지적들을 받고 있습니다.[44] 주지하듯이 종교개혁자들이 목사 가운, 스테인드 글라스, 예배당 장식을 버린 이유는 오직 말씀에 집중하기 위한 것이었습니다. 전통적인 영미의 장로교회가 예배에서의 복잡한 합창이나 기악을 거부한 것 역시, 주위를 산만하게 하여 성경 말씀을 불명(不明)하게 할까 해서였다는 점을 상기할 필요가 있습니다.[45]

마지막으로 찬양의 목적이 온전한 송영이어야 함을 강조하고자 합니다. 종교개혁시대의 찬양대 배치는, 오늘날처럼 청중들의 시선을 받는 설교단 옆이나 앞에 위치하는 것과는 달리, 청중석 뒤에 위치한 것을 종 종 볼 수 있습니다. 이는 성가대가 회중의 주목을 받지 않고 오직 하나님께만 영광을 돌리려는 정신 때문이었습니다. 오늘 예배 시간의 교회 성가대는 오직 하나님을 향한 송영이라기 보다는 마치 사람들에게 뽐내는 연주회나 발표회 같이 느껴집니다. 종교개혁시대에 오르가니스트에 대해 부정적이었던 이유 중 하나가, "오르가니스트의 뛰어난 독주가 예술가로서의 개인을 돋보이게 하고, 일반 성직자와 회중적인 평신도 예배 사상에 위반된다고"[46] 생각한 때문이라는 사실을 상기할 필요가 있습니다.

3. 자연과 영성

기독교 영성이 자연친화[47]적인 태도를 취하는 것은 자연에 대한 막연한 낙관주의, 혹은 소돔과 고모라로 상징되는 도시의 부정적인 이미지로 인한 도시기피증 때문이 아닙니다. 물론 성경은 소돔(Shochoh)과 고모라(Gomorrah), 니느웨(Nineveh), 고린도(Gorinth) 같은 도시들을 전형적인 타락의 상징으로 그립니다만, 오히려 도시는 복음 전도의 잠재적 폭발성을 가진 황금어장일 수 있다는 점에서, 복음은 오히려 도시지향적입니다. 실제로 안디옥(Antioch)[48] 같은 도시는 세계 선교의 거점 역할을 하였으며, 이는 죄가 더한 곳에 은혜 역시 넘친다는 성경 진리를 재삼 확인시켜 주는 계기가 되기도 합니다.

그러나 무엇보다 자연에 대한 낭만적인 생각을 갖지 못하게 하는 큰 이유는 죄가 모든 피조 세계를 타락시켰다는 사실 때문입니다. 인간의 죄가 이 땅에 가시와 엉겅퀴를 들여와, 세상 어디에도 고통 없는 곳은 없다는 것이 성경의 일관된 가르침입니다. 멀리서 보면 그렇게 아름답던 숲도 가까이서 보면 잡초, 병해로 얼룩져 있으며, 풍요로운 들판에도 가라지와 해충이 있습니다. 동경의 대상인 천혜의 낙원, 핀란드나 스위스가 엄청난 모기떼의 낙원이기도 하다는 사실은 같은 반증일 것입니다.

그리고 죄에 관한 한, 자연 속에 사는 사람들이 도시인들 보다 결코 나을 것이 없다는 점 역시 자연에 대한 낭만적인 생각을 접게 합니다. 모두가 아담의 혈통을 가진 죄인인지라, 시골 사람들이라고 특별히 나을 것이 없습니다. 순박한 듯 하나 무지와 완고함, 우상숭배에 찌든 그들의 모습은 도시인들의 죄성 못지 않습니다. 죄에 관한 한 더 이상 도시, 자연의 공간적인 구분은 의미가 없습니다. 그럼에도 자연친화적 영성을 말함은 다음과 같은 이유들 때문들입니다.

자연친화적인 인간 속성

문화학자들은 공기와 의식주처럼 요람에서 무덤까지 인간을 따라 다니는 것을 문화로 봅니다. 하이데거(Heidegger) 의 개념대로 문화는 곧 "존재의 집"이며, 현대인의 생활활동 방식입니다.[49] 반드시 문화학자들의 이런 주장이 아닐지라도 문화가 현대인의 삶에서 뗄 수 없다는 사실은 일반이 공감합니다.

그러나 인간은 이런 문화지향적인 속성과 함께 자연친화적인 속성 역시 갖고 있습니다. 즉 인간은 근본 육체적, 정서적으로 자연을 필요로 하고 있다는 말입니다. 아무리 21세기 첨단 시대를 사는 문화인이라 해도, 흙에서 태어난 인간은 흙 냄새를 맡고 흙에서 나는 식물을 먹으며, 자연과 더불어 살아야 합니다. 인간의 눈은 다만 사물을 인식하는 일에만 소용되지 않고, 자연의 생기를 흡입(吸入)하는 창구(窓口) 역할도 합니다. 사람이 푸른색을 보지 않고 햇볕을 받지 못하면, 정서 불안과 우울증에 걸린다는 의학자들의 주장 역시 자연친화적인 인간 속성의 한 반증입니다.

우리는 종종 번잡하고 소음에 찌든 콘크리트 도시를 떠나, 한적한 숲속에서 바람 소리, 새소리, 물소리를 듣고, 숲의 향취에 취하기도 합니다. 그 때 마다 우리는 인간의 육체와 마음이 얼마나 자연친화적이며, 우리가 살고 있는 콘크리트 도심이 얼마나 인간 본성에 맞지 않나 하는 것을 새삼 확인하게 됩니다. 이러한 깨달음은 자연친화는 일부 유한족들의 사치스러운 낭만이 아니라, 모든 사람들에게 요구되는 절실한 필요임을 재삼 인식시켜 줍니다.

이는 성육신하신 하나님의 아들에게도 예외는 아니었습니다. 그 분 역시 우리와 똑 같은 필요 아래 계셨으며, 할 수 있는 한 자연친화적인 생활을 도모하셨습니다. 그분에게 육체를 위해 빵과 물이 필요했듯이, 마음을 위해 자연이 필요했습니다. 예수님 뿐만 아니라 모세, 다윗, 솔로몬, 엘리야 등 성경의 인물들이 대개 다 그러했습니다.

자연친화적인 삶을 살았던 그들이 전해 준 멧세지 내용은 따로 자연도감이 필요 없을 만큼 수많은 나무, 새, 짐승, 곤충 같은 자연 생명체들로 충만했고, 이 모두가 신적 교훈을 위한 비사(比辭)로 동원됐습니다. 두령 없이도 여름 내 일사분란하게 먹이를 모으는 개미[50], 알(卵)을 부화시키기 위해 비정함을 가장한 타조의 지혜[51], 성욕으로 헐떡거리는 암

나귀[52], 산양과 너구리의 거처에 대한 지식[53] 등은 세밀한 자연 관찰자가 아니고서는 알 수 없는 것들입니다.

혹자는 성경시대는 농경사회라 자연친화적인 생활을 할 수밖에 없었다고 반박할지 모르나, 주전 2700년경에 이미 수 천명이 거주한 소돔, 인구 12만의 니느웨, 인구 60만의 고린도, 인구 20만의 데살로니가 같은 대도시가 있었습니다.[54] 예수님 역시 수도 예루살렘이 그의활동 무대 중의 하나였고, 그런 도시적 환경 속에서 자연친화적 생활을 도모하셨습니다. 낮에는 예루살렘의 성전에서 가르치시면서 수시로 한적한 자연을 찾으셨고, 밤에는 감람산에 드셨습니다.[55]

오늘 인간 심성의 황폐는 근본 하나님과의 유리(遊離)가 원인이지만, 자연과의 유리도 한 몫을 했습니다. 가나안 농군학교 설립자 故 김용기 장로는 강의 시간마다 경제적 잣대로 잴 수 없는 농사의 무형(無形)의 정신적 축복을 강조하면서 자연생활의 유익을 말했습니다. 최근 들어 한때 경제적 이유로 도시로 몰렸던 사람들이 어느 정도 여유를 찾자 다시 귀향을 꿈꾸거나 전원 주택, 주말 농장 등에 대한 높은 관심을 드러내는 것은 그러한 자연친화적인 본성의 발로로 보입니다. 최근엔 주 5일 근무제 실시와 함께 전원교회에 대한 논의가 활발하며, 실제로 몇몇 목회자들은 성공적인 전원교회를 일군 것 같기도 합니다.

일반의 이런 자연에 대한 관심과는 달리 특별계시를 중시하는 개혁주의 진영에서는 자연에 대한 신학적 관심을 크게 나타내지 않는 듯 하며, 다만 진보 진영에서 환경신학이니 생태신학[56]이니 하는 주제들에 관심이 이는 것 같습니다. 기독교가 구속론적인 입장에서 특별계시인 그리스도에 집중해야 함은 아무리 강조해도 지나치지 않지만, 육체적 심리적 필요를 가진 존재론적인 인간론의 입장에서 자연에의 관심 역시 당연해 보입니다.

그리스도인을 위한 자연

자연은 불신자들을 위한 것이기도 하지만, 근본 하나님의 자녀를 위한 것입니다. 그 이유는 하나님의 자녀만이 자연을 바르게 쓸 수 있는 지침(성경)을 갖고 있기 때문입니다. 불신자들도 자연으로부터 혜택을 얻지만, 오히려 자연은 그들의 불 신앙에 대한 평계를 막는 빙거로 작용할 뿐입니다.[57] 그리고 결정적인 폐해는 불신자들에게 자연은 그것의 은총이 그들을 주저 앉혀, 특별 은총인 그리스도의 필요를 느끼지 못하게 한다는 점입니다. 이는 자연계시의 불명료함과 오도가 빚어내는 결과이기도 합니다. 불신자들에게 있어 자연 계시의 무익함에 대한 칼빈(John Calvin)과 바르트(Karl Barth)의 다음의 말은 같은 맥락입니다.

"창조주 하나님께 도달하려면 성경이 인도자와 교사이어야 한다."
"예수 그리스도에게 계시된 하나님께 전적으로 매달리기 위하여 자연신학과 결별해야 된다. 그 외의 모든 것은 하나님에게로가 아니라, 그에게서 멀어지게 하는 자유의지(Willkur)이다. 예수 그리스도 한 분만이 하나님의 자기계시이다."(요 14:6)[58]

이는 자연 신학을 비롯해 왜 노자(老子), 장자(莊子), 불교 같은 자연 종교의 낙관주의가 그리스도께로의 접근을 막으며, 자연이 왜 종교다원주의자들에게 그렇게 많이 오용되는가 하는 이유이기도 합니다. 그러나 특별계시를 가진 하나님의 백성들에게 자연계시는 여전히 유용합니다. 이 점은 자연 계시에 부정적인 "칼 바르트"나 긍정적인 "아브람 카이퍼"가 서로 일치하는데, 이는 자연계시가 특별계시의 지배 아래 있어야 한다는 전제에 동의하므로서입니다.

「시편 19:1절」[59]을 고백하는 자는 자연인이 아니라 하나님의 은총을 경험한 사람이다. 신앙의 눈으로 자연을 관찰할 때 자연에 나타난 하나님의 영광을 볼 수 있는 것이다. 결국 성경은 자연신학을 말하지 않으며 인간에게는 자연계시에 대한 접촉점을 가지지 않는다"는 칼 바르트(Karl Barth)의 주장과, "자연신학이 인간의 죄로 말미암아 나타나지 못하고 있으므로 특별신학은 이 인간의 눈을 뜨게 하므로 자연의 신학(자연 계시)을 가능하게 하고 그 기능을 다한다. 하나님의 이 특별한 은총이 없이는 자연계시를 인식할 수 없으며 이 은총이 접촉점이 된다"는 아브라함 카이퍼(Abraham Kuyper)의 주장은 서로 다르지 않습니다.

물론 기독 신자에게도 자연의 우상화에 대한 위험이 없는 것은 아닙니다. 칼빈의 말대로, 신자는 자연의 영광과 아름다움을 하나님께서 주신 선물로 찬양하지만, 성경보다는 지나치게 자연에 매료될 때 자연이 또 하나의 우상이 될 수 있기 때문입니다. 자연만물을 관조함에 있어 신앙인은 그 속에서 창조주 하나님의 신성(神性)을 대면하고, 그것을 통해 자신의 무지와 초라함을 발견해내므로, 궁극적으로는 하나님에 대한 경배심을 발분(發奮)시켜야 합니다. 신앙인은 세속 문학이나 예술에서 높이 쳐주는 소위 낭만주의나 서정주의 따위에는 일말의 여지도 주지 않습니다. 성도에게 자연은 감상주의나 낭만주의를 자극하는 것이 아닌 하나님을 상기시키는 수단입니다. 위대한 고난의 시인 "욥"의 경계를 들으십시오.

"언제 태양의 빛남과 달의 명랑하게 운행되는 것을 보고 내 마음이 가만히 유혹되어 손에 입맞추었던가 이 역시 재판장에게 벌받을 죄악이니 내가 그리하였으면 위에 계신 하나님을 배반한 것이니라."[60]

그는 자연이 하나님의 영광을 위해 존재하는 피조물이라는 의식이 결여된 채, 단지 자연의 아름다움에 매료되는 것까지도 창조주에 대한 범죄로 간주했습니다. 그가 관조(觀照)한 모든 사물의 중심에는 피조물 너머에 존재하는 하나님과 그의 영광에 대한 관심이 있을 뿐이었습니다. 그의 문학의 주제는 피조물 세계에 감추어진 창조주의 영광과 신성(神性)이었습니다. 이는 경건 문학과 세속문학을 구별 지우는 관건이 되기도 합니다.

17세기 유명한 체코(Czechoslovakia)의 교육가인 코메니우스(John Comenius)의 주장대로 크리스천에게 자연은 하나님 경외에 이로도록 돕는 일종의 실물교훈입니다.[61] 자연을 "하나님의 그림책"으로 묘사한 어거스틴의 견해나, "인간을 하나님 형상으로, 자연을 하나님의 영광을 반사하는 거울로"[62] 정의한 칼빈의 견해도 맥을 같이 합니다. 자연에 대한 이러한 견해는 청교도들에게도 예외가 아니었습니다. 다음은 자연의 교육적 기능에 대한 청교도의 글입니다.

"기독교 교육 자체가 복합적인 것이기에 성경공부만으로는 넓은 의미의 종교교육이 완성될 수 있다고 생각하는 것은 편협한 생각이다. 이러한 생각은 이미 미국으로 건너간 청교도들의 교육 이념에서도 발견되고 있다. 그들이 청교도들의 자녀들이 신대륙에서 종교적 전통을 이어받게 하려는 목적으로 세운 하버드 대학은 세 가지 교육목표를 갖고 있었다. 첫째는 하나님의 말씀인 성경을 공부하는 것이며, 둘째는 하나님의 창조 세계인 자연을 공부하는 것이며, 셋째는 신앙인들이 저술한 책을 읽고 연구하는 것이다."[63]

18세기 영국의 청교도 목사요, 영국 찬송가의 아버지라 불리운 아이작 왓츠(Isaac Watts 1674~1748)의 다음의 찬송시는 자연의 계시적 측면과 그리고 그것의 한계까지 함께 잘 그려내고 있습니다.

저 높고 넓은 하늘이 주 영광 선포하는데
성경은 주의 이름을 더 밝히 드러내도다
날마다 뜨는 저 태양 주 권능 알려 주는데
거룩한 성경 말씀은 주 크신 은혜 알린다
저 해와 달과 별들은 늘 주를 찬양하는데
그 살아있는 진리는 온 세계 두루 퍼진다[64]

묵상과 기도의 환경으로서의 자연

여기선 묵상의 환경으로서의 자연에 대해 말하고자 합니다. 즉 자연의 중요성을 지나치게 과장하는 것에서 벗어나, 자연을 다만 영적인 환경 그 이상 그 이하로도 보지 말자는 것입니다. 이러한 입장은 자연의 관조를 통해 하나님을 만나고[65] 자연 안에서 하나님의 "흔적"을 느낄 수 있다고 믿었던 프란시스의 자연신비주의[66] 입장이나, 자연계를 지나치게 중시하여, 자연계의 완성일로서의 제 7일 안식일 준수와 반(反)도시주의를 외치는 안식교의 입장[67] 같은 것들을 당연히 배격합니다.

오직 성경만을 하나님을 만나는 장소로 믿는 루터와 칼빈을 따르는 개혁교회 전통은[68] 그리스도와 말씀을 모든 신앙의 중심에 놓으며, 자연은 다만 특별계시의 이해를 돕는 보조자료 혹은 묵상의 환경으로 삼을 뿐입니다. 그러나 개혁교회는 이제껏 전자에 대해서는 비교적 철저히 고수해 오면서도, 후자 곧 묵상의 환경으로서의 자연의 위치에 대해서는 별다른 주의를 기울이지 않았다는 사실을 인정하지 아니할 수 없습니다.

우리는 특별계시의 실체이신 예수 그리스도마저도 기도와 묵상의 환경으로서의 자연을 필요로 했다는 사실에 주목해야 합니다. 그는 예루살렘을 거점으로 사역하시면서 자주 묵상과 기도를 위해 한적한 자연을 찾으셨습니다.[69] 뿐만 아니라 그는 자연을 주의 깊게 관찰하셨으며, 그것들을 비유로[70] 천국 복음을 설명하셨습니다. 우리가 이러한 그의 자연친화적인 삶을 제대로 이해한다면, 그의 멧시지 대부분이 자연의 비사들로 되어 있음을 당연시하게 될 것입니다.

비단 예수님 뿐만이 아니라 신앙의 인물들 대부분이 그랬습니다. 모세는 시내산을, 엘리야는 갈멜산을, 세례 요한은 유대 광야를 그의 영성(靈性)의 도장(道場)으로 삼았습니다. 다윗의 목가적(牧歌的)인 정서, 솔로몬의 자연관찰적 문학은 모두 자연친화적인 생활에서 배양된 것들이었습니다. 경건한 인물 이삭에게 들판은 묵상의 장소였으며, 하루해가 저물 때면 들판으로 나가 묵상하는 것이 그의 습관이었습니다.[71]

유명한 저서 『A Shepherd Looks at Psalm23』을 비롯해 화보, 묵상집 등 25권 이상을 저술한 필립 켈러(Phillip Keller)는 선교사인 아버지 덕택에 동부 아프리카 케냐의 대 자연 속에서 나고 자라는 특권을 누렸는데, 거기서 얻은 많은 영적 교훈들을 영감 넘치는 글들로 옮겨, 세계 기독교인들에게 많은 은혜를 끼쳤습니다.[72] 그리고 위대한 개혁주의자 '메이천'(J. G. Machen)역시 "자연주의자"라 불리울 만큼 자연애호가였고[73] 유명한 영국의 복음주의 목사 존 스토트(Johh Stott) 역시 새 애호가로 유명한데, 최근에 그는 성경 묵상을 곁들인 새의 화보집을 낼 정도로 새전문가 입니다.[74] 또한 그는 년중 40일 정도를 도시에서 멀리 떨어진 오두막에서 말씀과 기도로 지낼 만큼 자연친화적인 인물입니다.

『영적 훈련』의 저자 도날드 휘트니(Donald Whitney) 역시, 묵상의 환경으로서의 자연의 필요성을 강조하는데 주저함이 없습니다.

"소리라고는 자연의 소리와 사람들의 소리밖에는 들리지 않는, 들이나 집에서 일하면서 하루를 보내던 여러 세대 전 과는 달리, 어디든 소음공해로 시달리는 오늘날에는 하나님의 음성을 듣기 위한 한적한 장소가 필요하다"[75]

자연생활

이 장에선 앞에서 말했던 단순한 자연친화적 차원을 넘어, 아예 자연 속에 삶의 터전을 잡는 "자연생활"에 대해 진지한 고려를 해 보고자 합니다. 보통 이런 주제를 들먹이면, 대개 개신교인들은 반문화주의나 중세수도원적 은둔주의를 떠올리는 경향이 있습니다. 이는 아마 자연은 은둔의 장소라는 성급한 결론 때문이기도 하고, 문화에 대한 편향된 시각, 곧 자연을 단순히 문화의 상대 개념으로 보는 입장 때문이기도 합니다.

대개 이러한 편향된 시각들은 인위성이 가(加)해지지 않은 원상태를 자연으로, 가꿔진 것을 문화로 놓는 극단적인 대립 관계를 설정합니다. 그리고 이것은 순수냐 인위냐 하는 개인적인 가치 판단에서부터, 보존이냐 개발이냐 하는 국가 정책에 이르기까지 다양한 대립 양상을 띱니다. 따라서 자연은 항상 경작되고 정복될 대상으로만 간주되며, 이에 배치되는 것은 반문화, 퇴보라고 쉽게 규정 지어집니다.

그러나 이는 설득력이 없는, 주로 농경사회에서 산업사회로의 도약 과정을 겪는 개발도상국들에서나 가질법한 "자연" 개념입니다. 그럼에도 이 논리는 비약되어 창세기의 문화 명령[76]과 교묘히 믹스 되어, 마치 기독교가 자연수탈과 제국주의의 이론적 근거를 제공해 주는 것처럼 비춰지게도 합니다.

성경은 정복만이(창 1:28) 아니라, "다스림과 지킴"도(창 2:15) 동시에 말합니다.[77] 유명한 『노동』의 작가 폴 마샬(Paul Marshall)은 오히려 자연수탈의 원인을 기독교가 아니라 인본주의라고 단언합니다. 그는 오히려 자연 수탈이 기독교의 쇠퇴에서 왔다고 까지 주장합니다.

"자연에 대한 지배라는 주제는 17세기에 이르러서야 비로소 강력한 주제로 부상했다. 18세기 이후에 진행된 자연에 대한 점차적인 수탈은 서구 세계의 주요 세력이었던 기독교의 쇠퇴와 동시에 진행되었다. 현재 벌어지는 수탈의 영적인 뿌리는 기독교 신앙에서 찾기보다는 오히려 '인간이 만물의 척도' 라는 인본주의적 신조에서 찾는 것이 더 합당하다."[78]

"문화"와 "자연"을 대립 개념으로 놓을 때, 문화의 잠식성(蠶食性)에 의해 자연은 설 곳을 잃게 됩니다. 그리고 자연은 오히려 문화의 초대 손님이 되고, 급기야 자연이 레져 문화의 한 부분으로 전락됩니다. "문화"라는 이기(利器)를 주체적으로 사용하던 "자연"이, 거꾸로 문화의 이기가 되어버립니다. 예컨대 오늘날 "도시"가 인간의 본거지가 되고, 본래의 주거지였던 "자연"은 필요를 위해 가끔씩 방문하는 문화소비지가 되고 맙니다.

이제 여기서 이 장의 주제인 "자연생활"의 이론적 근거로 삼고자 하는, 「독자적인 삶의 형태로서의 자연」에 대해 말하고자 합니다. 이것은 자연생활을 원시 회귀나 반문화가 아닌, 나름의 독특한 문화나 삶의 형태로 보자는 논지에서 출발합니다. 이러한 개념은 20세기 산업화의 폐해를 목도하면서 문화란 무조건 발전된 것이고, 자연은 후진적인 것이라는 인식에서 탈피하여 자연의 가치를 재평가한데서 나왔습니다. 이러한 자연의 재발견은 지금 미국에서 일어나고 있는 댐 환원 운동이나, 최근 독일에서 산림 종사직이 최고의 인기 직종으로 랭크되는 사례 등으로 구체화되고 있습니다.

더 이상 자연은 쇄락한 정치인들의 유배지나 낙향 선비들의 은둔지일 수 만은 없으며, 자연생활 역시 은둔이나 반문화가 아닌 현대인들 나름의 한 문화 형태라는 인식 전환을 가져 왔습니다. 6, 70년대 한국의 도시가 바람난 시골사람들의 흠모 대상이었던 것처럼, 자연은 이제 바람난 도시인들이 넘보는 고급 문화장소로 까지 격상되었습니다(물론 시골 사람들에겐 여전히 떠나고 싶은 곳이지만).

이런 "자연"에 대한 개념 수정은 불가피하게 "문화 명령"에 대한 개념 수정으로까지 이어집니다. 이제껏 자연에의 칩거는 문화 명령에 역행하는 것으로 간주하던 데서 벗어나, 자연을 문화명령을 이행하기 위한 적정 공간으로까지 이해되기 시작했다는 말입니다.

다양한 첨단이기(利器)들의 등장, 그 중에서도 세계를 하나로 묶는 사이버 공간의 네트웍 구축은 자연 속에서 범세계적인(World-Wide) 문화 참여를 가능케 했습니다. 방안에 앉아서 전세계를 상대할 수 있는 시대에, 자연은 더 이상 세상과 격리되고 문화 사역에 장애를 받는 은둔 공간일 수 없으며, 사실상 도시와 자연의 공간적인 차별은 철폐됩니다. 오히려 영적인 사역자들에게는, 고요히 묵상할 수 있는 한거성(閑居性)과 정서적 분위기를 제공하는 자연은 더 없이 좋은 영적 환경일 수 있습니다.

수십 년 전 강원도 오지의 한 산골짝에 터를 잡은 "예수원"이 당시엔 교회들로부터 사시적(斜視的) 조망을 받았지만, 오늘 새롭게 주목을 받는 것도 다 이런 시각의 변화 덕택일 것입니다. 이제 한국 교회들도 시야를 넓혀, 단지 기도원이나 수양관 일변도에서 벗어나, "예수원"이나 "라브리" 같은 자연생활의 시도들이 활발하게 일어나기를 기대해 봅니다.

사랑의 하나님 귀하신 이름은
내 나이 비록 어려도 잘 알 수 있어요.
온 천하 만물은 그림책 같으니
그 고운 그림 보아서 그 사랑 알아요.
저 고운 화초밭 비 오다 개이면
하늘에 뻗친 무지개 참 아름다와요.
저 푸른 하늘의 수많은 별들도
주 하나님의 사랑을 늘 속삭이지요

어거스틴 詞[79]

후주, 참고문헌

후주 — 1부

: 제 1 장 :

1) 정용석, 기독교 영성과 영성학, 기독교사상 통원410집(1993/2), pp.90-93을, 최형걸, 기독교영성에 대한 이해(팜플렛 : 2001), p.4.에서 재인용.
2) 오늘날 지나치게 영성이라는 용어를 남발하는 그룹들이 있는 반면, 일부 보수 진영에서는 지나치게 이 용어에 알레르기 반응을 일으키는 것 같다. 그러나 개혁주의자들은 이 용어를 사용하는데 크게 제약을 받지 않은 듯 하다. 『세계 3대 칼빈주의자 중 한 분인 워필드(Benjamin B. Warfield, 1851-1921) 박사는 그의 역작인 「Biblical And Theological Studies」에서 '율법의 영성'(It's Spirituality) 이란 말을 썼다.』Benjamin B. Warfield,Biblical And Theological Studies「The B. B. Warfield Collection」(Philadelphia : Presbyterian and Reformed Pub, 1968). p.408 .
『J. I. Packer 는 그의 저서 Among God's Giant 에서 조 오웬(John Owen)을 다루면서 「존 오웬의 영성」이라는 소제목을 붙였다.』Among God's Giant - Aspects of Puritan Christianity : 청교도 영성, 박영호 역, (서울 : 기독교문서선교회, 1992), p. 265
『존 오웬은 그의 저서 「영적 사고방식」중에서 그는 정서의 느린 변화를 말하면서 "우리의 정서가 영성과 천상적인 성격을 가지고 자라거나"(411) 라는 표현을 썼다.』John Owen, On Spiritual Mindeness : 영적 사고방식, 서문강 역, (서울 : 청교도신앙사, 1998) , p.411.
『찰스 스펄전도 그의 설교에서 이 용어를 쓰고 있다.』C. H. Spurgeon, GRACE ABOUNDING BELIEVERS LIFE : 믿는 자의 삶에 나타난 넘치는 은혜, 김원주 역, (서울 : 예수전도단, 1997), p. 17.
3) 참조, 변종길, 화란 개혁 교회의 영성과 경건 -Gisbertus Voetius를 중심으로- (사랑의 교회 성경신학회 발표 논문, 2000), p. 2.
4) 같은책, p. 1. 『여기서 저자가 영성이라는 용어의 특성을 "포괄적", "함축적" 이라고 규정한 것과는 달리, 펠레마 교수는 "모호성"으로 말하는데, 이 두 개념은 서로 다른 뜻이라기보다는 상호 공유적인 의미로 이해할 수 있다』
5) 정용석, 앞의 책, p. 90.
6) (창 2:7)
7) (요 3:5)사람이 물과 성령으로 거듭나지 아니하면 하나님 나라를 볼 수 없느니라

8) Howard L. Rice, reformed Spirituality : 황성철 역, (서울 : 기독교 문서선교회, 1995), p. 59.
9) 변종길, 앞의 책, p. 2.
10) 총회출판부, 웨스트민스트 소요리문답 제88문, 총회교육부 편집, (서울 : 양문출판사, 1988), p. 91.『그리스도가 우리에게 구원의 유익을 전하는 표현적이며 일반적 방법은 그의 규례인데 특히 말씀과 성례와 기도를 의미하며 이 모든 것이 구원을 위하여 택함을 받은 자들에게 효력이 있는 것입니다』
11) (잠 4:23) 무릇 지킬 만한 것보다 더욱 네 마음을 지키라 생명의 근원이 이에서 남이니라
12) (롬 1:20) 창세로부터 그의 보이지 아니하는 것들 곧 그의 영원하신 능력과 신성이 그 만드신 만물에 분명히 보여 알게 되나니
13) (합 2:20) 오직 여호와는 그 성전에 계시니 온 천하는 그 앞에서 잠잠할찌니라
14) (약 1:26) 누구든지 스스로 경건하다 생각하며 자기 혀를 재갈 먹이지 아니하고 자기 마음을 속이면 이 사람의 경건은 헛것이라
15) 참조, 오성환, Tres Dias 운동에 대한 연구 보고,「유사종교연구, 총회유사종교 연구위원회 편」(부산 : 대한예수교장로회총회출판국, 1993), pp. 7-55.
『Tres Dias 은 스페인어로 3일이란 뜻이며, 세계 2차 대전 후 스페인의 천주교 수도사들에 의해 일어난 영성 훈련의 일종으로 전쟁 중 시간적 여유가 없어, 3일 동안에 마칠 수 있도록 프로그램된 영성훈련이다. 이것을 도입한 한국의 대표적인 개신교 단체는 레마 선교회이며(대표 이某 : J대학교 교수), 이 선교회는 대표자 개인의 여러 가지 신학적 문제 때문에 한국교회에서 이미 이단으로 정죄됐다』

: 제 2 장 :

1) 참조, Willim Placher, A History of Christian Theology : 신학의 역사, 이경섭 역, (서울 : 기독교문서선교회, 1996), p. 101.
2) Tony Lane, Christian Thought : 기독교 사상사, 김응국 역, (서울 : 나침반사, 1987),p. 88.
3) (히 12:4) 너희가 죄와 싸우되 아직 피 흘리기까지는 대항치 아니하고; (약 4:7) 마귀를 대적하라 그리하면 너희를 피하리라.
4) Berkhof & Vantil, Foundations of Christian education : 개혁주의 교육학, 이경섭 역, (서울 : 기독교 문서선교회, 1994), p. 23.
5) 참조, A. W. Pink, Practical Christianity, (Grand Rapid: Baker Book House, 1974).
6)『그리스도와 우리의 존재론적인 격차는 그의 도덕적 인격과 우리의 인격 사이의 불연속

성을 최소화시키기 위해 축소되곤 한다. 그리스도는 진정한 인간의 삶의 모습을 구현한 탁월한 모델이다. 그는 우리가 본받아야 할 모델인 것이다. 그러나 이러한 견해는 예수 그리스도의 중요성을 설명하는데 적절치 못할 뿐 만 아니라 인간 본성의 역량과 성향을 판단하는데도 비현실적이다. 이것은 이상화된 인간에게 요구되는 윤리로서 곤경에 처해 있는 인간성에 부합하지 않는다. 경험적으로나 기독교의 전통적 가르침으로 보나 그렇다. 아마도 죄의 가장 두드러진 특징은 자기 기만, 즉 인간이 비극적 상황에 놓여 있음을 인정하려 않는 것이다… 따라서 예수는 도덕적 모범으로 등장하지만 예수와 우리 사이에 중대한 차원에서 근본적인 차이가 있다는 사실은 간과된다.』Alister E, McGrath, Passion for Truth - The Intellectual Coherence of Evangelcalism : 복음주의와 기독교, 김선일 역, (서울 : Ivp. 2001), pp. 48-49.

참조, 『우리는 종종 예수님의 모든 행위를 우리의 모범으로 삼으려는 유혹에 빠지는데, 예수님의 행위의 가장 중요한 목적은 우리로 그것을 따라 행하도록 하기에 앞서, 완전하신 하나님을 계시하는데 있다.』

7) William J. Bouwsma, John Calvin- A Sixteenth Century Portrait : 칼빈, 이양호, 박종숙 역, (서울 : 도서출판 나단, 1991), p. 218

: 제 3 장 :

1) (히 12:18-21)(사 6:1-5)
2) (히 7:26)
3) (출 15:11) 주와 같이 거룩함에 영광스러우며 찬송할만한 위엄이 있으며 기이한 일을 행하는 자 누구니이까
4) (눅 2:14)
5) 『'들린다' (uplift) 라는 표현이 성경에 나타난 그 의미는 이중적이다(요 3:14, 8:28, 빌 2:9). 십자가에 '들림을' 받게 된 것과 하늘 보좌에 '승귀'(昇貴)하게 된 일은 같은 일이며, 희랍어에도 한 말을 써서 그 두 사건을 말하고 있다. 십자가에 못 박힌 그가(the crucified One) 면류관을 쓰신 그이다(the crowned One)(빌 2:8-11, 히 2:9). 그러므로 이 세상의 옛 임금이 추방된다. 이유는 합법적인 임금이 들어오기 때문이다.』Erich Sauer, The Triumph of The Crucified : 십자가의 승리, 권혁봉 역, (서울 : 생명의 말씀사, 1972), pp. 60-61.
참조, 『십자가는 구원사의 가장 위대한 사건으로서 부활보다도 더 위대하다. 십자가는 승리이며 부활은 정복이다. 승리가 정복보다 더 중요하다. 정복은 승리에서 필연적으로

온다. 부활은 승리를 공중 앞에 나타내 보이는 것, 십자가에 못 박힌자의 승리를 나타내는 일이다. 그런데 승리자체는 완전하다 '다 이루었다'(요 19:30).』같은 책, p. 50

6) Paul Althaus, Die Theologie : 마르틴 루터의 신학, 구영철 역, (서울 : 성광문화사, 1994), p. 205.『루터의 신학의 결정적 관심사는… 은총 곧 예수 그리스도 안에 나타난 하나님의 구원행위의 무한한 위대함과 이적-영광에 관한 인식이었다』

7) (요 6:28) 저희가 묻되 우리가 어떻게 하여야 하나님의 일을 하오리이까 예수께서 대답하여 가라사대 하나님의 보내신 자를 믿는 것이 하나님의 일이니라 하시니

8) Paul Althaus, 구영철 역, 앞의 책, p. 205.

9) 참조, Paul Althaus, 구영철 역, 앞의 책, pp. 51-63.

10) Timothy George, Theology of reformers : 개혁자들의 신학, 이은선·피영민 역, (서울 : 요단출판사, 1994), p. 72.

11) (요 17:4)

12) Berkhof & Van Til, 이경섭 역, 앞의 책, p. 166
『여기서 하나님께 대한 유추적 행위(Analogical action)를 하는 자란, 하나님(그리스도)의 행위를 따라서 행한다는 뜻입니다』

13) Thomas Vincent, The Shorter Catechism Explained From Scripture : 성경소요리문답 해설, 홍병창 역, (서울 : 여수룬, 1990), p. 28.

14) Calvin, Institute, III, XIX, 5, p. 837을, Howard L. Rice, Reformed Spirituality : 개혁주의 영성, 황성철 역, (서울 : 기독교문서선교회, 1995), p. 61. 에서 재인용

15) (합 3:17)

16) 심창섭,「종교개혁자들의 영성과 건전한 영성을 위한 원리들」, (팜플렛 : 2001)

17) 같은 책

18) (시 62:5)

19) (엡 3:17)

20) 참조, Jessie Penn-Lewis, War on the Saints : 사단은 성도를 어떻게 속이는가, (서울 : 기독교문서선교회, 2000).
Donald G, Bloesch, The Ground of Certainty : 신학서론, 이승구 역, (서울: 도서출판 엠마오, 1986), p. 190.『신비주의에 대해 좀 더 개방적인 로마카토릭 신학조차도 수동주의에 대해 경계의 소리를 낸다. 한스 큉은 주장하기를 신비주의 하나님은 수동적이지만 성경의 하나님은 능동적이시며 사랑으로 순종하도록 부르시는 것이라고 한다』

21) (창 2:7)

22) (요 20:22) (딛 3:5)

23) 이수영, 한국교회의 영성 이해, 「창조적 목회와 성경 해석」, 숭실대학교 부설 한국기독 교문화연구소 편, 팜플렛
24) Richard, Joseph, The Spirituality of John Calvin : 칼빈의 영성, 한국칼빈주의연구원 편역 (서울 기독교 문화협회, 1988), p.89.
25) Paul Althaus, 구영철 역, 앞의 책, p. 262.
26) John Owen, The Glory of Christ : 그리스도의 영광, 서문 강 역, (서울: 지평서원, 1996), p. 203
27) (계 2:17)
28) (고전 1:24)
29) (골 2:9 ; 엡 3:19)
30) (골 1:22)
31) (고전 2:2)
32) (빌 3:8)
33) (롬 5:20)
34) 『진화론자들의 성숙 개념은 자주성과 독립성이나, 기독교인의 성숙 개념은 그 반대로 스스로는 아무 것도 할 수 없는 그리스도 의존성 임』
35) (요 15:5)
36) G.I. Williamson, Westminster Confession of Faith, 나용화 역, (서울 : 개혁주의신행협 회,2003), p. 82.
37) (고전 10:12)
38) (롬 7:24)
39) Paul Althaus, Die Theologie : 루터의 신학, 구영철 역(서울 : 성광문화사, 1994), pp. 321-322. 『루터가 자주 말한 이 '낯선 의' (바깥의 의) 개념은 자기 안에서 생득적으로 나오는 의가 아니라 자기 밖의 그리스도로부터 전가되는 의를 뜻합니다』
40) 『이 칭의는 그들 안에 이 의를 주입해 줌으로써가 아니라 그들의 죄를 용서해 주시고 그들의 인격을 의로운 것으로 간주하여 용납해 주심으로써 되는 것이다』(웨스트민스터 신앙고백서 11장 1항).
41) 웨스트민스트 소교리 문답 제 4번
42) 웨스트민스트 소교리 문답 제33번
43) Bernhard Lohse, MARTIN LUTHER AN INTRODUCTION TO HIS LIFE AND WORK : 루터 연구 입문, 이형기 역, (서울 : 크리스챤다이제스트, 2000), pp. 205-206.
44) Timothy George, 이은선·피영민 역, 앞의 책, p. 83.

참조, 같은 책, p. 82. 『루터는 칭의의 법정적 용어인 전가를 찬성하고, 주입의 의학적 이미지를 포기함』

45) 같은 책, p. 87.

46) 『이것은 의롭다고 선언을 받은 자가, 그 선언에 걸맞게 되기 위해 은혜 안에서 의롭게 되고자 노력하는 종교개혁적인 성화 의미와는 다르다.』

47) 『나 역시 작은 체험을 갖고 있다. 그 체험은 어떤 훈련에 참여하거나, 어떤 사전 지식과 프로그램에 의지하여 얻었던 것이 아니고, 당시의 관심사였던 쉬지 않는 기도와 마음의 평안을 얻기 위한 갈망 속에서 이루어진 것이었다. 그 체험은 정말 행복하고 놀라운 것이었으며, 그때까지 경험해보지 못한 미증유의 것이었다. 나는 지금도 그 체험이 순수하게 영적인 것인지, 아니면 의식화의 산물인지 아니면 그 둘의 혼합으로 된 것인지는 확신할 수 없지만 분명한 것은 그것이 너무도 극적인 것이었다는 사실은 말할 수 있다. 그러면서도 내가 이것을 곧 중단했던 것은 그 체험에 대한 분명한 성경적 근거를 확보하지 못했기 때문이다. 당시의 판단으로는, 그것이 필경 신비주의나 종교다원주의에 연루될 위험이 있다는 생각이 들었기 때문이다.』
참조, 『위대한 청교도 존 오웬은 '영적으로 새롭게 된 정서가 하늘에 속하고 신령한 것들에 동화되어 나타난다' 고 보면서도, 동시에 정서적인 체험을 무조건 신뢰할 만 한 것으로 보지 않았다.』 John Owen, On Spiritual Mindeness : 영적 사고방식, 서문강 역, (서울 : 청교도신앙사, 1998), p. 403.

48) Cornelius Van Til, Psychology of Religion : 종교심리학, 위거찬 역, (서울 : 기독교문서선교회, 1991), p. 145.

49) Berkhof & Van Til, Foundations of Christian education : 개혁주의 교육학, 이경섭 역, (서울 : 기독교 문서선교회, 1994), p. 38.

50) 『아마도 하나님에 관한 교리만큼 다른 모든 교리에 영향을 주는 교리도 없을 것이다. 하나님의 본성과 성품에 대한 이해가 하나님의 형상대로 지음을 받은 인간의 본성을 결정하며, 하나님에 의해 계획된 구원의 본질을 결정하고, 하나님의 성품에 근거한 기준이라고 할 수 있는 윤리의 본질을 결정하며, 다른 무수한 신학적 사고들을 결정한다. 개혁주의 신학은 무엇보다 신본주의적이다.』R. C Sproul, Grace Unknown - The heart of reformed techndgy : 개혁주의 은혜론, (서울 : 기독교문서선교회, 1999), pp. 26-27.

51) 『그리스도를 통해서 만 하나님을 이해할 수 있다는 복음서(요한복음)와 루터의 견해와 상치되지 않음』

52) 정일웅, 기독교신앙의 가르침, (서울: 도서출판 풍만, 1987), p. 62.

53) 참조, 『Horatius Bonar는 하나님은 자신을 알리실 목적으로 성경을 썼다고 했다.』

Horatius Bonar, GOD'S WAY OF PEACE : A Book for the Anxious, (Richmond : Prebyterian Committee of Pub, 1861), p. 27.

54) (딤후 3:15-17)

55) 웨스트민스터 소교리문답 제89문.

56) A.W.Pink, The Holy Spirit : 성령론, 배정웅 역, (서울 : 도서출판 풍만, 1987), p. 104.

57) Ernest. Kevan, F,The grace of Law : A Study in Puritan Theology, (Grand Rapid : Baker Book House, 1993), p. 19.

58) 참조, 지원용, 루터와 종교개혁, (서울 : 컨콜디아사, 1975)

59) (빌 3:18)이제도 눈물을 흘리며 말하노니 여러 사람들이 그리스도의 십자가의 원수로 행하느니라

60) John Dillenberger, 루터저작선, 이형기 역, (서울 : 크리스챤 다이제스트, 1994), p. 158. 『루터는 스스로가 하나님의 자비에 대해 강조를 많이 한 사람이었음에도 불구하고, 지나치게 그 부분만을 강조하여 믿음의 지위를 약화시킨 궤변논자들에 대해 비판을 늦추지 않았다. 그들은 "속성과 형식적 의로서의 믿음을 부인하고, 오직 자비로만 의롭게 된다"고 했다.』

61) 『믿음은 그 자체만으로는 충분한 기능을 발휘하는 것이 아니다. 개혁주의자의 견해로 보아서 믿음은 그것이 우리를 그리스도와 연합하게 해줄 때 효과를 발휘한다. 믿음은 우리를 그분의 의와 연결시켜 주며 그분의 능력 안에 있게 한다. 오직 믿음은 곧 그리스도를 의미하는 것이다. 그분은 모든 것이며, 따라서 그분을 소유한 자는 모든 것을 소유한 것과 같다.』 Donald Macleod, The Spirit of Promise : 성령세례와 개혁주의 성령론, 지상우 역, (서울 : 여수룬, 1988), p. 150.

62) 최정만, 칼빈의 선교사상, (서울 : 기독교문서 선교회), p. 134.

63) 『신학자 칼 바르트는 아돌프 히틀러에게 해주고 싶은 말이 뭐냐는 질문에 이렇게 답했다. "예수 그리스도께서 당신의 죄를 위해 죽으셨습니다."…은혜는 한계도 없단 말인가? 구약의 두 거장 모세와 다윗은 살인죄를 지었는데도 하나님은 그들을 사랑하셨다.』 Yancy, Philip, What's so amazing about grace? : 놀라운 하나님의 은혜, 윤종석 역, (서울 : 한국기독학생회출판부, 2000), pp. 210-211.

64) 웨스트민스터 신앙고백서, 제11장 1항.

65) Richard, Joseph, The Spirituality of John Calvin : 칼빈의 영성, 한국칼빈주의연구원 편역, (서울 : 기독교문화협회, 1988), pp. 147-148.

66) (미 6:6)내가 무엇을 가지고 여호와 앞에 나아가며 높으신 하나님께 경배할까 내가 번제물 일년 된 송아지를 가지고 그 앞에 나아갈까

67) (요 5:23)
68) Paul Althaus, Die Theologie : 마르틴 루터의 신학, 구영철 역, (서울 : 성광문화사, 1994) p. 78.
69) 같은 책, 189.
70) 같은 책, pp. 191-192.
71) 같은 책, p. 95.
72) (고전 2:9)
73) Paul Althaus, 구영철 역, 앞의 책, p. 75.
『이런 점에서 성경은 근본 믿음을 전투적인 그 무엇으로 그려냅니다』(유 3)
75) (갈 3:6-21)
74) 『예컨대 세대주의자들은 성경의 역사를 율법시대, 은혜시대 등으로 구분시켜, 믿음은 구약의 율법시대에서 신약의 은혜시대로 넘어오면서 필요에 의해 생겨난 것으로 본다.』
76) 소요리문답 98번은 기도의 정의를 이렇게 합니다.『기도는 그리스도의 이름으로 우리의 소원을 하나님께 고해 바치는 것을 말함인데, 곧 그의 뜻에 합당한 것을 간구하고 죄를 자복하며, 그의 자비를 감사하게 인식하는 것이다』총회출판부, 웨스트민스터 소요리문답, (서울 : 양문출판사, 1989), p. 101.
77) 『신비주의는 가끔 그들의 연설에서 이 두 가지를 혼동하고 있다… 그 중의 하나는 심령이 하나가 되는 것이다. 이것은 사람과 신 사이에 일어나는 것이 아니다. 사람 안에서 일어난 어떤 것이다… 존재는 자기 자신 속에 홀로 서서, 파라켈수스(Paracelsus)가 말했듯이, 자기 도취에 빠져 환희하는 것이다』Martin Buber, Ich und Du : 나와 너, 표제명 역, (서울 : 문예출판사, 1998), p. 112.
78) 『우리가 믿음으로 말미암아 의롭다함을 얻는 것은 믿음이 우리 안에 이루어진 성령의 새로운 역사이기 때문이 아니라 믿음이 그리스도를 붙잡기 때문입니다. 우리가 하나님 앞에서 의인으로 용납되는 것은 예수 그리스도 때문이지, 우리 안에 주어진 성령의 여러 가지 은사 때문이 아닙니다… 형제여 어거스틴의 견해에서 떠나십시오. 어거스틴은 인간의 이성이 의롭다는 주장을 거부했다는 점에서 옳았으나 그는 성령께서 우리 안에 새겨 주시는 율법을 우리가 성취함으로써 사람이 의롭다함을 얻는다고 상상했습니다… 오직 믿음만이 우리를 의롭다 할 수 있습니다. 이는 믿음이 우리 안에서 어떤 미덕이 되기 때문이 아닙니다. 다만 믿음이 그리스도를 붙잡기 때문입니다… 믿음이라고 부르든 사랑이라고 부르든 내 마음 안에는 하나님 앞에서 의롭다함을 얻을 수 있는 자격이 전무합니다… 믿음은 선한 행위의 자격을 가지고 우리를 의롭게 하는 것이 아니라, 단지 약속된 은혜를 수납하는 자의 자격으로 우리를 의롭다 합니다… 오히려 나는

내 마음 안에 있는 모든 것 대신에 예수 그리스도 그분 자신을 자랑합니다. 그리고는 '바로 이 분이 내 의(義)다' 라고 말합니다.』— '브렌티우스' 의 질문에 대한 멜랑히톤과 루터의 답변 중에서, Horatius Bonar, God's Way of Holiness : 거룩한 길로 나아가라, 이 태복 역, (서울 : 지평서원, 2002), pp. 52-57.

79) (벧전 1:8)

80) 『하나님의 은혜에 푹 빠진 마틴 루터는 간혹 은혜 남용의 가능성을 일소에 부치곤 했다. 그는 친구 멜랑히톤에게 이렇게 썼다. "자네가 은혜를 전하는 자라면 가짜 은혜가 아니라 진짜 은혜를 전하게. 그리고 은혜가 진짜라면 가짜 죄가 아니라 진짜 죄를 지니게. 죄인이 되어 마음껏 죄를 짓게… 세상 죄를 지신 어린양만 보고 있으면 되네. 하나님의 풍성하신 영광을 통해서 말일세. 설사 하루 수천 수만 번 간음하고 살인한다해도 죄는 우리를 어린양으로부터 갈라놓을 수 없다네"… 루터의 이런 지나친 표현은 당연히 사람들의 비난을 불러 왔으며, 율법폐기주의자라는 비난을 받을 만 하다. 그리스도인이 하루에 수천 번 간음하고 살인할 수도 있다는 말에 놀란 사람들은 그 과장법에 대해 루터를 책망하고 나섰다. 성경은 어디까지나 은혜를 죄악에 맞서는 치유의 힘으로 제시하고 있다… 월터 트로비쉬(Walter Trobisch)는 말했다. "그리스도는 우리를 있는 그대로 받아주시지만 일단 그분이 받아 주시면 우리는 있는 그대로 남아 있을 수 없다"』 Yancey, Philip. What's so amazing about grace? : 놀라운 하나님의 은혜, 윤종석 역, (서울 : 한국기독학생회출판부, 2000), p. 218. 『다만 루터가 여기서 말한 바는 남용할 여지가 있을 만큼 그 은혜가 너무도 크다는 것을 강조하려고 한 것으로 보인다.』

81) (롬 4:5-6)

82) (요 6:37)내게 오는 자는 내가 결코 내어쫓지 아니하리라

83) 『은혜(Gratia) 라는 라틴어의 뜻은 아무 이유나 조건이 없다는 뜻으로, 이를 기독교 신앙에 적용시키면 아무 조건 없이 베푸시는 하나님의 자비를 뜻한다. 하나님은 죄로 멸망할 인생들에게 그의 아들의 공로로 구원 얻도록 경륜하셨으며, 죄인들은 다만 이 하나님의 자비를 받아들임으로서 은혜에 참여한다. 그런데 로마 천주교나, 18세기의 경건주의는 하나님의 은혜를 받기 위해 인간이 무언가를 해야 한다는 것과 그리고 해야 할 그 무언가에 해당되는 구차한 세목들을 만들었고, 신자들로 하여금 참된 은혜에 이르는 길을 차단시켰다.오늘 개혁교회 안에서까지도 죄인을 위해 하나님이 이루신 위대한 은혜의 역사를 가르치기보다는 은혜를 획득해 내기 위해 인간이 해야 할 의무들을 가르치기에 더 몰두하는 것 같다.』

84) (잠 8:17)

85) (엡 2:7)

86) 『언약 사상이 그 기저를 이루는 개혁주의 신학이 교육과 훈련을 중시하나, 훈련이 하나님의 은혜를 이끌어 내는 제 일 원인으로 보지 않는 것은 이러한 이유 때문이며, 따라서 개혁주의는 '훈련하는 대로된다' 는 훈련만능주의를 경계한다.』
87) (사 55:1)
88) (요일 4:16)하나님이 우리를 사랑하시는 사랑을 알고 믿었노니 하나님은 사랑이시라. 『칼빈은 그의 제네바 신앙교육서에서, 하나님을 신뢰할 수 있으려면, '먼저 그를 전능하시고 자비하신 자로 알아야 한다' (제 2과 9문)고 했고, 거기에 더 필요한 것은 '그가 우리를 사랑하시고 우리의 아버지요, 구세주이시길 원하심을 확신하고 있어야 한다' (제2과 12문)고 했다. 그리고 그것은 '말씀을 통해 알 수 있다' (제2과13문)고 했다.』정일웅, 기독교신앙의 가르침, 편저, (서울 : 도서출판 풍만, 1987), p. 63.
89) (요 3:36)아들을 믿는 자는 영생이 있고 아들을 순종치 아니하는 자는 영생을 보지 못하고 도리어 하나님의 진노가 그 위에 머무느니라

: 제 4 장 :

1) 웨스트민스터 소교리문답, 제2문
2) Howard L. Rice, reformed Spirituality : 개혁주의 영성, 황성철 역, (서울 : 기독교 문서선교회, 1995), p. 135.
3) 유해무, 기도 · 은혜의 방편, 「개혁신학과 교회 제9호」(부산 : 고려신학대학원, 1999)
4) Paul Althaus, Die Theologie : 마르틴 루터의 신학, 구영철 역, (서울 : 성광문화사, 1994), p. 276.
5) Horatius Bonar, The Everlasting Righteousness : 내게는 영원한 의가 있다, 송용자 역, (서울 : 지평서원, 2003), p. 30.
6) 찬송가 411장
7) 『먼저 은혜를 받았다고 느끼는 것이 아닙니다. 먼저 느낌 없이 은혜의 말씀을 믿어야 합니다. 그때 느낌이 올 것입니다. 하나님은 그의 은혜로써 이러한 느낌을 부어주십니다.』 Walther, Carl Ferdinand Wilhelm, Gesetz und Evangelium : 율법과 복음, 지원용 역편, (서울 : 컨콜디아사, 1993), p. 285.
8) (요일 4:10)
9) Horatius Bonar, Only Jesus[Pamphlet], p. 8 .
참조, 『에릭 사우어는 십자가를 하나님 사랑, 하나님 아들의 사랑에 대한 최상의 증거라고 했습니다.』 Erich Sauer, The Triumph of The Crucified : 십자가의 승리, 권혁봉 역, (서

울 : 생명의 말씀사, 1972), pp. 50-51.
10) Donald G, Bloesch, The Ground of Certainty : 신학서론, 이승구 역, (서울: 도서출판 엠마오, 1986), p. 204.
11) (시 16:8)
12) (창 39:9)
13) Timothy George, Theology of reformers : 개혁자들의 신학, 이은선 피영민 역, (서울 : 요단출판사, , 1994), p. 71.
14) Ronald S. Wallace, 칼빈의 사회 개혁 사상, 박성민 역, (서울 : 기독교문서선교회, 1995), p. 288.
15) (롬 1:28)
16) 참조, Philip Schaff, Creed of Christendom : 신조학, 박일민 역, (서울 : 기독교문서 선교회, 1984)
17) 같은 책, pp. 8-9.
18) 웨스트민스트 신앙고백서, 제 21장.
19) (마 26:41)(갈 5:17)
20) Richard, Joseph, 이창우 역, 앞의 책, p. 272. 『기독교강요 3권 9장 마지막에서 칼빈은 덧없는 세상에 관해 말하는 것이 마치 중세 수도승과 흡사하다. 그러나 10장 끝 부분에 와서 그는 이같은 중세적 영향에서 완전히 벗어났다… 이 부분을 읽을 때 양극 사이의 자기장에 놓여 있다는 느낌을 받게 된다. 칼빈의 깊은 종교적 통찰은 논쟁 속에서 발전했다. 그는 끊임없이 양극단 사이의 중간적이며 성경적으로 합당한 근거를 발견하려 애썼다』
21) (마 19:27)
22) (딤전 4:3)
23) (신 5:32)
24) Thomas Watson, The Godly Man's Picture : 경건을 열망하라, 편집부 역, (서울 : 생명의 말씀사, 1999), p. 16.
25) William J, Bouwsma, John Calvin : A Sixteenth Century Portrait : 칼빈, 이양호,박종숙 역, (서울 : 도서출판 나단, 1991), p. 357.
26) Howard L. Rice, 황성철 역, 앞의 책, p. 67. 『개혁주의는 인간의 죄의 팽배성을 심각하게 취급하여 개인은 정기적으로 전체 믿음 공동체의 지도와 올바른 인도를 받을 필요가 있다고 생각했다. 이는 그의 종교적 경험이 왜곡되지 않고 환영에 빠지지 않고, 자신의 욕망을 성령의 인도하심으로 오해하지 않도록 하기 위해서이다』

27) 같은 책, p.69.『신자들이 거룩한 집회에서 기도하기를 거부하는 자는 개인적으로 은밀한 곳에서 또는 가정에서 기도하는 것이 무엇인지를 모르는 자들이다. 반면에 혼자서 개인적으로 기도하기를 등한시하는 자들은 하나님의 은밀한 판단보다 사람들의 의견을 더욱 존중하기 때문이다.』
28) Wesley L. Duewel, Touch The World Through Prayer : 기도로 세계를 움직이라, 김지찬 역, (서울 : 생명의 말씀사, 1993), p. 252.『듀엘은 한국교인들의 기도원에서의 장기간의 금식 기도에 특히 감명을 받은 것 같다.』
29) 같은 책
30) Howard L. Rice, 황성철 역, 앞의 책, pp. 68-69.『은밀기도의 네 영역으로 기도, 성경봉독, 거룩한 묵상, 진지한 자기점검을 들고 있다.』
31) 같은 책, p. 68.
32) 웨스트민스터 소교리문답, 제90문
33)『문화 라는 개념이 내포하는 인간 정신 활동 영역의 광역성 때문에 '문화신학' 개념은 그 학문의 연구 범위, 연구 목적, 연구 방법에서 다양한 모습으로 나타나보인다. 문화신학은 그 개념의 포괄성 때문에 도리어 신학의 한 전문 영역으로서 모호성을 초래하고, 그리스도교 신학으로서의 자기 정체성 위기 마져 불러 일으킬 수 있다.』김경재, 문화신학 담론, (서울 : 기독교서회, 1997), p. 9.
34)『어거스틴, 칼빈보다 덜 인문적인 루터는 자연적인 것을 영적인 것에 적대적인 것으로 보았습니다. 이는 그가 이성(理性)을 음부(淫婦)라고 하는 극단적인 표현을 한데서 잘 드러납니다.』
35) (잠 16:4)
36) Henry R. Van Til, The Calvinistic Concept of Culture : 칼빈주의 문화관, 이근삼 역, (부산 : 성암사, 1977), p. 172.
참조,『반 룰러 같은 학자는 일반 은총과 특별 은총 사이의 극단적 긴장관계를 해결한 카퍼의 사상을 올바로 평가하지 않았다(171)』
37) (고전 7:5)
38) Donald S. Whitney, Spiritual Disciplines For The Christian Life : 영적 훈련, 조성동 역(서울 : 네비게이토 출판사, 1997), pp. 244-245.

후주 — 2부

: 제 1 장 :

1) Leland Ryken, Woldly Saints, (Grand Rapid : Zondervan Pub, 1986), p. 80.
2) J. B Williams, Menoirs Of The Life Character, and Writings of The Matthew Henry : 메튜 헨리, 이종기 역(서울 : 세종문화사, 1979), p. 332.
3) 같은 책, p. 322.
4) 『하나님의 영은 아무런 꾸밈이 없이 가르쳤기 때문에 방법론적 계획에 그다지 정교하게 또는 계속적으로 집착하지 않으셨다… 체계에 대한 칼빈의 거부에 대한 또 한 이유는 기독교는 어리석음의 종교라는 그의 인식에서 적극적으로 반영되고 있다』William J, Bouwsma, 앞의 책, p. 366.
5) Donald S. Whitney, Spiritual Disciplines For The Christian Life : 영적 훈련, 조성동 역, (서울 : 네비게이토 출판사, 1997), p. 125.
6) 같은 책
7) 웨스트민스터 신앙고백서, 제21장
8) Gordon H. clark, What Do Presbyterian Believe : 장로교인들은 무엇을 믿는가, 나용화 역, (서울 : 한국개혁주의 신행협회,1985), p. 255.
9) Donald S. Whitney, 조성동 역, 앞의 책, p. 115.
10) 『카타르시스라는 말은 원래 ①도덕적 의미로서의 Purification(순화) 라는 뜻과, ②종교적 의미로서의 Lustratio(깨끗케 함), 또는 Expiatio(속죄) 라는 뜻과 ③의학적 의미로서의 Purgatio(배설) 이라는 뜻이 있는 말이라고 하는데, 때때로 복합적인 의미로도 사용되었다. 카타르시스를 피타고라스 학파는 "의술을 통한 육체의 정화" 라는 말로 사용했고, 히포크라테스는 "고통스러운 요소의 제거" 라는 뜻으로 사용했다. 아리스토텔레스는 「정치학」제 8권에서 "음악은 모든 사람에게 영향을 미친다. 어떤 사람들은 종교적 감동에 빠지고, 어떤 사람들의 마음은 신비적인 종교적 감동에 빠지는데, 어떤 사람들의 마음은 신비적인 선율의 효과 덕분에 마치 의술의 치료나 몸의 청결을 받는 것 같은 평정으로 돌아간다… 그리고 그들은 다 일종의 카타르시스를 받아 마음이 가볍게 되고 즐거움을 맛보게 되는 것이다" 라고 말했다.』 마광수, 카타르시스란 무엇인가, (서울 : 철학과 현실, 1997), pp. 17-18.
『카타르시스는 원래 소화불량을 일으켰을 때 먹어서 말끔히 낫게 하는 약의 이름이었다. 또한 그것은 종교의식상 정화작용으로부터 연유된 것이며, 육체적으로는 생리상 불순한 요소를 제거하고 배설케 하여 야기되는 쾌락과, 정신적으로는 감정이나 정서의 억압된 상태에서 해방되어 부수되는 쾌락을 포함한다.』성기조, 문학이란 무엇인가, (서울 : 한국문화사, 1997), p. 42.
11) Peter Lewis, Puritan Faith : 청교도신앙, 박영호 역, (서울 : 기독교문서선교회, 1983), p. 189.
12) 같은 책, p. 192.
13) Leland Ryken, Woldly Saints, (Grand Rapid : Zondervan Pub, 1986), p. 86.
14) Allen Carden, Puritan Christianity in America, (Grand Rapid : Baker Book House, 1990), p. 175.
15) (시 90:11)누가 주의 노의 능력을 알며 누가 주를 두려워하여야 할대로 주의 진노를 알리이까; (시 89:7)하나님은 거룩한 자의 회중에서 심히 엄위하시오며 둘러 있는 모든 자 위에 더욱 두려워할 자시니이다.
16) (고후 7:1)하나님을 두려워하는 가운데서 거룩함을 온전히 이루어 육과 영의 온갖 더러운 것에서 자신을 깨끗케 하자
17) (갈 3:24)
18) (욥 31:26)
19) (신 4:10)
20) 참조, 박영호, 씨알 : 多夕 柳永模의 生涯와 思想, (서울 : 弘益齋, 1985).
참조, 『러시아 문호 톨스토이(1828~1910)는 기독교인이라 자처하면서도 평생 노자, 장자를 가까이 했으며 지금도 그의 유택(幽宅) 서재에는 노자의 책이 꽂혀 있다. 그는 기독교의 산상수훈을 노자, 장자와 연관지었으며 그의 평화사상은 이런 동서양을 잇는 사상적 뿌리에서 나왔다. 유영모(1890~1981)는 호는 다석(多夕)으로 평북 오산학교 교장을 역임했으며, 한국 초대기독교신자인 아버지를 따라 기독교를 믿었으나 정통기독교인은 아니었다. 김교신 등 무교회신자들과 교분이 깊었으며, 공동체 생활을 꿈꾸었으나 성공하지는 못했다. 씨알 함석헌의 스승이기도 한 그는 한학에 뛰어난 조예를 가졌고, 평생 널빤지 위에서 자고 일일 일식하며, 결혼은 했으나 부부관계를 갖지 않은 것으로 유명하다. 그는 스스로 톨스토이의 제자로 자처했고, 생전에 기독교와 접목시킨 그의 노자 강의는 탁월했으며, 제자 함석헌이 그의 사상을 이어서 종로 YMCA에서 지식인들을 상대로 오래 노자 강의를 했다. 이들은 국내 종교다원주의의 대표 주자들이다』
21) (민 21:9)
22) 박종구 편, 스펄젼 목사의 생애, (서울 : 신망애 출판사, 1977), pp. 63-64.
23) (요 15:4,5)
24) 『오늘날 어떤 이들은, 마치 우리가 금세 십자가 너머에 있는 어디인가로 가 버려서 십자

가를 뒤에 버려 두고 떠날 것처럼 말합니다. 그리고 우리가 맨 처음 십자가의 그림자 아래로 왔을 때, 그것이 우리를 위해서 할 수 있는 모든 것을 이미 다 했기 때문에, 이제 그만 십자가에 멈추어 있는 것을 끝내고 앞으로 나가야 한다고 말합니다. 그리고 항상 십자가 아래에 머물고 있는 것은 어른이 아닌 아이 상태에서 머물러 있는 것이라고 말합니다.」 Horatius Bonar, The Everlasting Righteousness : 내게는 영원한 의가 있다, 송용자 역, (서울 : 지평서원, 2003), p. 120.

25) (갈 2:20) 이제 내가 육체 가운데 사는 것은 나를 사랑하사 나를 위하여 자기 몸을 버리신 하나님의 아들을 믿는 믿음 안에서 사는 것이라

26) Horatius Bonar, Follow the Lamb : 어린양을 따라서, 이강진 역(팜플렛).

27) A. W. Pink, The Sovereignty of God : 하나님의 뜻대로, 김진홍 역, (서울 : 한국개혁주의신행협회, 1971), p.149.

28) 같은 책, p. 157.

29) 같은 책, p. 151.

30) O. Hallesby, Pray : 기도, 김진홍 역, (서울 : 생명의 말씀사, 1983), p. 1.

31) 유해무, 기도 · 은혜의 방편, 「개혁신학과 교회 제9호」,(부산 : 고려신학대학원, 1999), p. 3.

32) (욥 9:16)

33) 웨스트민스터 소교리문답 제 99문-107문.

34) 하이델베르그 교리문답 제 116문.

35) (단 6:10; 빌 4:6)

36) 변종길, 화란 개혁 교회의 영성과 경건 -Gisbertus Voetius를 중심으로- (사랑의 교회, 성경신학회 발표 논문, 2000), p. 13.

37) 『오늘날 많은 사람들은 개혁주의자와 오순절주의자의 교회가 이제 그들의 다른 주장들을 덮어두고 함께 연합해야 할 시기라고 말하고 있다. 로이드 존스 박사의 「말할 수 없는 기쁨」(Joy Unspekable) 에 대한 그의 서문에서 피터 루이스(Peter Lewis) 목사는 "신학적으로, 교회사적으로 그리고 경험적인 면으로 볼 때, 이들 두 운동이 전혀 다른 것이라고는 생각할 수 없다" 라고 말했다.」 Donald Macleod, The Spirit of Promise : 성령세례와 개혁주의 성령론, 지상우 역, (서울 : 여수룬, 1988), p. 139.

『로이즈 존스는 성령의 세례를 구하고 경험하기 위한 8가지 방침을 가르치는 중에 네 번째로 "이것을 기도의 문제로 보아라" 했고… 은사가 주어질 수 있는 다섯 가지 상황들을 논의하면서 그 첫째로 "기도하는 동안에" 주어진다고 하므로 성령 세례가 기도의 열심을 부추기는 큰 동기가 되게 했다.」Michael Eaton, Baptism With Holy Spirit Teaching of Martin Lloyd Johns : 로이드 존스와 성령 세례, 기동연 역, (부산 : 고신대학원 학우회), p. 131.

『로이즈 존스의 성령론을 지지했던 안영복 교수는 "성령강림의 반복성 부인은 기도 생활을 약화시켜 교회의 침체를 가져오게 한다… '성령이여 임하소서' 라고 간구하지 못하도록 하므로 교회 침체를 유발한다" 는 말로써, 성령 세례를 중요한 기도 제목과 동기로 삼아야 할 것을 강하게 주장했다.』 안영복, 성령론의 바른 이해, (서울 : 기독교문서선교회, 1987), p. 68.

38) 『흔히 알고 있는 것과는 다르게 바빙크 박사는 성령 강림의 반복성을 인정치 아니했다. 고신대학원의 고재수 교수는 차영배 교수가 바빙크가 오순절 성령 강림의 반복성을 인정했다 는 주장에 대한 반박으로 바빙크의 글을 인용했다. "오순절 날에 일어난 이 성령을 보내심은 그리스도 교회의 역사상 유일한 사건이다. 창조와 성육신이 그러한 것처럼 이 일은 단 한 번만 일어났다. 중요성에 있어서 이 사건과 동등하게 성령을 주신 일이 전에도 없었고 그 이후에도 결코 반복되어질 수 없었다. 그리스도께서 잉태시에 인간성을 취하시고 그것을 다시 벗어 놓을 수 없었던 것 과 꼭 마찬가지로 성령도 오순절에 교회를 그의 거처와 성전으로 택하였고 결코 다시 그것과 분리되지 못한다". 우리는 여기 나오는 "유일한" 그리고 "단 한 번만" 이란 말을 창조와 그리스도의 성육신 사건이 그러함과 연결시켜서 이해해야만 한다".』 고재수(N. H. Gootjes), 성령으로서의 세례와 신자의 체험, (서울 : 개혁주의 신행협회, 1989), pp.21-22.

39) Philip Melanchthon, Loci Communes : 신학총론 이승구역, (서울 : 크리스챤 다이제스트, 2000), pp. 510-511.
참조, Paul Althaus, 구영철 역, 앞의 책, p.190. 『루터는 기도를 자격과 연루시키는 것을 악령의 미혹으로 간주한다. 확실히 인간은 고난과 시련의 때에 하나님을 불러야 한다. 그러나 악한 영은 온 힘을 기우려 인간이 그 높은 위엄자에게 간구 하기에 합당한 자인지 하는 의심을 그에게 전하면서 기도를 방해하려 한다.』

40) J. Ellul, 기도와 현대인, 윤종석 역, (서울 : 두레시대, 1993), p.126.

41) Ronald S. Wallace, 칼빈의 사회 개혁 사상, 박성민 역, (서울 : 기독교문서선교회, 1995), p. 293.

42) John Calvin, 신약성경주석 Vol 6, 존 칼빈 성경주석출판위원회 역, (서울 : BSMp. 1980), p. 468.

43) Joseph Exel, Biblical Illustrator, Vol 21, (Grand Rapid : Baker Book House), p.166.

44) (골 4:2)

45) Timothy George, Theology of reformers : 개혁자들의 신학, 이은선 피영민 역, (서울 : 요단출판사, 1994), p.270.

46) Donald S. Whitney, Spiritual Disciplines For The Christian Life : 영적 훈련, 조성동 역, (서울

: 네비게이토 출판사, 1997), pp. 93-94.
47) (벧전 3:1,7; 고전 7:14)
48) Leland Ryken, Woldly Saints, (Grand Rapid : Zondervan Pub, 1986), p.84.
49) 같은 책, p. 84.
50) 같은 책, p. 85.
51) 같은 책, p. 86.
52) 같은 책.
53) 같은 책, p. 85.
54) J. B Williams, Menoirs Of The Life Character, and Writings of The Matthew Henry : 메튜 헨리, 이종기 역, (서울: 세종문화사, 1979), p. 321.

: 제 2 장 :

1) Berkhof & Van Til, Foundations of Christian education : 개혁주의 교육학, 이경섭 역, (서울 : 기독교 문서선교회, 1994), p. 68.
2) 같은 책
3) Ludger Holscher, The Reality of Mind, (New York : Routledge & Kegan Paul, 1986), p. 193
4) 웨스트민스터 소교리문답서, 제31문
5) Cornelius Van Til, Psychology of Religion : 종교심리학, 위거찬 역, (서울 : 기독교문서선교회, 1991), p. 99.
6) (엡 5:18)
7) (고후 4:6)
8) 정서주의는 신앙의 기준으로서의 객관적인 진리에 두는 것을 부인하고 인간의 체험을 절대화한다.『가치들은 정의할 수 없으며 정서적이다… 가치 판단들은 감정들을 나타내는 표현적 기능(Express Function)을 수행하며 진술로서는 사실적으로 무의미한 정서적 또는 비인식적이다…』Milton D Hunnex, Chronological and Thematic Charts of Philosophies and Philosophers : 철학요해, 박혜경, 박찬호 공역, (서울 : 아가페문화사, 1992), p. 71
9) Willim Placher, A History of Christian Theology : 신학의 역사, 이경섭 역, (서울 : 기독교문서선교회, 1996), p. 297.
10) 같은 책, p. 355. 참조,『신플라톤주의자들이나, 마이스트 에크하르트 같은 철학적 신비주

의자들은 지성을 하나님을 아는데 최대의 방해물로 보아 초지성, 초이성을 부르짖었다.』
11) 손원영,「철학과 교육학에서의 영성」(팜플렛 : 2001), p. 1.
12) Cornelius Van Til, Psychology of Religion : 종교심리학, 위거찬 역, (서울 : 기독교문서선 교회, 1991), p. 145.
13) (히5:14)단단한 식물은 장성한 자의 것이니 저희는 지각을 사용하므로 연 단을 받아 선악을 분변하는 자들이니라
14) (딤후3:14)그러나 너는 배우고 확신한 일에 거하라
15) (고전13:6)불의를 기뻐하지 아니하며 진리와 함께 기뻐하고
16) 다음의 글은 이용도 목사가 이단 시비 등으로 세상의 배척을 당한 자들을 품으려고 하는, 그의 순수하고 몰아적인 인간애를 보여주는 말입니다. 『나의 원하는 바는 세상이 버린 사람, 세상에서 쫓겨나 있거나 몰리 워 사는 사람을 받아 그를 거두어 손을 잡고 울며 살려고 합니다. 내 쫓은 것은 당신들의 자유요 임무일지 모르거니와 나는 쫓기 우는 자를 거두어 그들과 함께 우는 것이 나의 사명이오.』한영제 편, 한국기독교 인물 100년, (서울 : 기독교문사, 1987), p. 71.
17) 민경배, 한국기독교회사, (서울: 기독교서회, 1972), p. 294.
18) 『다른 종교들이 신과 접촉할 수 있는 방법으로서 환상이나 체험 또는 명상의 침묵을 강조하는 반면 기독교는 언어의 역할을 강조한다(18). 유대인 이슬람교도들과 함께 그리스도인들은 '책의 사람들'로 간주된다… 성경을 공부하기 위해 모두가 읽는 법을 배워야 한다는 기독교의 생각은 서구에서 급진적인 결과를 낳았다(21). 동양의 명상이 마음 속에서 외부 세계의 모든 흔적을 다 지워 없애고 흔히 의미 없는 어떤 말을 반복함으로써 마음을 비우는 것인 반면, 기독교 전통에서의 묵상(깊은 생각)은 외부 세계에 초점을 맞추고 언어에 중심을 둔다(149).』Green Edward Veith, Jr., Reading Between the Lines : 그리스도인에게 문학의 역할은 무엇인가, 김희선 역, (서울 : 나침반사, 1994).
19) Timothy George, 이은선 피영민 역, 앞의 책, p. 137.
20) 변종길, 화란 개혁 교회의 영성과 경건 -Gisbertus Voetius를 중심으로- (사랑의 교회, 성경신학회 발표 논문, 2000), pp. 13-14.
21) Iain Murray, The Life of Arthur W. Pink, (Aylesbury : Banner of Truth, 1981), p. 3.
22) E. S Moyer, 인물중심의 교회사, 곽안전 · 심재원 역(서울 : 기독교서회, 1980), p. 284.
23) C. S. Lewis, 신앙생활을 풍요롭게 하는 지혜, 박재천 역, (서울 : 기독교대인문화사, 1994), pp. 21-22.『C. S. Lewis 는 '일반 독자는 신학을 원치 않아요 평이하고 실용적인 신앙생활 이야기를 하시오'라고 그에게 충고하는 어느 신학냉소주의자에게 "교리는 하나님이 아닙니다. 그것은 일종의 지도일 뿐입니다. 그러나 그 지도는 하나님과 진실로 접하

였던 수많은 사람들의 체험에 근거하여 만들어진 것입니다. 당신이나 내가 우리 나름 대로 경건한 느낌이나 떨림을 얻는다 해도 이들의 체험에 비하면 그것은 초보적이거나 혼란된 것일 것입니다. 또한 먼 곳으로 나아가려면 반드시 지도를 사용해야 합니다" 고 말해 주었다』

『다음의 루터의 말은 그가 얼마나 교리 문답서를 중요시했는가를 보여 줍니다. "교리문답 서는 평신도의 성서입니다. 교리문답서에 근거한 설교가 만족하지 않은 사람에게는 악마 로 하여금 설교하게 하라"』지원용, 루터선집 제12권, (서울 : 컨콜디아사, 1989), p. 193.

24) 유해무, 기도 · 은혜의 방편, 「개혁신학과 교회 제9호」(부산 : 고려신학대학원, 1999), p. 1.
25) 같은 논문, p. 11.
26) Thomas Vincent, The Shorter Catechism Explained From Scripture : 성경소요리문답 해설, 홍병창 역, (서울 : 여수룬, 1990), p. 14.
27) 참조, Iain Murray, 앞의 책, pp. 217-218.
28) (고전 13:2)
29) (마 13:20)
30) 지원용, 루터와 종교개혁, (서울 : 컨콜디아사, 1975), p. 170.
31) A. W. Tozer, The Best of A.W.Tozer,compiled By Wiersbe, (Grand Rapid : Baker Book House, 1978), p. 172.
32) (마 7:26)
33) (요 6:39)
34) (고후 1:19)
35) (벧전 2:21)
36) 복음적 복종원리로서의 율법의 제 3용법에 대하여
　참조, ①『칼빈은 율법의 제 3용법에 대해, 개종한 그리스도인들에 대한 교사로서의 교육 기능을 말했다.』Richard, Joseph, The Spirituality of John Calvin : 칼빈의 영성, 한국칼빈주 의연구원 편역, (서울 : 기독교문화협회, 1988), p. 266.
　②『칼빈은 루터가 율법과 복음간의 분명한 구분을 짓는 것과는 대조적으로 그는 하나 님이 아브라함과 최초로 만든 바로 그 계약에 우리가 여전히 서 있다는 것을 강조했다. 루터에게서 율법은 오직 부정적인 기능만을 했으며, 윤리적 삶은 율법의 고무에 의해서 가 아니라, 순간 순간의 믿음의 각성에 의해 된다고 주장했습니다… 그러나 칼빈은 율 법의 제 3의 사용을 주장했다. 기독교인에게서 '율법은 인간을 그대로 서있지 못하게 하는 항구적인 가시로 남는다.' 율법은 도덕적으로 더 좋은 삶을 살도록 인도하고 형성 한다… 그들의 아버지에 의해 더욱 관대하게 거리낌없이 다루어지는 아들들은 그들의

순종과 마음의 준비가 그들의 아버지에 의해 받아들여질 것을 믿으면서 완전하지 않고 절반 만 행해진, 심지어 부족한 일을 한 것도 주저하지 않고 아버지 앞에 내 놓는다』 Willim Placher, A History of Christian Theology : 신학의 역사, 이경섭 역, (서울 : 기독교문 서선교회, 1996), pp. 298-299.
37) 권호덕, 종교개혁 신학의 내포적원리, (서울 : 솔로몬, 1998), p. 293.
참조, William J, Bouwsma, John Calvin - A Sixteenth Century Portrait : 칼빈, 이양호, 박종숙 역, (서울 : 도서출판 나단, 1991), p. 310. 『칼빈은 칭의, 성화의 구분을 제시하지 않고 둘 이 동등한 가치를 지닌 은혜로 보았으며, 칭의 한 가지 만을 강조하는 루터와 그 추종자 들과 맞섰다… 이 점에서 칼빈은 에라스무스의 영향을 받은 듯 하다』
38) 참조, Paul Althaus, The Eyhics of Martin Luther : 말틴 루터의 윤리, 이희숙 역,(서울 : 컨콜 디아사, 1989), pp. 41-42.
39) William J, Bouwsma, 이양호, 박종숙 역, 앞의 책, p. 318.
40) 같은 책, p. 307.
41) Aurelius, Augustine, 명상록, 성염 역, C 크레모아 편집, (서울 : 성바오로 출판사, 1991), p. 36.
42) 같은책, pp. 36-37.
43) Berkhof & Van Til, Foundations of Christian education : 개혁주의 교육학, 이경섭 역(서울 : 기독교 문서선교회, 1994), p. 68.
44) 지정의를 지나치게 나누는 것은 기능심리학의 영향인데, 이는 찰스 핫지, 청교도들에게 서도 발견된다. 『핫지는 신앙에 대한 심리학적인 성격에 관하여 25페이지 가량이나 계 속해서 기록하고 있고, 거기에다 같은 페이지 수의 다른 부제목들을 첨가해 놓았다. 그 러나 그것들 역시 심리학에 관한 것들이다. 핫지의 논의의 얼마간은 19세기의 기능심 리학(faculty psychology)에 지나치게 크게 의뢰함으로써 손상되어 있다… 신앙을 정의 하고 그것의 구성요소들을 진술하려고 하는 시도는 기독교 신학자들뿐만 아니라 일반 심리학자들까지도 당황하게 만들었다… 종교적인 신앙은 그것의 복잡성 때문에 분석 하기가 대단히 곤란할 것이다. Gordon H. clark, What do Presbyterian Believe : 장로교인 들은 무엇을 믿는가, 나용화 역, (서울 : 한국개혁주의 신행협회, 1985), pp.200-201.
참조, 『에드워즈는 인간의 능력들을 구별하는 가운데서 이전의 기능심리학이 의도하던 것 을 암시하려 한다. 즉 인간의 본질들을 구별하지 않고 사물이나 개념에 대하여 다양한 능력과 다양한 태도를 지닌 존재로 보는 것이다. 그러나 우리가 살펴 보았듯이 기능심 리학의 청교도 지지자들은 자주 능력들을 행동의 분류 단계에서 스스로 활동하는 본질 들로 묘사했다. 따라서 자연히 "믿음-행동"의 정의에 있어서 하나의 능력을 또 다른 능 력에 종속시키게 되었다. 에드워즈는 비록 로크의 것을 사용했을지라도 인간의 자아를 그런 식으로 묘사하고 그 결론을 신앙적 믿음을 이해하는데 적용시키는 것을 비난했다. 그러나 에드워즈는 거기서 머물지 않았다. 그는 로크처럼 능력의 작용을 구별된 본질의 작용으로 묘사하는 것을 포기했을 뿐만 아니라(52), "믿음-행동"의 본질에 있어서 자아의 능력들 사이를 분명하게 구별하는 것을 타파해야 한다고 주장했다. 인간의 믿음의 행위는 지성과 의지의 구별된 작용으로 이루어진 것이 아니다. 17세기 영국의 신학자였던 토마스 맨튼은 기능심리학에서 자연스럽게 발전된 견해를 제시했다. 그는 믿음에는 세 가지 구별되는 행동이 있다고 말했다. 첫째로 동의(assent), 즉 하나님의 진리를 이성적으로 믿는 것이다. 둘째로 승낙(concent), 즉 "그리스도를 마음으로 받아들이는 것", 그리고 "새로운 본성의 실제적인 행동"이다. 셋째로 신뢰(affiance), 즉 믿고 의지하고 신뢰하는 것이다. "하나님의 사랑과 그리스도의 신실성에 진심으로 응답하며 그가 나에게 용서와 생명을 주실 것이라고 믿는 것이다." 에드워즈는 맨튼의 주장에 대해서 다음과 같이 논평했다. "믿음의 행위의 구성 요소들을 동의, 승낙, 신뢰 등으로 구별하는 것은 엄밀하게 고찰하고 검토해 볼 때 적절하지 못한 것 같다. 보편적인 진리와 본성에 비추어 볼 때도 역시 마찬가지이다. 왜냐하면 그러한 구성 요소들은 결코 서로 구별할 수 없으며, 또 어느 정도 서로 뒤섞여 있기 때문이다. 예를 들면 인간과의 특별한 관계나 적용 가운데서 마지막에 나오는 신뢰는 나머지 두 가지, 즉 동의와 승낙을 암시하고 있다. 그것들은 모두 인간의 정신적 안정과 평온, 그것을 기초로 해서 담대하게 시도하는 모험, 행동과 실천에 영향을 준다." 믿음을 동의, 승낙, 신뢰 등의 상이한 행동으로 분류하는 것은 구별되는 능력들(지성, 의지, 감정)의 몇 가지 기능들에 의존하는 활동들이 시간적인 순서대로 일어난다는 것을 암시한다. 에드워즈는 세 가지 단어로 나타낸 자아의 활동들은 서로 침투하고 혼합되어 있다고 주장한다. 인간의 능력들을 스스로 활동하는 능력으로 묘사한 심리학은 인간 주체의(53) 통일성을 파괴하는 경향이 있다. 그리고 자아의 활동을 구별된 능력들의 산물로 보는 견해는 믿음의 행동의 기본적인 통일성을 흐리게 만든다. Conrad Cherry, The Theology of Jonathan Edwards - A Reappraisal : 조나단 에드워즈 신학, 주도홍 역, (서울 : 이레서원, 2001), p. 54.

45) William J, Bouwsma, 앞의 책, p. 319.
46) 같은 책, p. 304.
47) 같은 책
48) (대상 29:14)
49) (시 40:8)
50) (골 1:6)
51) Ronald S. Wallace, 칼빈의 사회 개혁 사상, 박성민 역, (서울 : 기독교문서선교회, 1995),

p. 312.
52) (렘 22:21)
53) (딤후 2:16)
54) William J, Bouwsma, 앞의 책, p. 321.
55) Berkhof & Van Til, 앞의 책, pp. 161-164.
『의무와 강제로 특정지어지는 율법적 복종과는 구별된다』
56) 같은 책, p. 166.
57) (히 5:8)그가 아들이시라도 받으신 고난으로 순종함을 배워서
58) Gordon H. clark, What Do Presbyterian Believe : 장로교인들은 무엇을 믿는가, 나용화 역, (서울: 한국개혁주의 신행협회, 1985), pp. 111-113.
참조, Willim Placher, 이경섭 역, 앞의 책, pp. 334-335. 『존 웨슬리는 변화를 경험한 사람들은 계속 그리스도인의 온전 혹은 완전한 성화를 경험할 수 있다고 주장했다. 성화 속에서 그들은 교만이나 자기 의지나 분노가 아니라 신앙과 사랑을 느끼게 되고 하나님과의 계속적인 교제를 갖게 된다. 그리고 자의적으로 하나님의 어떤 계명도 범할 수 없다고 했다』
59) 고용수 외, 기독교 교육개론(상), (서울 : 한국장로교 출판사, 1996), p. 16.
60) 같은 책, p. 18.
61) 같은 책, pp. 22-23.
62) (18:19)내가 그로 그 자식과 권속에게 명하여 여호와의 도를 지켜 의와 공도를 행하게 하려고 그를 택하였나니 이는 나 여호와가 아브라함에게 대하여 말한 일을 이루려 함이니라

: 제 3 장 :

1) 『기독교 신앙을 내면의 주관적인 체험이 아니라, 그리스도께서 십자가 상에서 이루신 구속을 믿는 믿음에 두는 개신교 신앙원리입니다. 이는 "밖으로부터의" 그리스도의 의(義)를 전가 받는 이신칭의의 개념에서 보다 분명해집니다』
참조, 『이신칭의는 의를 그들에게 주입해 줌으로써가 아니라… 또한 그들 안에서 이루어진 어떤 것이나 또는 그들에 의해서 되어진 어떤 것 때문이 아니라, 오직 그리스도 때문이다(웨스트민스터 신앙교백서 11장)』
2) 손원영, 앞의 책, 『객관주의의 폐단들은 비단 종교 문제에 만 국한되지 않는 것 같으며, 오늘날 교육이나 여타 학문이 직면하는 여러 문제들 역시 실증론적인 객관주의가 낳은 학문의 건조증에서 비롯되며, 이러한 객관주의의 폐해를 극복하기 위해 주관주의로 상

징되는 종교의 영성기법을 교육과 학문에 도입하고 있다.』
참조, Martin Luther, 루터 선집 제 12권「의사전달자」, 지원용 감수, 편집, (서울 : 컨콜디아사, 1989), p. 293. 『루터는 참된 믿음에는 신앙의 단조로움은 있을 수 없다 고 말한다 : "이는 그리스도를 믿는 것은 인간의 생각하는대로 단조로운 것으로 고정된 하나가 아니다. 그리스도께서는 살아 활동하신다… 따라서 그리스도를 우상으로 믿는 일은 불가능하다"』

3) 유해무, 기도 · 은혜의 방편,「개혁신학과 교회 제9호」(부산 : 고려신학대학원, 1999), p. 8.

4) A.W.Tozer, 앞의 책, p. 17.

5) R. Paul Stevens, Disciplines of the Hungry Heart : 현대인을 위한 생활 영성, 박영민 역,(서울 : Ivp. 2000), p. 167.

6) 같은 책

7) (빌 3:9-10)그를 위하여 모든 것을 잃어버리고 배설물로 여김은 그리스도를 얻고 그 안에서 발견되려 함이니.

8) A.W. Pink, Exposition of the Gospel of John, (Grand Rapid : Zndervan Pub, 1975), p. 811.

9) Jonathan Edwards, 기독교 중심, 이태복 역, (서울 : 개혁된 신앙사, 2000), p. 185.

10) William J. Bouwsma, John Calvin- A Sixteenth Century Portrait : 칼빈, 이양호, 박종숙 역, (서울 : 도서출판 나단, 1991), p. 353.

11) Richard, Joseph, The Spirituality of John Calvin : 칼빈의 영성, 한국칼빈주의연구원 편역, (서울 : 기독교문화협회, 1988), p. 81.

12) A. W. Pink, Practical Christianity, (Grand Rapid : Baker Book House, 1974), p. 126.

13) (벧후 1:3)

14) (삿 7:5)

15) (눅 24:42)

16)Thomas Watson, The Godly Man's Picture : 경건을 열망하라, 편집부 역,(서울 : 생명의 말씀사, 1999), pp. 219-220.

참조, 칼빈은 누구보다 일생을 수도자처럼 깨어 있던 사람으로 보인다. 다음은 항상 그렇게 살려고 했던 칼빈 자신의 의지와, 그것을 곁에서 본 관찰자의 평이다. 『언젠가 한 친구가 칼빈을 일컬어 "언제나 팽팽한 활" 과 같은 사람이라고 하였다. 그는 긴장을 푼 경우가 거의 없는 듯하며, 오히려 그렇게 될 위험성에 대해 경고하고 있다. "만일 우리가 잠깐 동안만이라도 긴장을 풀게 된다면, 우리가 지금까지 습득한 모든 지식은 곧 없어질 것이다. 왜냐하면 우리는 허영심과 악한 본성으로 가득 차 있어서 만일 우리가 끊임없이 그 씨앗을 배양하고 악을 뿌리 채 뽑아내며 선을 확고히 하지 않는다면, 하나님께서 우리 속에 심어 놓으신 좋은 씨앗은 일순간에 썩게 될 것이기 때문이다."』
Ronald S. Wallace, 칼빈의 사회 개혁 사상, 박성민 역, (서울 : 기독교문서선교회, 1995), p. 284.
17) Joseph Exel, 앞의 책, p. 166.
18) (마 8:32)
19) Richard J. Foster, 송준인 역, 앞의 책, p. 166.
20) John Calvin, 존 칼빈 신약성경주석, 존 칼빈 성경주석출판위원회 역편, (서울 : 성서교재 간행사, 1980), p. 468.
21) 참조, 무명의순례자, 순례자의 길, 엄성옥 역, (서울 : 도서출판 은성, 1999)
22) (롬 8:15)
참조,『아더 핑크는 쉬지 말고 기도할 당위성에 대한 이유를, "하나님께서는 벙어리 자녀들이 한 사람도 없기 때문이다. "밤낮 부르짖는"(눅 18:7) 것이 그의 택한 백성의 특별한 표지이다". 라고 했다』Arthur. W. Pink, Cleanings From Paul : 바울의 기도 연구, 서문강 역, (서울 : 생명의 말씀사, 1983), p. 9.
23) Donald S. Whitney, 조성동 역, 앞의 책, p. 89.
24) Dallas Willard, The Spirit of The Disciplines : 영성훈련, 엄성옥 역, (서울 : 은성출판사. 1993), pp. 213-214.
25) Isaac the Syrian, quoted by Richard J. Foster, 송준인 역, 앞의 책, p. 163.
26) (아 5:2) 내가 잘찌라도 마음은 깨었는데
27) John R. Rice, Prayer- Asking and Receiving, (Murfreesboro : Sword of The Lord Pub, 1972), pp. 316-317.
28) Richard J. Foster, 송준인 역, 앞의 책, p. 167.
29) Dallas Willard, 엄성옥 역, 앞의 책, p. 213.
30) 같은 책, pp. 213-214.
31) Howard L. Rice, 황성철 역, 앞의 책, p. 77.
32) Richard J. Foster, 송준인 역, 앞의 책, pp. 173-174.
33) Dallas Willard, 엄성옥 역, 앞의 책, p. 213.
34) 같은 책, pp. 213-214.
35) Spirituality & Health Magazine, Issue: Winter 1999, Science Studies the Jesus PrayerCan Seven Words Change Lives?"What Boston University psychologist George Stavros, Ph.D. wanted to find out was whether repeating the Jesus Prayer for ten minutes each day over the 30 days would affect these people's relationship with God, their relationships with others,

their faith maturity, and their "self-cohesion" (levels of depression, anxiety, hostility, and interpersonal sensitivity). In short, what Stavros was asking was whether, after all this time, the Jesus Payer can still play a special role in a person's "journey to the heart."』

36) 참조. George M. Marsden, Understanding Fundermentalism and Evangelicalism : 미국 복음주의와 복음주의 이해, (서울 : 성광문화사, 1992), p. 154.
『실용주의(實用主義, Pragmatism) 생활 본위 실용 본위의 철학. 퓨리터니즘(puritanism)과 함께 미국정신의 2대 지주(支柱)를 이루고 있는 사상 미국인의 사고 방식, 행동 원리, 생활, 철학, 인생관, 세계관이다. 결정론적 세계관을 철저히 배격한 개척주의 개선주의적 세계관이며, 진리 판단의 기준은 일상 생활에서 실제적 유용성임. 지식의 목적을 인간이 어떤 위기에 처했을 때, 또는 어떤 문제에 봉착했을 때, 그 위기와 문제를 처리하고 해결하기 위한 하나의 도구로 보는 도구주의적 지식관을 갖고 있다. 이런 도구적 지식관은 교실에서 이론을 가르치는 교사 100인 보다 빵을 하나 만드는 직공 1인이 더 유용하다고 보며, "부흥의 산출은 곡물을 산출하는 것과 동일한 사업"이라고 주장한 찰스 피니의 주장도 같은 맥락이다. 종교의 진리성은 인간의 마음에 대해 안심을 주고 인간 생활에 이익이 되는 한, 인정될 수 있다고 함으로 종교다원주의에 문을 열어 주었다. 대표 주자는 윌슨 대통령, 스탈린, 바르트, 하이데거, 듀이 등이다. 그들은 폭군을 시해하기 위해 폭군을 호출하는 격이었으며 그러함으로 혼돈과 모순, 정처 없음으로 말미암아 지성의 패배와 영적인 낙담이 팽배하게 되었다.』

37) (전 9:11)
38) R. Paul Stevens, Disciplines of the Hungry Heart : 현대인을 위한 생활 영성, 박영민 역, (서울 : Ivp. 2000), p. 14.
39) (전 3:13)
40) Merton,Thomas, Mistics and Zen Masters : 신비주의와 선의 대가들, 이영주 역, (서울 : 고려원미디어, 1994), pp. 243-244. 『세이크교도들은 그 정신을 작품의 효율성이나 이윤 추구에만 두지 않았다… 어떤 경우에도 작업은 서두르거나 압력을 받거나 또는 정신적 강요에 의해 하지 않았다. 경쟁심도 은근히 욕망과 마음의 격동을 불러 일으킨다 하여 배척되었다. 과로 또한 금지되었다. 작업자들은 한 가지 일에 만 계속함으로 생기는 애착이나 망상을 없애기 위해 여러 종류의 일에 종사하였다. 언제나 그들의 작업은 안정되고 평화스러운 리듬으로 진행되었다.』
41) Richard J. Foster, 송준인 역, 앞의 책, pp. 170-171.
42) 영국의 작은 설교자, 주여 기도를 가르쳐 주옵소서, (서울 : 도서출판 엘멘), pp. 134-136.
43) (골 3:23)무슨 일을 하든지 마음을 다하여 주께 하듯 하고 사람에게 하듯하지 말라

44) 무명의 그리스도인, 행복한 그리스도인, 편집부 역, (서울 : 생명의말씀사), pp. 106-107.
45) Richard J. Foster, 송준인 역, 앞의 책, p. 119.
46) Donald S. Whitney, 조성동 역, 앞의 책, p. 89.
47) 주여 기도를 가르쳐 주옵소서, 영국의 작은 설교자, 엘멘, pp. 134-136.
48) Wesley L. Duewel, 기도의 능력을 아십니까, 듀엘 역, pp. 302-303.
49) 엘멘, 앞의 책, pp134-136.
참조, 「일상의 모든 것들을 기도의 대상으로 삼는 것은 청교들의 기도생활에서도 발견된다. 뉴 잉글랜드의 청교도 '카튼 매더' 는 거리를 행보하면서, 지나치는 사람들 모두를 위해 기도하기를 힘썼다고 한다.」 Horton Davies, The Worship of The American Puritans, 1629-1630 : 청교되 예배, 김석한 역, (서울 : 기독교문서선교회, 1999), p. 181.
50) Wesley L. Duewel, 듀엘 역, 앞의 책, pp. 302-303.

: 제 4 장 :

1) Joel Rishel의 글 『In response to the introductory article on A.W. Pink I wrote, several people asked me about Pink's obscurity and separatism, especially his avoiding all churches later in life. It's my opinion that the best-known blot on Pink's life cannot be defended or excused.』
참조, Arthur. W. Pink, Letters of Arthur. W. Pink : 핑크 서간문, (서울 : 도서출판 풍만, 1984), p. 63.『핑크 목사는 로엘 그린에게 보내는 편지에서도 이러한 태도를 강하게 피력하고 있습니다. "제가 충심으로 드리는 충고는 오늘날 종교적인 세계의 사람들과 관계를 갖지 말라는 것입니다. 그들은 형제를 영적으로 도울 수 없고, 그들이 도울 수 없는 곳에는 오히려 방해만 됩니다… 기도와 독서와 묵상은 모임에 참석하거나 교회활동에 열성을 내는 것 보다 형제의 영혼에 더 많은 유익을 갖다 줄 것입니다"』
2) (갈 5:17)
3) 강영계, 기독교 신비주의 철학, (서울 : 삼문출판사), p. 124.
4) J. Ellul, La Subversion Christianisme : 뒤틀려진 기독교, 쟈크엘룰번역위원회 역, (서울 : 도서출판 대장간, 1990). p. 39.
5) 『루터와 칼빈이 한 종교개혁이 일부 극단주의자나 재세례파주의자들의 눈에는 로마교에 대해 적극적인 적개심을 나타내지 않은 관용주의자들로 비쳤습니다』
6) 이환봉, 한상동 목사와 신학교육, 제4회 한상동 기념강좌, (부산 : 고신대학교, 2000), p. 13.
7) (롬 7:24) 오호라 나는 곤고한 사람이로다 이 사망의 몸에서 누가 나를 건져내랴

8) Richard, Joseph, The Spirituality of John Calvin : 칼빈의 영성, 한국칼빈주의연구원 편역, (서울 : 기독교문화협회, 1988), p. 176.
9) Paul Althaus, Die Theologie : 마르틴 루터의 신학, 구영철 역, (서울 : 성광문화사, 1994) p. 95.
10) 같은 책, p. 99.
11) 같은 책, p. 207,
12) Timothy George, Theology of reformers : 개혁자들의 신학, 이은선 피영민 역, (서울 : 요단출판사,1994), p. 258.
13) Ronald S. Wallace, 칼빈의 사회 개혁 사상, 박성민 역, (서울 : 기독교문서선교회, 1995), pp. 258-259. 참조, Paul Althaus, Die Theologie : 마르틴 루터의 신학, 구영철 역, (서울 : 성광문화사, 1994), pp. 207-208.『루터는 또한 어거스틴과 함께 자기 사랑을 "모든 죄의 시작"이라고 부른다. 하나의 사실은 다른 하나의 사실과 함께 주어진 것이다. 자기 사랑은 자신의 것을 추구하는데, 그것은 "하나님께서 그 분께 속한 것을, 사람에게서 그에게 속한 것을 탈취하며, 하나님과 사람에게 자신이 갖고 있고 존재하고 좋아하는 것 중 무엇도 주지 않는다』
14) Richard, Joseph, 이창우 역, 앞의 책, p. 175.
15) Ronald S. Wallace, 박성민 역, 앞의 책 p. 265.
16) Richard, Joseph, 이창우 역, 앞의 책, p. 176.
17) 같은 책, p. 176.
18) Ronald S. Wallace, 박성민 역, 앞의 책, p. 175.
19) 같은 책, p. 262.
20) Richard, Joseph, 이창우 역, 앞의 책, p. 174.

: 제 5 장 :

1) Willim Placher, A History of Christian Theology : 신학의 역사, 이경섭 역, (서울 : 기독교 문서선교회, 1996), p. 70.
2) 『Louis Berkhof, Systematic Theology, (Grand Rapid : Eerdmans Pub, 1949), pp. 60-61.』 참조, 『칼빈은 하나님의 초월성을 피조물에게서 멀리 떠나 계시는 신성으로서의 개념에 반드시 필요한 것으로 정의했습니다. 칼빈은 그의 저서의 도입부에서부터 개혁주의의 기본 원리 중 하나를 분명히 하고 있으니, 절대적인 하나님의 초월성과 인간과의 관계에 있어서 그분은 전적으로 타자(Otherness) 라는 것을 전제로 신학이론을 전개하고 있다.

어떤 신학이라도 그것이 피조물로부터 무한히 멀리 떨어져 계시는 하나님과의 구별을 중요시하지 않거나, 신성과 인성 사이의 근본적인 구별을 흐리게 하는 경향이 있는 모든 혼란과 "무분별"을 소멸시키지 않는다면, 성경을 준수하거나 기독교적인 것이라 할 수 없다. 무엇보다도 하나님과 인간은 그 본래의 올바른 위치로 다시 되돌아가야만 한다. 이것이 바로 칼빈의 모든 신학적 이론을 지배하고 있는 개념이며, 그 논쟁들의 핵심으로 강조하는 것이다』Francois Wendel, 칼빈 - 그의 신학사상의 근원과 발전, 김재성 역, (서울 : 크리스챤 다이제스트, 1999).pp. 175-176.

『존 프레임 역시 그의 저서에서 초월, 내재의 개념이 역사적으로 철학자들과 신비주의 자들에 의해 오용되어온 내용을 지적하면서도 용어의 정당성을 역설한다. "그러나 만일 초월성이 언약의 머리요, 또한 내재성이 백성들과 관계하는 하나님의 언약을 지니고 있다면 우리는 기반 위에 서게 된다. 우리가 사용하는 개념들은 성경이 가르치는 것들이요, 불신앙의 철학자들에 의해 고안된 것들이 아니다. 우리가 생각하는 것은 비록 그 개념들이 신비적이라 할찌라도(실제로 그것들은 신비적이다), 날마다의 삶 속에서 상호 인격적인 관계와 유사한 유비적인 표현들로 나타나는 관계들(즉 아버지와 아들, 통치자와 시민들, 남편과 아내와의 관계적 표현들)을 뜻하고 있다" 』 John M. Frame, The Doctrine of God(A Theology of Lordship) : 기독교적 신지식과 변증학, 문석호 역, (서울 : 은성출판사, 1989), pp. 37-39.

3) Thomas Watson,The Godly Man's Picture : 경건을 열망하라, 편집부 역, (서울 : 생명의 말씀사, 1999), p. 212.

4) (막 10:28)

5) (고전 7:29-30)아내 있는 자들은 없는 자같이 하며 우는 자들은 울지 않는 자같이 하며 기쁜 자들은 기쁘지 않은 자 같이 하며 매매하는 자들은 없는 자같이 하며

6) 기독교는 인생의 행복 추구가 목적이 아니라 칼빈신학의 주제로서의 "하나님 영광"을 지향합니다. 『세계관이 성경적이냐 아니냐를 판단하는 기준은 고통이 문제냐, 죄가 문제냐 하는 것이 바로 그 기준이다. 고통에 촛점을 맞추는 것은 인간 중심적 세계관이다. 그러나 죄에 촛점을 맞추는 것은 신중심적이다. 철학, 불교, 신비주의, 쾌락주의, 금욕주의, 기복주의 모두가 고통의 문제를 해결하는 것을 목적으로 삼지 죄문제가 아니다.』 안점식, 세계관을 분별하라. (서울 : 죠이선교회 출판부, 2000), pp. 125-139.

7) Timothy George, 이은선·피영민 역, 앞의 책, p. 251. 『목사로서 칼빈은 인간 감정의 합법성을 인정했고 고난에 직면한 사람들에게 스토아적 무관심을 권면하지 않았다.』

8) (시 119:71), (시 119:67)

9) William J, Bouwsma, 이양호·박종숙 역, 앞의 책, p. 350.

10) Timothy George, 이은선·피영민 역, 앞의 책, p. 32. 『데오도레 베쟈는 개혁된 종교에 대한 그의 회심이 심한 병과 죽음의 공포에 의해서 야기되었다고 회상했습니다』
11) 류기종, 기독교 영성, (서울 : 도서출판 열림, 1994), pp. 128-129.
12) 앞의 2장의 "영성의 향도로서의 지성"을 참조할 것
13) William J, Bouwsma, 이양호·박종숙 역, 같은 책, p. 350.
14) Richard, Joseph, The Spirituality of John Calvin : 칼빈의 영성, 한국칼빈주의연구원 편역, (서울 : 기독교문화협회, 1988), p. 177.
15) 고용수 외, 앞의 책, p. 159.
16) 김성수, 「한상동 목사와 기독교교육」, 제4회 한상동 목사 기념 강좌, (부산 : 고신대학교, 2000), p. 61.
17) 같은 책, p. 62.
18) Berkhof & Vantil, Foundations of Christian education : 개혁주의 교육학, 이경섭 역, (서울 : 기독교 문서선교회, 1994), p. 180.
19) (롬8:18)
20) Richard, Joseph, 한국칼빈주의연구원 편역, 앞의 책, p. 178.
21) Howard L. Rice, Reformed Spirituality : 개혁주의 영성, 황성철 역, (서울 : 기독교문서 선교회, 1995), p. 80.
22) Ronald S. Wallace, 박성민 역, 앞의 책, p. 276.
23) 같은 책, p. 274.
24) (딤전 4:3)
25) (마 19:27)
26) Thomas Watson, 편집부 역, 앞의 책, p. 125
27) 같은 책, p. 130.
28) (눅 12:20)
29) (전 7:4)
30) (벧전 4:7-10)
31) (빌 4:5)
32) Ronald S. Wallace, 박성민 역, 앞의 책, p. 258.
33) (고후 3:17)
34) Ronald S. Wallace, 박성민 역, 앞의 책, p. 277.
참조, 『칼빈의 세상 경멸은 "그리스도를 본받아"의 정신과는 매우 다른 이론에 기초하고 있다. 칼빈에게 있어 세상의 경멸은 미래의 삶과의 대조를 통해 이루어진다』 Richard,

Joseph, The Spirituality of John Calvin : 칼빈의 영성, 한국칼빈주의연구원 편역, (서울 : 기독교문화협회, 1988), p. 177.
35) Ronald S. Wallace, 박성민 역, 앞의 책, p. 257
36) Richard, Joseph, 이창우 역, 앞의 책, p. 272.
참조, 『그러나 세상에 대한 이런 그의 경멸에서조차 "그리스도를 본받아" 와 같은 타계적이고 염세적인 태도보다는, 순례자로서의 모습을 띠고 있습니다.』
37) 같은 책, p. 257
38) Thomas Watson, 편집부 역, 앞의 책, p. 131.
39) (요일 3:2)
40) 『종교개혁주의가 타계적이고 정적인 수도원 영성에 대한 반발로 세상에서 열심히 일하는 것을 높이 쳐 준 결과 지나치게 세상에 몰입하고 물러날 줄을 모르게 했다.』
41) Donald G. Bloesch. Wellsprings of Renewal : 세계의 예수 공동체, 김현진 역, (서울 : 도서출판 무실, 1991), p. 181.
42) Leland Ryken, Woldly Saints, (Grand Rapid : Zondervan Pub, 1986), p. 129.
43) Donald S. Whitney, Spiritual Disciplines For The Christian Life : 영적 훈련, 조성동 역(서울 : 네비게이토 출판사, 1997), p.244. 『조나단 에드워즈는 홀로 있는 경험들을 이렇게 적고 있습니다. "세이브룩에서 토요일을 보내기 위해 강기슭에 올랐다. 그리고 거기서 안식의 시간을 가졌다. 혼자서 들을 거니는 가운데 달콤하면서도 힘을 북돋는 시간을 가졌다… 나는 건강을 위해 숲속으로 말을 타고 들어갔다. 내가 흔히 그렇게 해왔듯이 호젓한 장소에서 말에서 내려서는 거룩한 묵상과 기도를 할 수 있는 공원은 그리 멀지 않는 곳에 있을 것으로 생각된다. 우리 교회에 나오는 한 약사는 어린 네 자녀를 두고 있는데, 저녁에 귀가하는 길에 종종 자기 집에서 두 블록 덜어진 곳에 있는 공원에 들러 혼자서 조용하게 몇 분간의 시간을 갖곤 한다. 내가 좋아하는 장소는 우리 집에서 가까운 곳에 있다.』
44) J. Ellul, 앞의 책, p. 175. 『신비적이란 말은 "벙어리가 된다", "말없이 있다" 는 말에서 기인한다.』
45) (약 1:26)
46) Ann & Barry Ulanov, Primary speech: APsychology(Atlanta: John Knox Press, 1982)을, 유해룡, 앞의책, p. 113에서 재인용. 『침묵은 언어의 멈춤이라기보다는 외적인 언어로부터 내면의 언어를 찾아 떠나는 행위이다.』
47) (시 62:1,5)
48) Howard L. Rice, 황성철 역, 앞의 책, p. 114.

49) 같은 책
50) Dallas Willard, The Spirit of The Disciplines: 영성훈련, 엄성옥 역, (서울 : 은성출판사, 1993), p. 189.
51) Leroy Koopman, Beauty Care for The Tongue : 혀를 아름답게 가꾸기, 라형택 역, (서울 : 도서출판 로고스, 1999), pp. 19-20.
52) 유해룡, 하나님체험과 영성수련, (서울 : 장로회신학대학교 출판부, 1999), p. 116.
53) 참조, William J, Bouwsma, 이양호, 박종숙 역, 앞의 책, pp. 360-361.
54) Richard, Joseph, 한국칼빈주의연구원 편역, 앞의 책, p.248.
55) Aurelius, Augustine, 명상록, 성염 역, C 크레모아 편집, (서울 : 성바오로 출판사, 1991), p. 74.
56) 유해룡, 앞의 책, p. 116.
57) 한홍자, 한국의 기독교와 현대시, (서울 : 국학자료원, 2000)
58) 『이들은 동양의 기(氣)수련 처럼 배꼽 아래를 응시하면서 호흡에 맞추어 기도했습니다.』
59) 『그렇다면 먼저 우리를 침묵하게 하소서. "섬들아, 내 앞에 잠잠하라." 논쟁을 시작하기 전에 먼저 우리를 엄숙한 경외감으로 침묵하게 하소서. 우리가 이야기를 나눌 분이 전능하신 하나님이기 때문입니다.』 (C. H. Spurgeon, Sermons On Revival : 스펄전의 부흥의 열망, 송용자 역, (서울 : 지평서원, 2001), p. 67.
60) (욥 40:3-5; 42:2-6 , 계 1:17)
61) (합 2:20)
62) (전 5:2)
63) (약 1:26)
64) (시 62:1,5)
65) (시 37:7)
66) (사 53:7)
67) (삼상 6:12)
68) 『순종의 침묵 — 어떠한 하나님의 뜻에도 온전히 순종하기란 쉬운 일이 아닙니다. 우리는 종종 인장이 찍히지 않으려는 단단한 놋쇠와 같습니다. 그러나 우리는 마땅히 언제라도 쉽게 인장이 찍히는 녹은 봉랍과 같아야 합니다. 하나님의 마음이 우리의 마음이 되고, 하나님의 뜻이 우리의 뜻이 되기 위해 우리 자신의 어떤 바람, 어떤 뜻, 어떤 의견, 어떤 판단에 대해서도 완전히 침묵하는 마음을 소유할 수 있다면 얼마나 좋을까요?』(C. H. Spurgeon, Sermons On Revival : 스펄전의 부흥의 열망, 송용자 역, (서울 : 지평서원, 2001), p. 71.

69) (약 3:4)
70) (약 3:7,8)
71) Dallas Willard, 엄성옥 역, 앞의 책, p. 189.
72) 참조, 김 진, 침묵의 영성「김진의 영성 이야기2」, (서울 : 엔크리스토), p. 124.
73) Richard, Joseph, 한국칼빈주의연구원 편역, 앞의 책, p. 229.
74) 유해룡, 앞의 책, p. 117.
75) Howard L. Rice, 황성철 역, 앞의 책, p. 113.
76) (약 1:26)
77) (시 39:1, 시 4:4)
78) (시 39:1-2)
79) (사 30:15)

참조, 스펄전은 그의 설교에서 침묵을 힘을 새롭게 하는 좋은 방편으로 말한다.『우리는 힘을 새롭게 합시다. 그 침묵 속에서 우리의 힘을 새롭게 합시다. 소음은 우리를 피곤케 하고, 침묵은 우리를 살찌웁니다. 주인의 심부름을 하기 위해 달려가는 것은 항상 좋은 일입니다. 그러나 주인의 발 앞에 앉는 것은 너무나 필요한 일입니다. 뛰어난 힘을 가진 천사들처럼 그의 일을 하는 우리의 능력은 그의 음성을 듣는 데서 비롯되기 때문입니다』 C. H. Spurgeon, Sermons On Revival : 스펄전의 부흥의 열망, 송용자 역, (서울 : 지평서원, 2001), p. 72.

80) Richard J. Foster, Finding the Heart's True Home : 기도, 송준인 역, (서울 : 도서출판 두란노, 1995), p. 210.
81) Dallas Willard, 엄성옥 역, 앞의 책, pp. 189-190.
82) (시 144:8)
83) (잠 5:3)
84) 강영계, 앞의 책, p. 122.
85) 같은 책.
86) Dallas Willard, 엄성옥 역, 앞의 책, p. 189.
87) (마 12:19)
88) (행 17:18)
89) (고후 10:10)
90) Aurelius, Augustine, 명상록, 성염 역, C 크레모아 편집, (서울 : 성바오로 출판사, 1991), p. 43.
91) 다음은 퀘이커 교도들의 종교다원적인 영성을 극명하게 보여주는 한 표현입니다.『거룩한 빛이 어떻게 인간의식과 관계할 수 있느냐 하는 문제를 신앙경험을 통해 알 수 있

었다…하나님은 한 분이지만 나타나는 모습이 다양할 뿐이다. 구약성서에는 아버지로 복음서에는 아들로 복음서 후에는 성령으로 나타나 그의 음성을 듣고자 하는 자의 가슴 속에 그의 뜻을 드러내 주었다.』 김영태, 신비주의와 퀘이커 공동체, (서울 : 인간사랑, 2002), pp. 113-114.

92) (살전 5:17)

93) (살전 5:10)

94) Richard, Joseph, 한국칼빈주의연구원 편역, 앞의 책, p. 86.『에라스무스는 창조주에 대한 개인의 태도에서 기독교 종교의 본질을 발견했으며, 이것이 그의 경건(pietas)의 개념이었다. 경건의 지속성(consulere pietate)을 위한 표현은 경건(pietas)의 중심적인 영향이 강조돼야 하는 에라스무스의 저작들 속에서 빈번히 나타탄다』

95) Michael Wells, Sidetracted in the Wildernedd : 영적 자기진단과 치료, 김순기 역, (서울 :크리스천서적, 1993), pp. 214-215.

96) (눅 12:35-40)

97) Michael Wells, 김순기 역, 앞의 책, p. 211.

98) 같은 책, p. 213.

99) 같은 책, pp. 215-216.

100) (엡 4:27 고전 7:5)

101) Iain Murray, The Life of Arthur W, Pink, (Aylesbury : Banner of Truth, 1981), p. 109.

102) (고후 5:17)

103) (엡 4:24)

104) Donald S. Whitney, Spiritual Disciplines For The Christian Life : 영적 훈련, 조성동 역(서울: 네비게이토 출판사, 1997), p. 247.

105) (고전 1:21)

106) (롬 10:13)

107) Howard L. Rice, Reformed Spirituality : 개혁주의 영성, 황성철 역, (서울 : 기독교문서 선교회, 1995), p. 114.

108) Can Seven Words Change Lives?「Science Studies the Jesus Prayer」, (Spirituality & Health Magazine, Issue : Winter 1999).

109) 쉬지않는 기도의 일환으로『주 예수여 죄인에게 자비를』같은, 짧은 기도문을 반복하여 암송하는 기도 형태.

110) A Practical Theology of Spirituality : 신앙성숙과 영성훈련, 지상우 역, (서울 : 여수룬, 1991), p. 188.

111) (히 12:2)Let us fix our eyes on Jesus.
112) (사 40:31)wait upon the LORD.
113) 참조, Isaac Ambrose, Looking Unto Jesus, (Harrisonburg : Sprinkle Pub, 1986).
114) (민 21:9)
115) (사 45:22)
116) (빌 3:14)
117) (출 34:29)
118) 『십자가를 바라볼 때 그 고침이 시작된 것처럼 십자가를 계속 바라볼 때 마침내 그 고침은 완전하게 이루어집니다… 십자가는 치유하는 능력을 발휘합니다.』Horatius Bonar, God's Way of Holiness : 거룩한 길로 나아가라, 이태복 역, (서울 : 지평서원, 2002), p. 122.
119) 무명의 그리스도인, 행복한그리스도인, 편집부 역, (서울 : 생명의말씀사), p. 74.
120) 『사도들은 거룩한 삶에 대한 가장 강력한 동기로써 십자가를 설교했습니다. 그들은 사람이 십자가를 바라보게 되면 그 사람 안에 있는 모든 악은 죽음을 맞게 된다는 사실을 익히 알고 있었습니다.』 Horatius Bonar, God's Way of Holiness : 거룩한 길로 나아가라, 이태복 역, (서울 : 지평서원, 2002), pp. 91-92.
121) 참조, A.W. Pink, Practical Christianity, (Grand Rapid : Baker Book House, 1974).
122) 같은 책.

: 제 6 장 :

1) (빌 4:7)
2) William J, Bouwsma, 이양호, 박종숙 역, p. 304.
3) 같은 책
4) 같은 책, p. 305.
5) 같은 책, p. 363.
6) 같은 책, p. 369.
　　칼빈이 주지주의자가 아니었음은 다음의 평가에서도 확인된다. 『칼빈에게는 학문적 신학 같은 것은 없고 오직 경건의 지혜(sapientia) 만이 있을 뿐이다…하나님은 실존적인 태도로써 알게 된다. 칼빈은 하나님과 인간을 추상적이 아니라 구체적 만남에서 기대하였다. 궁극적으로 하나님 지식은 알게 되는 자의 실존을 결정하는 지식이다.』같은 책, pp. 228, 230.

7) 같은 책, p. 363.
8) (롬 1:28-32)
9) (잠 4:24)
10) (히 6:4)
11) A. W. Pink, Practical Christianity, (Grand Rapid : Baker Book House, 1974), p. 99.
12) 같은 책, p.104.
13) 같은 책
14) Howard L. Rice, 황성철 역, p. 72.
15) 참조, 같은 책, 『이해에는 감정을 지닌 뜨거운 열 뿐만 아니라 빛도 있어야 한다. 빛은 없고 열만 있는 곳에는 그 가슴속에 신적인 것이나 천상의 것이 전혀 있을 수 없다. 이와 마찬가지로 빛만 있고 열이 없으며, 머리는 관념과 사색으로 가득차 있고 가슴은 냉랭한 곳에서는, 그 빛 속에서는 어떤 신적인 것도 있을 수 없다』
16) William J, Bouwsma, 이양호, 박종숙 역, 앞의 책, p. 307.
17) 같은 책, pp. 305-306.
18) (고전 5:12)
19) (눅 6:37)
20) (사 29:13)
21) (마 23장)
22) William J, Bouwsma, 이양호, 박종숙 역, 앞의 책, p. 305.
23) 같은 책, p. 364.
24) 같은 책, p. 363.
25) Howard L. Rice, 황성철 역, 앞의 책, p. 72.
26) Thomas Watson, The Godly Man's Picture : 경건을 열망하라, 편집부 역, (서울: 생명의 말씀사, 1999), p. 16.
27) William J, Bouwsma, 이양호, 박종숙 역, 앞의 책, p.353.
28) Howard L. Rice, 황성철 역, 앞의 책, pp. 73-74.
29) 같은 책, pp. 72-73.
30) (겔 13:2),
참조, Howard L. Rice, 황성철 역, 앞의 책, p. 70. 『감성에 대한 개혁주의의 거부는 열성적인 감정을 추구하며 예수와의 친밀한 느낌을 충성의 궁극적 평가 기준으로 삼는 경건들로부터 벗어나려는 것이다. 이러한 종류의 잘못된 경건주의로 전락할 때, 경건은 느낌에 빠져서 감정을 진리 시험의 기준으로 사용하게 된다. 이 경우 어떤 사람이 그리스도에 대해 올바로 느끼면 그는 확실히 옳은 것이라는 평가가 내려지게 된다. 그리고 감정은 계시 수납의 중심 수단으로 취급된다.』

31) (렘 17:9)
32) Howard L. Rice, 황성철 역, 앞의 책, p. 178.
33) (겔 36:26)
34) (살후 3:5)
35) (딛 3:5)
36) (고후 4:6)
37) Perry G. Downs, Teaching for Spiritual Growth - An Introduction to Christian Education : 기독교교육학개론, 엄성옥 역, (서울 : 도서출판 은성, 1998), p. 205.
38) Berkhof & Vantil, Foundations of Christian education : 개혁주의 교육학, 이경섭 역, (서울 : 기독교 문서선교회, 1994), p. 21.
39) (골 1:6) 이 복음이 이미 너희에게 이르매 너희가 듣고 참으로 하나님의 은혜를 깨달은 날 부터 너희 중에서와 같이 또한 온 천하에서도 열매를 맺어 자라는도다
(고전 3:7) 그런즉 심는 이나 물 주는 이는 아무것도 아니로되 오직 자라나게 하시는 하나님 뿐이니라
40) Perry G. Downs, 엄성옥 역, 앞의 책, p. 188.
41) 같은 책, p. 97.
42) Cornelius Van Till, An Introduction To Sysyematic To Theology, (Phillipsburg :Presbyterian And Reformed Pub), p. 30.
43) Ronald. S. Wallace, 칼빈의 사회 개혁 사상, 박성민 역, (서울 : 기독교문서선교회, 1995), p. 286. 『칼빈은 공동체의 훈련 필요성에 대해 강조한 만큼이나 자기 수양의 필요성을 강조했다… 우리는 특별히 우리 마음이 하나님을 향하게 함으로써 우리의 마음을 다스려야 한다… 당신의 생각을 고결하게 하여 사단의 모든 소리에 귀를 막으시오… 또한 당신의 정신을 흐트러뜨리는 모든 혼란에 눈을 감으시오.』
참조, 청교도 퍼킨스 역시 금욕 훈련을 복음에 위배되는 것으로 보지 않았다. 『어떤 자들은 롬 8:13이 생명의 조건을 우리의 금욕 의무이행에 두고 있는 점에서 난점을 느끼고 있다. "복음에는 생명의 약속들이 순종의 조건에 있다. 그 약속들은 그 일들에 주어진 것이 아니라 그 행위자들에게 주어진 것이다. 그것도 그의 행위 자체로 인한 것이 아니라 그의 행위가 그리스도를 위한 것이기에 그러한 것이다. 예를 들면 생명의 약속은 금욕이라는 일에 주어진 것이 아니라 육신을 죽이는 그 사람에게 주어진 것이다. 그리고 그의 금욕 때문이 아니라 그가 그리스도 안에 있고 그의 금욕이 그리스도 안에 있다는 증

표 또는 증거가 되기 때문에 그러하다. 그러므로 일을 언급하는 복음의 모든 약속들은 그것들 안에 그리스도 안에서의 하나님과의 화해를 포함하고 있다는 사실을 기억해야만 한다"(퍼킨스, W. Perkins 1604).』 Arthur. W. Pink. The Holy Spirit : 성령론, 배정웅 역, (서울 : 도서출판 풍만, 1987), pp. 203-204

44) (막 6:31;마 26:45)

45) (골 3:15) 그리스도의 평강이 너희 마음을 주장하게 하라; (시 131:2)실로 내가 내 심령으로 고요하고 평온케 하기를 젖 뗀 아이가 그 어미 품에 있음 같게 하였나니

46) (눅 6:45)

47) 참조, A.W.Pink, Practical Christianity, (Grand Rapid : Baker Book House, 1974)

48) 관계론적 인간론은 '하나님의 형상으로서의 인간 개념을 정체되어 있는 것이 아니라 끊임없는 하나님과의 관계에서 이해되는 개념으로 봄. 반면에 존재론적 인간론은 흔히 불교적 개념으로 칭해지기도 하는데, 부처가 되는 것, 부처를 속에 담고 있다는 등의 개념임.
참조, 『아리스토텔레스적인 공간 개념은, 공간을 어떤 '관계적'인 개념이 아니라 '용기' 혹은 '받아들이는 통'(receptacle)과 같은 것으로 생각했다. 루터파는 이런 아리스토텔레스의 공간 개념을 채용해, 성육신을 무한한 그리스도께서 스스로를 비우셔서 유한한 인간의 육체라는 통에 담으신 것으로 이해했다』 Gillian R. Evan; Alister E. McGrath; Allan D. Galloway, The History of Christian Theology. The Science of Theology : 기독교 사상사, 서영일 역, (서울 : 기독교문서선교회, 1994), p. 219.

49) (잠 4:23)

50) 마음을 다스리는 것에 대해 더 알고 싶으면 ①John Owen의 Grace & Duty of Being Spiritually Minded ②A.W.Pink의Practical Christianity(엠마오에서 "영적 실천"이라는 제목으로 번역 출간 됐음 ③John Flavel의Keeping the Heart(지평서원에서 "마음, 참된 성도의 마음"이라는 제목으로 번역 출간 됐음)을 참조 할 것

51) John Favel, Keeping the Heart : 마음, 참된 성도의 마음, 이태복 역, (서울 : 지평서원, 1999), p. 44.

52) John Owen in Causes of Apostasy, quoted by A.W.Pink, Practical Christianity, (Grand Rapid : Baker Book House, 1974), p. 100.

53) 앞의 책, p. 113.

54) (롬 12:2)

55) (롬 1:24)

56) (막 12:30)

57) Perry G. Downs, 엄성옥 역, 앞의 책
58) 박윤선, 성경신학, (서울 : 영음사, 1981), pp. 11-19.
59) Berkhof & Vantil, Foundations of Christian education, "개혁주의 교육학", 이경섭 역,(서울 : 기독교 문서선교회, 1994), p. 115.
60) 참조, A. W. Pink, 앞의 책.
61) (약 2:4)
62) Conrad Cherry, The Theology of Jonathan Edwards - A Reappraisal : 조나단 에드워즈의 신학, 주도홍 역, (서울 : 이레서원, 2001), p. 271. 조나단 에드워즈는 당대의 메마른 주지주의에 대해 준엄하게 책망했으면서도, 믿음의 감정적 측면은 이성의 지배에 종속되어야 한다는 견해 역시 견지했다.『분명한 진리는 고조된 감정이 아니라 계몽된 정신이 항상 인간이라고 불려지는 자들의 안내자가 돼야만 한다는 것이다. 이것은 종교적인 문제뿐만 아니라 다른 일에 있어서도 마찬가지이다. 그리고 하나님이 성령을 통하여 그들의 마음에 역사하실 때에도 역시 그러하다.』
63) Howard L. Rice, 황성철 역, 앞의 책, p. 70.
64) Paul Althaus, Die Theologie : 마르틴 루터의 신학, 구영철 역, (서울 : 성광문화사, 1994), p. 99.『느낌에 따르면 십자가에 달리시고 부활하신 그리스도에 관한 복음과는 반대로 나의 죄가 아직 현존한다. 그러나 사람들은 그것에 면하여 느낌에서 물러 나와 단지 말씀에 귀를 기울이고 그리고 나서 그것을 마음 안으로 밀어 그것에 달라붙어야 한다… 신앙과 느낌은 서로 투쟁을 벌인다… 곧 느낌은 영과 신앙에 대항하여, 영과 신앙은 느낌에 대항하여 싸운다. 이 경우에 여기에 있어서는 다음과 같은 법칙이 타당하다. "신앙이 늘어나면 늘어날수록 느낌은 더 많이 그리고 다시금 줄어든다.』
65) (전 8:15).
66) William J, Bouwsma, 이양호,박종숙 역, 앞의 책, p. 310.
67) Aurelius, Augustine, 명상록, 성염 역, 앞의 책, p. 233.
68) Allen Carden, Puritan Christianity in America, (Grand Rapid:Baker Book House, 1990), p. 151.
69) Richard J. Foster, Finding the Heart's True Home : 기도, 송준인 역, (서울 : 도서출판 두란노, 1995), p. 134.
70) Gordon MacDonald, 내면세계의 질서와 영적 성장, 홍화옥 역, (서울 : 한국기독학생회 출판부, 1990), pp. 226-227.
71) (살후 3:5)
72) (마 22:37) (골 3:23)

: 제 7 장 :

1) Howard L. Rice, 황성철 역, 앞의 책, p. 76.
2) 같은 책, pp. 76-77.
3) (느 4:17-18)
4) Richard J. Foster, 기도, 송준인 역, 앞의 책, p. 228.
5) Leland Ryken, Woldly Saints,(Grand Rapid : Zondervan Pub, 1986), p. 25.
6) 참조. Timothy George, Theology of reformers, 이은선·피영민 역, (서울 : 요단출판사, 1994), p. 86. 『칭의의 감당할 수 없는 짐을 지지 않기 때문에 그리스도가 우리를 사랑하시고 우리를 위하여 자신을 내어주신 것처럼 우리도 서로를 위하여 우리 자신을 희생할 수 있게 되는 것입니다』.
반면에 하나님 영광에 사로잡힌 칼빈은 구원받기 전이나 후에도 항상 인간의 관심은 하나님께만 초점이 맞춰져야 한다고 봅니다. 『하나님 영광에 관한 논의에서는 이웃에 대한 우리의 의무를 의도적으로 무시하고 있는 듯 하다… 오직 그에게서만 우리의 삶이 지배되도록 결심해야 한다』 Ronald S. Wallace, 칼빈의 사회 개혁 사상, 박성민 역, (서울: 기독교문서선교회, 1995), p. 288.
7) 양금희, 마틴 루터의 교육사상 : 기독교교육 논총(서울: 한국기독교교육학회, 1996), p. 117.
8) 참조, Paul Althaus, The Eyhics of Martin Luther : 말틴 루터의 윤리, 이희숙 역, (서울 : 컨콜디아사, 1989), p. 42.
「그 봉사가 하나님 영광을 지향하는 한, 칼빈의 영성도 봉사의 영성이라 할 수 있다」 Richard, Joseph, The Spirituality of John Calvin : 칼빈의 영성, 한국칼빈주의연구원 편역, (서울 : 기독교문화협회, 1998), p. 236.
9) 나원용, 전도는 이렇게, (서울 : 기독교서회, 1991), pp. 202-205.

: 제 8 장 :

1) (사 31:1)
참조, 『칼빈은 영성의 자원들을 중세로부터 도입하는 것에 대해 관용적이었던 반면, 루터는 이점에서 칼빈보다 철저하게 엄격했던 것으로 보인다』
2) Luther's Tower Experience : Martin Luther Discovers the True Meaning of Righteousness [Preface to the Complete Edition of Luther's Latin Works(1545) by Dr. Martin Luther, 1483-1546, Translated by Bro. Andrew Thornton] 『나는 격렬하고 고통스러운 양심으로 화를

냈다. 그럼에도 불구하고 나는 바울의 그 말씀에 끈덕지게 매달렸고 아주 열렬히 성 바울이 원하는 것을 알고자 하였다. 마침내 하나님의 자비로 밤낮으로 묵상하는 가운데 나는 그 단어들이 나오는 문맥에 주의를 기울였다. "하나님의 의가 나타나서… 기록된 바 오직 의인은 믿음으로 살리라 함과 같으니라." 거기서 나는, 하나님의 의는 이 의에 의하여 의인이 하나님의 선물, 즉 믿음으로 살아가는 바 그 의라는 것을 이해하기 시작하였다… 여기서 나는 완전히 새로 거듭나서 열린 문들을 통하여 낙원으로 들어갔다는 것을 느꼈다… 그리고 나는 "하나님의 의"라는 단어를 이전에 미워하였던 것만큼이나 이제 사랑으로 나의 가장 달콤한 단어로 찬양하였다. 이렇게 해서 바울의 바로 그 구절은 내게 진정으로 낙원으로 들어가는 문이 되었다.』

3) (롬 10:17)
4) (요 14:6)
5) (엡 2:13-14)
6) (요 14:9)
7) (롬 8:39)
8) 참조, 『준비주의자들로 청교도 리챠드 시베, 불링거 등이 있으며, 특히 불링거는 첫 번째 프로테스탄트 준비주의자로 생각된다. 그는 믿음 앞에 회개를 배정하였으며 또한 아퀴나스의 신학대전에서 발견되는 은혜를 받기 위한 준비와 관련된 몇 몇 사상들을 취했다. 그러나 칼빈은 중간 입장을 취했다고 믿는다. 칼빈은 준비적 회개 개념을 갖고 있지는 않지만 그럼에도 불구하고 그는 "믿음을 위한 준비"를 인정했다… 칼빈은 하나님의 섭리와 복음에 관한 어떤 "생각"이 생기는 것은 구원에 대한 준비임을 인정했다. 그러나 피터 마터, 윌리암 틴델, 쯔윙글리 같은 개혁자들은 은혜를 받기 위한 준비는 불가능하다고 가르쳤다 ; "만약 하나님이 뜻하신다면 모든 것들이 그가 말씀을 하시는 순간 행해진다"(쯔윙글리). 이 외에도 준비주의자들은 "고민하는 양심"을 많이 다룬 리챠드 그린햄(1535-1594) 그리고, "사람들을 회심하도록 준비하기 위해 그의 종의 영과 율법에 의한 공포심을 사용한다"고 주장한 힐더 샘(1553-1632) 등이 있다.』 Michael Eaton, Baptism With Holy Spirit Teaching of Martin Lloyd Johns : 로이드 존스와 성령 세례, 기동연 역, (부산 : 고신대학원 학우회), pp. 52-53.
9) 소위, 환희에 이르기 위해 반드시 통과해야 하는 성 요한의 "어둠의 밤" 같은 것입니다.
10) Richard, Joseph, The Spirituality of John Calvin : 칼빈의 영성, 한국칼빈주의연구원 편역, (서울 : 기독교문화협회, 1988), p. 236.
11) Conrad Cherry, 조나단에드워즈 신학, 주도홍 역, (서울 : 이레서원, 2001), pp. 241-242.
12) 참조, Horatius Bonar, Follow the Lamb : 어린양을 따라서, 이강진 역.

13) Martin Luther, A Treatise On Good Works(Pamphlet), (Philadelphia : A. J. Holman Company, 1915), p. 10.
14) (사 55:1)
15) (히 12:28)
16) 참조, 『설사 불신자들이 그들의 불신의 악 가운데서도 현재 평안한 삶을 영위한다 하더라도 그것은 다만 자신들의 진노를 쌓는 것이며, 그들의 운명은 이미 교수대에서 목에 밧줄이 걸린 사형수와 같다(379). 이는 하나님은 그의 독생자 안에서 무한히 자비로우시나, 아들 밖에서는 오직 심판 만 있기 때문입니다. 죠나단 에드워즈는 「하나님의 손 안에 든 죄인들」이라는 그의 유명한 설교에서 불신자를 … 이미 확정 판결이 난 자들, 준비 완료된 형장 앞에 있는 자들 … 예상 못할 순간에 집행될 자들로 정의 했습니다.』Jonathan Edwards, On Knowing Christ : 그리스도를 아는 지식, 서문강 역, (서울 : 지평서원, 1994), pp. 264-269.
17) (마 11:28)
18) 사람들은 『종교의 고등성, 가치성을 종교적 요구가 많은 것들에 두는 것 같다- "가장 좋고 확실한 종교는 사람에게 가장 많은 것을 요구하는 종교라고 생각하며, 구원은 그것을 얻기 위해서는 무언가 위대한 일을 해야만 하는 그런 귀한 것이라 생각한다.』 Walther, Carl Ferdinand Wilhelm, Gesetz und Evangelium : 율법과 복음, 지원용 역편, (서울 : 컨콜디아사, 1993), p. 285.
19) Donald G, Bloesch, The Ground of Certainty : 신학서론, 이승구 역, (서울 : 도서출판 엠마오., 1986), pp. 126-127.
20) (롬 4:6)
21) Horatius Bonar, God' s Way of Holiness : 거룩한 길로 나아가라, 이태복 역, (서울 : 지평서원, 2002), p. 50. 『우리의 유일한 안식처는 우리를 위하는 그리스도이지 우리가 느끼는 감정, 우리 마음에서 우러나는 사랑은 결코 우리의 안식처가 되지 못합니다. 물론 그것들은 성령께서 우리 안에 창조하신 산물일 수는 있습니다. 하지만 그럴지라도 그것들은 우리의 안식처가 되지 못합니다. 결단코 우리의 안식처가 되지 못합니다.』
22) 평강, 화평은 십자가에서 완성하신 일을 아는 것이다. Horatius Bonar, GOD' S WAY OF PEACE : 복음의 진수로 나아가라, 이태복 역(서울 : 지평서원, 2002), p. 108.
23) Horatius Bonar, GOD' S WAY OF PEACE: A Book for the Anxious, (Richmond : Prebyterian Committee of Pub, 1861), p. 27.
참조, 『Horatius Bonar 는 성경을 성부, 성자, 성령 3위의 사랑의 계시로 읽고 특별히 은혜의 성령께서 우리를 위해 기록한 것으로 읽으라고 주문합니다』Horatius Bonar, Only

Jesus[Pamphlet]
24) (롬 5:1)
25) John Dillenberger, 루터저작선, 이형기 역, (서울 : 크리스천 다이제스트, 1994), p. 162.
26) 『평안을 지나치게 성령의 내적 역사의 결과로 보고, 그런 내적 역사가 잘못 내면의 심리적 조절과 동일시되므로, 평안은 일종의 심리주의와 결탁하여 종교다원주의를 낳기 쉽습니다. 그러나 루터나 호라티우스 보나르는 일치되게 평안은 그리스도의 행하신 사역에서 비롯된다고 합니다. "우리의 평안과 칭의는 전자(그리스도께서 우리를 위하여 행하신 사역)에서 비롯된 것이지 후자에서(우리 안에서 행하시는 성령님의 사역) 비롯된 것이 아닙니다.』 Horatius Bonar, The Everlasting Righteousness : 내게는 영원한 의가 있다, 송용자 역, (서울 : 지평서원, 2003), p. 115.
27) Martin Luther의 기도문, 구영철 역. 팜플렛.
28) John Dillenberger, 이형기 역, 앞의 책, pp. 156-157.
29) (행 8:19-20) 돈을 드려 가로되 이 권능을 내게도 주어 누구든지 내가 안수하는 사람은 성령을 받게 하여 주소서
30) 강영계, 기독교 신비주의 철학, (서울 : 삼문출판사), pp. 13-18.
31) Archibald Rutledge, Peace In The Heart, (Garden City : Doubleday, Doran & Company, Inc, 1931), pp. 22-23.
32) 『여기서 문학을 주시한 것은 기독교가 언어의 종교라는 사실과, 또한 인간 영감이 주도하는 문학신비주의가 성령의 영감으로 된 성경 말씀을 필적하려는 오만 방자한 태도를 지녀왔기 때문입니다.』
33) (시19:10)
34) 『유안진은 자신의 문학을 이렇게 정의했다… "문학은 내게도 세 끼 식사보다 더 필요한 기막힌 것이라고 어렴풋이 감 잡게 되었으니… 현실적인 아픔이나 굴욕을 당할 때 마치 절대의 신에게 고해바치듯 쓰고 또 썼다… 그럼에도 나는 광신도처럼 문학에 미쳐서 나 홀로의 신명과 분노로 끝없이 나를 실험하고 싶다…아직도 나는 문학 만치 매력 있고, 더 하고 싶어지고 하다가 죽어도 여한이 없을 그 무엇은 없다고 믿는다. 내가 믿는 종교의 신께 송구한 것은 그분을 내 문학에 이용하려 들었지 문학을 그분께 바치려 들진 않았다는 게 정직한 고해다… 아편 중독, 마약 중독 이상의 문학 중독 환자로서 지금 나는 말할 수 없이 행복하면서도 세상에서 가장 불행하다고 고백하지 않을 수 없다. 유안진, 나는 왜 문학을 하는가; 하지 않고는 못배기는 미친 짓, 강은교 외, (서울 : 문학사상사, 1993), pp. 230-236.
35) Willim Placher, A History of Christian Theology : 신학의 역사, 이경섭 역, (서울 : 기독교문

서선교회, 1996), p. 319. 『1774년 어느날 아침 프랑스의 작가 볼테르는 한 친구와 함께 일출을 보기 위해 가까이 있는 언덕에 오르자고 설득했다. 장엄한 색깔이 지평선을 가로질러 퍼져나갈 때 볼테르는 그의 모자를 벗고 무릎을 꿇고 이렇게 외쳤다. 나는 믿습니다. 나는 당신을 믿습니다 전능하신 하나님을 나는 믿습니다.』

36) Kerr, Hugh T. 루터신학 개요, 김영한 편역, (서울 : 대한예수교장로회총회출판국, 1991), p. 49.

37) William J, Bouwsma, 이양호, 박종숙 역, 앞의 책, p. 350.

38) 같은 책, p. 358

39) Donald G, Bloesch, 이승구 역, 앞의 책, p. 129.

40) 같은 책, p. 126.

41) Arthur. W. Pink. The Holy Spirit : 성령론, 배정웅 역, (서울 : 도서출판 풍만, 1987), pp. 79-80. 『어거스틴은 "이 세상에 복음을 증거하기 위해 한 때는 기적이 필요했었다. 그러나 지금도 기적을 보아야 믿겠다고 말하는 사람은 분명히 마귀" 이다고 말했다. 크리소스톰도 "이제 교회는 기적을 행할 필요가 없다" 라고 했다. 또한 퍼킨스도 이런 사람들을 일컬어 "지금도 기적을 행하려고 손을 붙들고 있는 거짓 선지자" 라고 불렀다. W. Perkins, 1604』

42) 유해무, 기도 · 은혜의 방편, 「개혁신학과 교회 제9호」, (부산 : 고려신학대학원, 1999), p. 8

43) Paul Althaus, Die Theologie : 마르틴 루터의 신학, 구영철 역, (서울 : 성광문화사, 1994), p. 276.

44) (마 16:4)

45) 심리검사의 일종으로 사람의 심리 유형을 9가지로 나누고 있으며, 가장 이상적인 인간을 이 아홉 가지 모두가 다 개발이 되어 골고루 기능하고, 확장되어진 사람으로 본다.

46) (히 11:25) 도리어 하나님의 백성과 함께 고난받기를 잠시 죄악의 낙을 누리는 것보다 더 좋아하고.

47) Donald G, Bloesch, 이승구 역, 앞의 책, p. 189.

48) 같은 책

49) Martin Luther, Preface to the Complete Edition of Luther's Latin Works(1545), Translated by Bro. Andrew Thornton.

50) John Wesley, The Joural of John Wesley, Percy Livingston Parker 편집 : 존 웨슬리의 일기, 김영운 역, (서울 : 크리스천 다이제스트, 1984), p. 72.

51) 박종구 편, 스퍼전 목사의 생애, (서울 : 신망애 출판사, 1977), pp. 63-64

52) Donald G, Bloesch, 이승구 역, 앞의 책, p. 207.

53) Paul Althaus, Die Theologie : 마르틴 루터의 신학, 구영철 역, (서울 : 성광문화사, 1994),

p. 99. 『신앙이 늘어나면 늘어날수록 느낌은 더 많이 그리고 다시금 줄어든다』
54) Donald G, Bloesch, 이승구 역, 앞의 책, p. 205.

: 제 9 장 :

1) 추태화, 21세기 기독교 인문학의 전망, (서울 : 기독교연합신문사, 2001), p. 246.
2) 같은 책, p. 248.
3) Henry R. Van Til, The Calvinistic Concept of Culture : 칼빈주의 문화관, 이근삼 역, (부산 : 성암사, 1977), p. 88. 『어거스틴은 인간과 사회를 구원할 그러한 문화가 있다고 믿는 문화적 낙관주의자도 아니었고, 동시에 터툴리안처럼 문화가 단순히 이교에서 기원하였고 그것과 관계를 가졌기에 모든 형태의 문화를 정죄하는 식의 문화적 비관주의자도 아니었다. 어거스틴은 기독교의 원리가 인간이 문화적 노력에서 쟁취한 성과에 스며들어야 하고 그것을 변화시켜야 한다고 주장한다』
4) 같은 책, p. 356.
5) Leland Ryken, Woldly Saints, (Grand Rapid : Zondervan Pub, 1986), p. 149.
6) (사 1:3)
7) (삼하 12:7)
8) (마 23:37)
9) (마 15:27)
10) 김지찬, 언어의 직공이 되라, (서울 : 생명의 말씀사, 1997), p. 355.
11) 같은 책, pp. 355-6.
12) 같은 책, p. 356
13) (행 17:28)
14) Carsten Peter Thede, Christliches Studium heute, Beitraege zu einer aktullen Diskussion, 독일Bielefeld 기독학생모임 역, (서울 : CUp. 1991), p. 260.
15) (고전1:17-25)
16) 김지찬, 앞의 책, p. 355.
17) 『물론 성경의 문자적 해석에 대해 냉소주의를 가져서 안될 이유는 종교개혁의 성과 중 하나이기 때문이다. 이 문자적 해석은 한 단어에 한 뜻 만 있다는 문자주의로서, 중세의 네 가지 해석법과 비교되며, 풍유적 난해 해석에서 건져 주었다. "문자적 해석의 원리는 중세시대에 흔히 사용되었던 방법인 '4중적 성경해석 방법'(quadriga)에 종말을 고하도록 하는데 그 의도가 있었는데 이 방법은 성경의 각 구절에서 네 가지 독립된 의미, 즉

문자적, 도덕적, 우화적, 유추적 의미를 찾으려 했던 방법이다. 이 방법들은 본문을 지나치게 우화적으로 해석하거나 혼미하게 만들었다. 반면에 Sensus Literalis는 성경의 단순한 의미를 찾고 한 가지 의미에 초점을 맞추자는 시도였다. 비록 한 본문에 수많은 적용이 있지만 바른 의미는 하나뿐이다. 문자적 해석은 문자적-역사적 해석법과도 밀접한 관계를 가지고 있다. 이 방법은 성경이 기록된 역사적 정황에 초점을 맞추고 성경본문의 문법적 구조에 깊은 관심을 가진다. 넓게 말하자면 성경도 다른 책들과 마찬가지로 해석되어야 한다는 것으로, 적어도 그 부분에 있어서는 계시적인 특성이 다른 책들과 구별되이 취급되도록 하지 않는다는 것이다(칼빈이 성경을 하늘에서 내려 준 것 처럼 받는다 하더라도). 즉 간단히 말하면 다른 책들처럼 읽어야 한다는 것이다. 성경에서도 동사는 동사이고, 명사는 명사이기 때문에 일반적인 문학적 구조를 적용시킬 수 있다.』 R.C. Sproul, Grace Unknown -The Heart of Reformed Theology : 개혁주의 은혜론, 노진준 역, (서울 : 기독교문서선교회, 1999), p. 62 .

『성경과 관련된 종교개혁의 업적 중 하나는 "성경의 문자적 해석에 대한 원리이다. 이 개념이 단순하고 딱딱한 직해주의(Literalism)와 동일시되어서 많은 심각한 오해를 불러 일으키지만 Sensus Literalis라고 불리는 실제 원리는 성경을 원래 쓰여진 방식대로 해석해야 한다는 것이다. 문자적이란 성경의 문학적 형태를 가리킨다. 루터가 이에 관해 다음과 같이 언급한 바 있다. "분명한 문맥적 상황이나 믿음의 신조가 요구하는 것을 방해하는 어리석은 것이 아니라면 그 어떤 결론이나 수사적 표현도 성경에 허용되어서는 안 된다. 반면에 우리는 어디에서나 그 말씀의 단순하고, 순수하고, 자연스러운 의미를 수용해야 하는데, 이는 하나님께서 인간에게 주신 화법(usus loquendi)과 문법에 따라 행해진다. 만일 모든 사람이 자신의 일시적인 생각에 따라 결론과 수사학적 표현을 창출해 낸다면… 사람들이 수사학적 기법에 의해 전혀 오류를 발견해 낼 수 없는 신조를 확실하게 결정하고 증명할 수 없게 될 것이다. 오히려 우리는 성경이 그 구절에서 말하지 않는 모든 상징적인 언어들을 위험한 독으로 여겨 피해야 할 것이다."』R.C. Sproul, Grace Unknown -The Heart of Reformed Theology : 개혁주의 은혜론, 노진준 역, (서울 : 기독교문서선교회, 1999), pp. 61-62.

『개혁주의 성경해석의 열쇠를 쥔 칼빈의 문자주의적 성경 해석 배경은 고전적 인문주의의 산물이었다. 즉 이는 "참된 의미"를 찾으려는 르네상스 학자들의 바램과 일맥상통한 것이었다』Joseph Haroutunian, Calvin Commentaries, 칼빈의 조직신학 해석, 이창우 역, (서울 : 기독교문화사, 1986), p. 31.

18) (요 2:7)
19) (단 9:24)

20) (계 13:16-18)
참조, 이상규, 윌리엄 밀러의 그리스도 재림론, 「유사종교연구, 총회유사종교 연구위원회 편」(부산 : 대한예수교장로회총회출판국, 1993), pp. 114-124 ; 125-137.
21) 김지찬, 앞의 책, p. 355.
22) 같은 책, p. 357-358.
23) 같은 책, p. 357.
24) Frank Vanden Berg, Abraham Kuyper : 수상이 된 목사 아브라함 카이퍼, 김기찬 역, (서울 : 도서출판 나비 1991), p. 22.
25) (눅 1:28-35)
26) (눅 1:46-55)
27) (삼상 2:1-10)
28) (계 5:9-14)
29) 김의작, 교회음악사, (서울 : 세종문화사, 1980), p. 21.
30) 같은 책, p. 24.
31) 같은 책, p. 23.
32) 같은 책, p. 24
33) Timothy George, Theology of reformers : 개혁자들의 신학, 이은선 피영민 역, (서울 : 요단출판사, 1994), p.272.『칼빈도 찬양에 있어 가사의 의미보다 곡조에 더 관심을 기우려서는 안된다 고 했습니다.』
34) 김의작, 앞의 책, p. 187.
35) 같은 책, pp. 169-170.
36) (삼상16:23)
37) Harvey Cox, Fire from Heaven : 영성음악여성, 유지황 역, (서울 : 도서출판 동연), pp. 229- 330.
38) 클래식 뉴에이지 음악『뉴에이지 음악으로 편곡되는 가장 많은 클래식은 인상주의 음악임. 인상주의 음악은 이전에 형식적이고 논리적인 것에 반해 직관과 감정을 중요시함. 클래식 음악 가운데 뉴에이지 사상을 가지고 만들어진 것으로, 모짜르트, 베에토벤, 힘멜, 타스킨등이 있다. 역시 찬송가로 쓰이는 하이든의 음악도 마찬가지이다. '볼프강 아마데우스 모짜르트' 같은 천재성을 가진 인물로 그 당시 '핫 이슈(Hot Issue)' 였던 신비주의 단체 프리메이슨에 매료되어 그의 아버지와 같이 가입하였으나, 결국 그는 영화에서처럼 '살리에르' 가 아닌 프리메이슨의 결탁에 의해서 암살되었다는 것은 결코 낭설이 아니라는 것을 대변하여 주고 있다. 톰 헐스가 주연하였던 1980년 중반의 아카데미

상(오스카상) 수상작인 '아마데우스'에서 우리는 톰 헐스의 천박한 웃음속에 그가 살리에르에 의해 죽었다는 암시적인 세뇌에 걸려들게 될 것이다. 헐리우드가 누구의 소유인가를 잘 생각해본다면 답은 나오게 되어 있다… 소위 태교음악으로 김X향씨의 음악이나 모차르트의 '쾨헬' 시리즈를 감상하는 것을 금하기를 원한다. 굳이 찬송가라는 매우 훌륭한 음악이 있는데 다른 것을 감상의 도구로 삼는다는 것은 프리메이슨들의 걸작인 'TV'를 '영웅(에로이카, Eroica)'으로 모시는 것과 다를 바 없다는 것이다. '마술피리'의 '밤의 여왕'의 아리아 부분은 우리에게 매우 잘 알려져 있는데 과거 10여년전 유럽에서 선풍적인 록오페라의 열기를 내뿜었던 '키메라(김홍희 씨)'에 의해서 세상의 관심이 되었었는데 그때 그녀가 불렀던 바로 그 곡의 TV광고가 매우 선풍적인 반향을 일으켜서 심지어는 코미디언들까지 그의 흉내를 내며 모짜르트를 자랑하였던 것이다. 6옥타브의 끔찍할 정도의 전율의 목소리를 가지고 있는 그녀의 음색은 과연 매혹적이리 만치 흡입력이 있었다. 또한 그녀의 키메라(그리스 신화의 '괴물' 이름)라는 예명만큼이나 독특하고 화려한 분장. 그리고 세계를 빛낸 한국인이라는 포인트 그리고 88올림픽이라는 시점이 [밤의 여왕]을 더욱 빛내게 하였다. 몇 년전에는 프랑스 에펠탑 앞에서 그 유명한 조수미씨가 똑같이 정말 기묘하게 연출된 화려한 복장과 화려한 야외 무대 속에서 바로 이 [밤의 여왕]을 [밤]에 화려하게 불렀다. 이 [밤의 여왕은 바로 그 유명한 큰 바벨론인 것이다. '큰 바벨론'이 누구인지 '성경' 그대로 믿는 사람들은 잘 알고 있다. 이 음악은 적그리스도가 오스트리아나 프랑스를 방문할 때 '프롤로그'나 '피날레' 곡으로 펼쳐지기에 매우 좋은 곡이 아닌가!』 낮은 울타리 참조.

39) 오늘날 이러한 뉴에이지 음악가 중 대표적인 인물이, 'May It Be', 'Marble Halls' 등으로 잘 알려진 아일랜드 여가수 「Enya」입니다.

40) 뉴에이지 음악의 영적 특징. 『신비로운 분위기를 나타내려고 애쓴다. 뉴에이지 음악의 신비스러움은 악기 뿐 아니라 명상을 통해 만들어진다. 오쇼 라즈니쉬의 말에 의하면, 음악 속에 명상이 없다면 음악가는 단순한 테크니션에 지나지 않는다. 그 음악가는 위대한 테크니션은 될 수 있어도 음악 속에 영혼을 담을 수는 없다. 음악가가 깊은 명상가일 때 영혼은 음악을 통해 흘러 나온다. 뉴에이지 음악가들은 명상 뿐 아니라 전인치료, 우주적인 각성, 채널링의 중요성을 공 식적으로 중요시하고 있다. 뉴에이지 음악은 유난히 자연을 강조하며, 태교를 강조한다. 일반 록음악에서 리듬이 강한 것과는 대조적으로 선율을 강조한다. 록음악이 포르테를 강조하는 반면 뉴에이지 음악은 피아노(여리게)를 강조한다. 록음악이 많은 장비와 악기의 조합으로 이루어져 있는 데 반해 독주나 실내악이 주종을 이룬다. 제목이나 가사에서 기독교적 냄새를 풍기는 게 많다. 뉴에이지의 명상음악은 1964년 토니 스콧이 선을 명상하기 위한 음악을 비롯, 스티브 핼펀,

폴 혼 등에 의해 하나의 실험음악으로 시작함. 명상, 요가와 같은 동양 종교의 자아 각성, 잠재력 개발의 방법들에 빠져있던 초기 뉴에이지 음악가들이 음악을 하나의도구로 사용하기 위해 만들어 낸 것. 1976년 윈댐 힐 레이블이 설립되면서 체계화됨. 1980년 히피 명상가인 조지 윈스턴의 디셈버의 폭발적 판매에 의해 크게 주목받기 시작함. 비틀즈, 산타나, 알란 파슨즈 프로젝트(록), 스티브 바이(헤비메탈), 조지아 켈리(클래 식), 에이스 오브 베이스 (레게), 존 덴버(컨츄리), 조지 해리슨(록)등이 있다. 뉴에이지 송의 용도는 뉴에이저들의 수행시, 뉴에이저들간의 독특한 대중문화 형성시, 일반대중에게 다가서기 위해서 만들었고, 명상용으로도 만들었다. 비틀즈의 멤버였던 조지 해리슨의 'My sweet lord는' 주님' 과 '할렐루야' 로 시작되어 '하레 크레쉬나' 로 끝나는 기막힌 뉴에이지 송 임.』— 본 자료는 '낮은울타리' 에서 발췌한것임.

41) 김의작, 앞의 책, p. 172.
42) 같은 책
43) 이관직, 현대교회의 예배문화 : 한국교회의 갈길과 교회 문화「한국교회 연구시리즈8」(총신대학교 부설한국교회문제연구소: 여수룬, 1996), p. 181.
44) 같은 책, p. 84.
45) 김의작, 앞의 책, p. 219.
46) 같은 책, p. 172.
47) 『아시시의 프란시스(Francis of Assisi)에게서 왔을 가능성이 있는 문단에서 칼빈은 "자연 계시"를 대단히 기뻐했다. "노래하는 작은 새들은 하나님을 노래한다. 짐승들도 하나님을 극성스럽게 요구한다. 폭풍우가 그를 두려워한다. 산들이 그를 반향한다. 샘들과 흐르는 물들이 그를 흘긋 쳐다본다. 그리고 풀과 꽃들이 그 앞에서 웃는다."』 Timothy George, Theology of reformers : 개혁자들의 신학, 이은선 · 피영민 역, (서울 : 요단출판사, 1994), p. 230.
참조, 『자연친화성이 사람들의 보편적인 속성이지만 정도의 차이는 있습니다. 예컨대 사교적이고 인화적인 사람은 자연 속에 홀로 있기보다는 대중 속에 있기를 좋아합니다. 이런 사람은 기도도 일상에서 떠나, 고립된 공간 속에서보다는 현장성 있는 삶의 터전에서 더 잘 합니다. 따라서 자연친화성을 영성의 본질과 연계시켜서는 안되겠습니다.』
48) 『안디옥은 로마와 알렉산드리아 다음으로 로마 제국의 세 번째 수도이며, 특히 동방의 수도이다. 이 곳은 거의 수리아와 소아시아의 해변선이 마주쳐서 형성된 모서리 각에 위치하므로 남쪽의 유대에서 서방 국가로 나아가는 선교사들의 자연스러운 작업 센터로 제시되어진다… 로마 제국 지배하의 수리아 지역 수도이며, 그 통치자의 거주지이며, 공용어는 라틴어이며 많은 로마 사람들이 그곳에 모여 살았다… 수리아의 안디옥에서 모든 이방인 교회의 모교회인 위대한 선교사 회중을 기초한 하나님의 지혜가 놀랍

다. 이 교회의 영광과 영향은 사도행전의 역사가 막을 내린 뒤에도 오랫동안 계속되었다. 이곳에서 위대한 사람들이 많이 배출되었는데, 순교자인 루시안, 변증학자 데오필루스(Theophilus), 황금의 입을 가진 설교자 크리소스톰, 그 외 많은 사람들이 있다.』 T. Walker, Missionary Ideals Studies in The Acts of The Apostles, Edited by David C.. Watson, 선교의 이상, 고영회 역, (서울 : 개혁주의 신행협회, 1982), pp. 37-38.
참조, ① 『피터 와그너는 고린도의 도시적 죄악상을 복음의 씨가 자랄 수 있는 준비로 보았다.』 C. Peter Wagner, Effective Body Building : 효과적인 교회성장, 권달천 역, (서울 : 생명의 말씀사, 1982), pp. 13-18. ,② Harvie M. Conn, Theological Perspectives On Church Growth : 교회성장의 신학, 김남식 역, (서울 : 성광문화사, 1981), pp. 103-106.
49) 추태화, 앞의 책, p. 243.
50) (잠 6:6-8)
51) (욥 39:13-16)
52) (렘 2:24)
53) (시 104:18)
54) 참조, 이영제, 성경지명사전, (서울 : 한국컴퓨터 선교회, 1996)
55) (눅 21:37)
56) 『20세기 후반 센트마이어(H. Paul Santmire), 몰트만(Jurgen Moltman)의 성령중심의 자연관 곧 하나님의 영의 만물 내재 신학(내려감 신학- 카타바스), 그리고 예수 그리스도는 인간의 구원자임과 동시에 온 물질적인 세계의 구원자이며, 인간의 구원을 그 자신의 영육의 문제를 포함한 주변의 사회와 세계, 나아가 전 피조물로 구성된 우주와 긴밀히 연관된 총체적인 구원 개념으로서의 샬롬 신학(우주적 구원), 에베소서 2:8절의 만물의 충만 개념을 종합한 신학 개념을 바탕으로 하고 있으며, 하나님의 형상으로서의 인간 개념이 하나님 형상 아닌 자연을 지배할 수 있다는 지배 아날로기(어거스틴, 토마스 아퀴나스 사상)가 되서는 안된다는 입장에서 자연을 인간을 위한 일반적 착취 대상으로 보지 않고 자연의 고유가치를 인정함.』 노영상, 미래신학으로서의 생태신학 : 「21세기의 도전과 기독교 문화」, 통합윤리학회 편, (서울 : 예영커뮤니케이션, 1999), pp. 64-84.
57) (롬 1:20)
58) 참조, 정 미현, 바르멘선언 제 1항 과의 관련성 속에서 본 자연신학의 문제, (조직신학논총 1집 : 1995년).
59) 『하늘이 하나님의 영광을 선포하고 궁창이 그 손으로 하신 일을 나타내도다』
60) (욥 31:28)
61) J. A. Comenius, 대교수학, 정확실 역, (서울 : 교육과학사), p. 232. 『우리는 모든 창조물 속에서 그의 신성의 증거를 발견하므로써 하나님을 찾는다』

62) 권호덕, 종교개혁 신학의 내포적 원리, (서울 : 솔로몬, 1998), p. 282.
63) 추태화, 앞의 책, p. 215.
64) 찬송가 75장
65) 프란치스꼬회 한국관구, Floretti Di San Francesco : 성 프란치스꼬의 잔 꽃송이, (대구 : 분도출판사, 1980), pp. 65-67, 132-135. 『프란시스는 자연을 하나님 계시의 중심에 두었고, 자연을 형제 자매라 부르며 평생을 자연과 벗하며 살았다. 그는 새들과 물고기들에게도 설교했으며, 그가 설교를 마칠 때 까지 그것들이 꼼짝하지 않았다고 한다.』
66) 유해룡, 하나님체험과 영성수련, (서울: 장로회신학대학교 출판부, 1999), p. 101.
67) 시조사, 가정과 건강, (서울 : 시조사, 1950), pp. 31-37.
참조, 박영관, 이단종파비판, (서울 : 기독교문서선교회, 1980), p.236, 안식교가 자연계 창조일로서의 제7일 안식일에 집착할 만큼 자연계를 중시하는 것은 안식교 창시자 윌리엄 밀러가 자연신론주의자였기 때문으로 보인다.』
68) 유해룡, 앞의 책, p. 101.
69) (눅 5:16)
70) (막 4:34)
71) (창 24:63)
72) 참조, W. Phillip Keller, Wonder o' the Wind, (waco : word book pub, 1982).
73) 『메이천은 자신의 자연사랑은 유전적이고, 자연은 당시의 삭막한 교회 현실에서의 도피처였다고 밝혔다. "어머니는 자연을 그 자체의 더욱 장엄한 측면에서 사랑했습니다. 그리고 그는 숲과 들판의 무한한 달콤함을 사랑했습니다. 나는 아마도 어머니로부터 이런 유산을 받아서, 때로는 이 세상의 심장 없는 기계류로부터, 그리고 동일하게 아마 슬프게도, 명목상은 그리스도께 바쳐졌다고 하는 심장없는 기계와 같은 교회 조직으로부터도 때때로 도피하여, 산 언덕배기의 친절함을 의지하여 나의 심령을 새롭게 하는 것을 알아갔습니다.』 (서울 : 총신대학교출판부, 1999), PP.60-61.
74) 『John Stott, Birds Our Teachers[Essay In Orni - Theology] : 새 우리들의 선생님, 이기반 역, (서울 : IVP, 2001)』.
75) (창 1:28)땅을 정복하라 바다의 고기와 공중의 새와 땅에 움직이는 모든 생물을 다스리라 하시니라
76) Paul Marshall, Heaven Is Not My Home - Learning to Live in God's Creation : 천국만이 내 집은 아닙니다, 김재영 역, (서울 : 한국기독학생회출판부, 2000), p. 146.
77) 같은 책, p. 149.
78) 찬송가 301장

참고 문헌 목록

Can Seven Words Change Lives? 「Science Studies the Jesus Prayer」, (Spirituality & Health Magazine, Issue: Winter 1999)

Allen Carden, Puritan Christianity in America,(Grand Rapid : Baker Book House, 1990)

A. W. Tozer, The Best of A. W. Tozer,compiled By Wiersbe, (Grand Rapid : Baker Book House, 1978)

Arthur. W. Pink, Exposition of the Gospel of John, (Grand Rapid : Zondervan Pub,1975)

------------, Practical Christianity, (Grand Rapid : Baker Book House, 1974)

Archibald Rutledge, Peace In The Heart, (Garden City : Doubleday, Doran & Company, Inc, 1931)

Benjamin B. Warfield, Biblical And Theological Studies「The B. B. Warfield Collection」(Philadelphia : Presbyterian and Reformed Pub, 1968)

Cornelius, Van Till, An Introduction To Sysyematic Theology, (Phillipsburg : PresbyterianAnd Reformed Pub, 1974)

Ernest. Kevan F,The grace of Law : A Study in Puritan Theology, (Grand Rapid :Baker Book House, 1993)

John. R. Rice, Prayr- Asking and Receiving, (Murfreesboro : Sword of The Lord Pub,1972)

Joseph Exel, Biblical Illustrator, Vol 21,(Grand Rapid : Baker Book House)?

Horatius Bonar, GOD'S WAY OF PEACE : A Book for the Anxious, (Richmond :Prebyterian Committee of Pub, 1861)

------------, Only Jesus[Pamphlet]

Iain Murray, The Life of Arthur. W. Pink, (Aylesbury : Banner of Truth, 1981)

Isaac Ambrose, Looking Unto Jesus, (Harrisonburg : Sprinkle Pub, 1986)

Leland Ryken, Woldly Saints, (Grand Rapid : Zondervan Pub, 1986)

Ludger Holscher, The Reality of Mind, (New York : Routledge & Kegan Paul, 1986)

Louis Berkhof, Systematic Theology, (Grand Rapid : Eerdmans Pub, 1949)

Martin Luther, A Treatise On Good Works[Pamphlet], (Philadelphia : A. J. Holman Company, 1915)

, Preface to the Complete Edition of Luther's Latin Works(1545)[Pamphlet],Translated by Bro. Andrew Thornton.

Can Seven Words Change Lives? 「Science Studies the Jesus Prayer」, (Spirituality &Health Magazine, Issue: Winter 1999)

W. Phillip Keller, Wonder o' the Wind, (waco : word book pub, 1982)

강영계, 기독교 신비주의 철학, (서울 : 삼문출판사, 1986)

강은교 외, 나는 왜 문학을 하는가, (서울 : 문학사상사, 1993)

고용수 외, 기독교 교육개론(상), (서울 : 한국장로교 출판사, 1996)

고재수(N. H. Gootjes), 성령으로서의 세례와 신자의 체험, (서울 : 개혁주의 신행협회, 1989)

권호덕, 종교개혁 신학의 내포적원리, (서울 : 솔로몬, 1998)

김경재, 문화신학 담론, (서울 : 기독교서회, 1997)

김성수, 「한상동 목사와 기독교교육」, 제 4회 한상동 목사 기념 강좌, (부산 : 고신대학교, 2000)

김영태, 신비주의와 퀘이커 공동체, (서울 : 인간사랑, 2002)

김의작, 교회음악사, (서울 : 세종문화사, 1980)

김지찬, 언어의 직공이 되라, (서울 : 생명의 말씀사, 1997)

김 진, 침묵의 영성(김진의 영성 이야기2), (서울 : 엔크리스토, 2003)

나원용, 전도는 이렇게, (서울 : 기독교서회, 1991)

노영상, 미래신학으로서의 생태신학 :「21세기의 도전과 기독교 문화」, 통합윤리학회 편, (서울 : 예영커뮤니케이션, 1999)

대한성서공회, 개역판 성경

류기종, 기독교 영성, (서울 : 도서출판 열림, 1994)

마광수, 카타르시스란 무엇인가, (서울 : 철학과 현실, 1997)

무명의 그리스도인, 행복한그리스도인, 안보현 역, (서울 : 생명의말씀사, 1997)

무명의 순례자, 순례자의 길, 엄성옥 역, (서울 : 도서출판 은성, 1999)

민경배, 한국기독교회사, (서울 : 기독교서회, 1972)

지원용, 루터선집 제12권, (서울 : 컨콜디아사, 1989)

박영관, 이단종파비판, (서울 : 기독교문서선교회, 1980)

박영호, 씨알: 多夕 柳永模의 生涯와 思想, (서울 :弘益齋, 1985)

박윤선, 성경신학, (서울 : 영음사, 1981)

박종구 편, 스펴젼 목사의 생애, (서울 : 신망애 출판사, 1977)

변종길, 화란 개혁 교회의 영성과 경건 -Gisbertus Voetius를 중심으로- (사랑의 교회, 성경신학회 발표 논문, 2000)

성기조, 문학이란 무엇인가, (서울 : 한국문화사, 1997)

성 프란시스 한국교구, Floretti Di San Francesco : 성 프란시스의 잔꽃송이, (대구 : 분도출판사, 1980)

손원영,「철학과 교육학에서의 영성」(팜플렛 : 2001)

시조사, 가정과 건강, (서울 : 시조사, 1950)

심창섭,「종교개혁자들의 영성과 건전한 영성을 위한 원리들」, (팜플렛 : 2001)

안영복, 성령론의 바른 이해, (서울 : 기독교문서선교회, 1987)

안점식, 세계관을 분별하라, (서울 : 죠이선교회 출판부, 2000)

영국의 작은 설교자, 주여 기도를 가르쳐 주옵소서, (서울 : 도서출판 엘멘)

양금희, 마틴 루터의 교육사상 : 기독교교육 논총(서울: 한국기독교교육학회, 1996),

유해룡, 하나님체험과 영성 수련, (서울 : 장로회신학대학교 출판부, 1999)

유해무, 기도·은혜의 방편, 「개혁신학과 교회 제9호」(부산 : 고려신학대학원, 1999)

이관직, 현대교회의 예배문화 : 한국교회의 갈길과 교회 문화「한국교회 연구시리즈 8」(총신 대 학교 부설한국교회문제연구소 : 여수룬, 1996)

이상규, 윌리엄 밀러의 그리스도 재림론, 「유사종교연구, 총회유사종교 연구위원회 편」(부 산 : 대한예수교장로회총회출판국, 1993)

이수영, 한국교회의 영성 이해, 「창조적 목회와 성경 해석」, 숭실대학교 부설 한국기독교 문화연구소 편, (서울 : 숭실대학교 출판부, 1998)

이영제, 성경지명사전, (한국컴퓨터 선교회, 1996)

이환봉, 한상동 목사와 신학교육, 제4회 한상동 기념강좌, (부산 : 고신대학교, 2000)

정 미현, 바르멘선언 제 1항 과의 관련성 속에서 본 자연신학의 문제, (조직신학 논총 1집, 1995년)

정일웅, 기독교신앙의 가르침, 편저(서울 : 도서출판 풍만, 1987)

지원용, 루터와 종교개혁, (서울 : 컨콜디아사, 1975)

총회출판부, 웨스트민스터 신앙고백서 제 5장 4항, (서울 : 양문출판사, 1989)

최 영, 「칼 바르트의 신학에서 그리스도와 문화」(2001)

최정만, 칼빈의 선교사상, (서울 : 기독교문서 선교회, 1999)

최형걸, 「기독교영성에 대한 이해」, (팜플렛 : 2001)

추태화, 21세기 기독교 인문학의 전망, (서울 : 기독교연합신문사, 2001)

한영제 편, 한국기독교 인물 100년, (서울 : 기독교문사, 1987)

Alister E, McGrath, Passion for Truth - The Intellectual Coherence of Evangelcalism : 복음주의와 기독교, 김선일 역, (서울 : IVP. 2001)

Arthur. W. Pink, Cleanings From Paul : 바울의 기도 연구, 서문강 역, (서울 : 생명의 말씀사, 1983)

Arthur. W. Pink. The Holy Spirit : 성령론, 배정웅 역, (서울 : 도서출판 풍만, 1987)

--------------. Letters of Arthur. W. Pink : 핑크 서간문, (서울 : 도서출판 풍만, 1984)

--------------. The Sovereignty of God : 하나님의 뜻대로, 김진홍 역, (서울 : 한국개혁주의신행협회, 1971)

Aurelius, Augustine, 명상록, 성염 역, C 크레모아 편집, (서울 : 성바오로 출판사, 1991)

Berkhof & Van Til, Foundations of Christian education : 개혁주의 교육학, 이경섭 역, (서 울 : 기독교 문서선교회, 1994)

Bernhard Lohse, MARTIN LUTHER AN INTRODUCTION TO HIS LIFE AND WORK : 루터연구 입문, 이형기 역, (서울 : 크리스챤다이제스트, 2000)

C. H. Spurgeon, Sermons On Revival : 스펄전의 부흥의 열망, 송용자 역, (서울 : 지평서원, 2001)

C. H. Spurgeon, GRACE ABOUNDING BELIEVERS LIFE : 믿는 자의 삶에 나타난 넘치는 은혜, 김원주 역, (서울 : 예수전도단, 1997)

, The Glory of Christ : 그리스도의 영광, 서문 강 역, (서울 : 지평서원, 1996)

C. Peter Wagner, Effective Body Building : 효과적인 교회성장, 권달천 역, (서울 : 생명의 말씀사, 1982)

Carsten Peter Thede, Christliches Studium heute, Beitraege zu einer aktullen Diskussion, Conrad Cherry, The Theology of Jonathan Edwards - A Reappraisal : 조나단 에드워즈 신학, 주도홍 역, (서울 : 이레서원, 2001) 독일 Bielefeld 기독학생모임, (서울: CUp. 1991)

C. S. Lewis, 신앙생활을 풍요롭게 하는 지혜, 박재천 역, (서울 : 기독태인 문화사, 1994)

Cornelius Van Til, Psychology of Religion : 종교심리학, 위거찬 역, (서울 : 기독교 문서선교회, 1991)

Dallas Willard, The Spirit of The Disciplines : 영성훈련, 엄성옥 역, (서울 : 은성출판사, 1993)

Donald G. Bloesch, Wellsprings of Renewal : 세계의 예수 공동체, 김현진 역, (서울 : 도서출판 務實, 1991)

--------, The Ground of Certainty : 신학서론, 이승구 역, (서울 : 도서출판 엠마오, 1986)

Donald Macleod, The Spirit of Promise : 성령세례와 개혁주의 성령론, 지상우 역, (서울 : 여수룬, 1988)

Donald S. Whitney, Spiritual Disciplines For The Christian Life : 영적 훈련, 조성동 역(서울 : 네비게이토 출판사, 1997)

E . S Moyer, 인물중심의 교회사, 곽안전·심재원 역, (서울 : 기독교서회, 1980)

Erich Sauer, The Triumph of The Crucified : 십자가의 승리, 권혁봉 역, (서울 : 생명의 말씀사, 1972)

Francois Wendel, 칼빈 - 그의 신학사상의 근원과 발전, 김재성 역, (서울 : 크리스챤 다이제스트, 1999)

Frank Vanden Berg, Abraham Kuyper : 수상이 된 목사 아브라함 카이퍼, 김기찬 역, (서울 : 도서출판 나비, 1991)

George M. Marsden, Understandin Fundermentalism and Evangelicalism : 미국의 복음주의와 복음주의 이해, (서울 : 성광문화사, 1992)

Gillian R. Evan; Alister E. McGrath; Allan D. Galloway, The History of Christan Theology. The Science of Theology : 기독교 사상사, 서영일 역, (서울 : 기독교문서선교회, 1994)

Gordon H. clark, What Do Presbyterian Believe : 장로교인들은 무엇을 믿는가, 나용화 역, (서울: 한국개혁주의 신행협회, 1985)

Gordon MacDonald, Ordering Your Private World : 내면세계의 질서와 영적 성장 홍화옥 역, (서울 : 한국기독학생회 출판부, 1990)

Green Edward Veith Jr, Reading Between the Lines : 그리스도인에게 문학의 역할은 무엇인가, 김희선 역, (서울 : 나침반사, 1994)

G. I. Williamson, Westminster Confession of Faith : 웨스트민스터 신앙고백서강해, 나용화 역, (서울 : 개혁주의신행협회, 2003)

Harvey Cox, 영성 음악 여성, 유지황 역, (서울 : 도서출판 동연, 1996)

Harvie M. Conn, Theological Perspectives On Church Growth : 교회성장의 신학, 김남식 역, (서울 : 성광문화사, 1981)

Henry R. Van Til, The Calvinistic Concept of Culture : 칼빈주의 문화관, 이근삼 역, (부산: 성암사, 1977)

Henry. W. Corey, J. Gresham Machen : 잔 그래스팸 메이천, 김길성 역, (서울 : 총신대학교 출판부 1999)

Horton Davies, The Worship of The American Puritans, 1629-1730 : 청교도 예배, 김석한 역, (서울 : 기독교문서선교회, 1999)

Howard L. Rice, Reformed Spirituality : 개혁주의 영성, 황성철 역, (서울 : 기독교문서 선 교회, 1995)

Horatius Bonar, Follow the Lamb : 어린양을 따라서, 이강진 역

Horatius Bonar, God's Way of Holiness : 거룩한 길로 나아가라, 이태복 역, (서울 : 지평서원, 2002)

Horatius Bonar, The Everlasting Righteousness : 내게는 영원한 의가 있다, 송용자 역, (서울 : 지평서원, 2003)

Jessie Penn-Lewis, War on the Saints : 사단은 성도를 어떻게 속이는가, 전의우 역, (서울 : 기독교문서선교회, 2000)

John. A. Comenius, The Great Didactic : 대교수학, 정확실 역, (서울 : 교육과학사)

Jonathan Edwards, On Knowing Christ : 그리스도를 아는 지식, 서문강 역, (서울 : 지평서원, 1994)

J. B. Williams, Menoirs Of The Life Character, and Writings of The Matthew Henry : 메튜 헨리, 이종기 역(서울 : 세종문화사, 1979)

John Calvin, 신약성경주석 Vol 6, 존 칼빈 성경주석출판위원회 역, (서울 : BSMp. 1980)

John Dillenberger, 루터저작선, 이형기 역, (서울 : 크리스챤 다이제스트, 1994)

John M. Frame, The Doctrine of God(A Theology of Lordship) : 기독교적 신지식과 변증한, 문석호 역, (서울 :은성출판사, 1989)

John Flavel, Keeping the Heart : 마음, 참된 성도의 마음, 이태복 역, (서울 : 지평서원,1999)

John Owen, On Spiritual Mindeness : 영적 사고방식, 서문강 역, (서울 : 청교도신앙사, 1998)

J. I. Packer, Among God's Giant - Aspects of Puritan Christianity : 청교도 영성, 박영호 역, (서울 기독교문서선교회, 1992)

John Stott, Birds Our Teachers[Essay In Orni - Theology] : 새, 우리들의 선생님, 이기반 역, (서울 : IVP. 2001)

John Wesley, The Joural of John Wesley, Percy Livingston Parker 편집 : 존 웨슬리의 일기, 김영운 역, (서울 : 크리스챤 다이제스트, 1984)

Jonathan Edwards, 기독교 중심, 이태복 역, (서울 : 개혁된 신앙사, 2000)

J. Ellul, La Subversion Christianisme : 뒤틀려진 기독교, 쟈크엘룰번역위원회 역, (서울 : 도서출판 대장간, 1990)

--------------, 기도와 현대인, 윤종석 역, (서울 : 두레시대, 1993)

Joseph Haroutunian, Calvin Commentaries, 칼빈의 조직신학 해석, 이창우 역, (서울 : 기독교문화사, 1986)

Kerr, Hugh T. 루터신학 개요, 김영한 편역, (서울 : 대한예수교장로회총회출판국, 1991)

Leroy Koopman, Beauty Care for The Tongue : 혀를 아름답게 가꾸기, 라형택 역, (서울 : 도서출판 로고스, 1999)

Lawrence O. Richards, A Practical Theology of Spirituality : 신앙성숙과 영성훈련, 지상우역, (서울 : 여수룬, 1991)

Martin Buber, Ich und Du : 나와 너, 표제명 역, (서울 : 문예출판사, 1998)

Martin Luther, 루터 선집 제 12권「의사전달자」, 지원용 감수, 편집, (서울 : 컨콜디아사,1989)

Merton, Thomas, Mistics and Zen Masters : 신비주의와 선의 대가들, 이영주 역, (서울 :고려원미디어, 1994)

Michael Eaton, Baptism With Holy Spirit Teaching of Martin Lloyd Johns : 로이드 존스와 성령 세례, 기동연 역, (부산 : 고신대학원 학우회)

Michael Wells, Sidetracted in the Wildernedd : 영적 자기진단과 치료, 김순기 역, (서울 : 크리스챤서적, 1993)

Milton D Hunnex, Chronological and Thematic Charts of Philosophies and Philosophers : 철학요해, 박혜경, 박찬호 공역, (서울 : 아가페문화사, 1992)

Moody, Dwight Lyman Secret power : 무디의 능력의 비결, 정명신 옮김, (서울 : 생명의 말씀사, 1992)

O. Hallesby, Pray : 기도, 김진홍 역, (서울 : 생명의 말씀사, 1983)

Paul Althaus, Die Theologie : 마르틴 루터의 신학, 구영철 역, (서울 : 성광문화사, 1994)

Paul Althaus, The Eyhics of Martin Luther : 말틴 루터의 윤리, 이희숙 역, (서울 : 컨콜디아사, 1989)

Paul Marshall, Heaven Is Not My Home: Learning to Live in God's Creation : 천국만이 내집은 아닙니다, 김재영 역, (서울 : 한국기독학생회출판부, 2000)

Perry G. Downs, 기독교교육학개론, 엄성옥 역, (서울 : 도서출판 은성, 1998)

Peter Lewis, Puritan Faith : 청교도신앙, 박영호 역, (서울 : 기독교문서선교회, 1983)

Philip Melanchthon, Loci Communes : 신학총론, 이승구역, (서울 : 크리스챤 다이제 스트, 2000)

Philip Schaff, Creed of Christendom : 신조학, 박일민 역, (서울 : 기독교문서 선교회, 1984)

R. A. Torrey, The Person & Wo가 of The Holy Spirit : 너희가 믿을 때에 성령을 받았느냐, (서울 : 도서출판 한국양서, 1983)

R. C Sproul, Grace Unknown - The heart of reformed techndgy : 개혁주의 은혜론, (서울 : 기독교문서선교회, 1999)

R. Paul Stevens, Disciplines of the Hungry Heart : 현대인을 위한 생활 영성, 박영민 역,(서울 : IVP. 2000)

Richard J. Foster, Finding the Heart's True Home : 기도, 송준인 역, (서울 : 도서출판 두 란노, 1995)

리처즈 A Practical Theogy of Spirituality : 신앙성숙과 영성훈련, 지상우 역, (서울 : 여수룬, 1991)

Richard, Joseph, The Spirituality of John Calvin : 칼빈의 영성, 한국칼빈주의연구원 편역,(서울 : 기독교문화협회, 1988)

Ronald S. Wallace, Calvin "Doctrine of The Christian Life" : 칼빈의 사회 개혁 사상, 박성민 역, (서울 : 기독교문서선교회, 1995)

T. Walker, Missionary Ideals Studies in The Acts of The Apostles, Edited by David C. Watson, 선교의 이상, 고영희 역, (서울 : 개혁주의 신행협회, 1982)

Thomas Watson, The Godly Man's Picture : 경건을 열망하라, 편집부 역, (서울 : 생명의 말씀사, 1999)

Thomas Vincent, The Shorter Catechism Explained From Scripture : 성경소요리문

답 해설, 홍병창 역, (서울 : 여수룬, 1990)

Timothy George, Theology of reformers : 개혁자들의 신학, 이은선 피영민 역, (서울 : 요단 출판사, 1994)

Tony Lane, Christian Thought : 기독교 사상사, 김응국 역, (서울 : 나침반사, 1987)

Torrey, R. A. The Person and work fo the holy spirit : 너희가 믿을 때에 성령을 받았느냐? 戴天德 역, (서울 : 한국양서, 1983)

Walther, Carl Ferdinand Wilhelm, Gesetz und Evangelium : 율법과 복음, 지원용 역 편, (서울 : 컨콜디아사, 1993)

Wesley L. Duewel, Mighty Prevailing Prayer : 기도의 능력을 아십니까, 김지찬 역.

William J, Bouwsma, John Calvin- A Sixteenth Century Portrait : 칼빈, 이양호, 박종숙 역,(서울 : 도서출판 나단, 1991)

Willim Placher, A History of Christian Theology : 신학의 역사, 이경섭 역, (서울 : 기독교문서선교회, 1996)

Wesley L. Duewel, Touch The World Through Prayer : 기도로 세계를 움직이라, (서울 : 생명의 말씀사, 1993)

Yancey, Philip. What's so amazing about grace? : 놀라운 하나님의 은혜, 윤종석 역, (서울 : 한국기독학생회출판부, 2000)